意味とシステム

Sinn und System:
Theoretisch soziologische
Forschung über Luhmann

ルーマンをめぐる
理論社会学的探究

佐藤俊樹
SATO Toshiki

勁草書房

意味とシステム

ルーマンをめぐる理論社会学探究

目次

目次

目次

目次

序章　手の記憶

1　四つの手

あなたはいつから「他でもありうること」を考えているのですか。そう訊かれたとき、ニクラス・ルーマンは次のように答えたという。

「中等学校の私たちの学年は、一九四五年には国防軍に召集されていました。私は仲間の兵士といっしょに、Yという橋の上にいました。四本の腕に、二門の対戦車砲《パンツァーファウスト》をもって。それから、しゅっと音がして、ふり返ると――そこには仲間も死体も、ありませんでした。何一つ。

そのときからです、私が他でもありうること Kontingenz を考えているのは」

ルーマンの追悼文「ベルリン動物園はまだあるのか？　Gibt es eigentlich den Berliner Zoo noch?」に、フリードリヒ・キトラーが書き記《アウフシュライベ》している一節である（Kittler 2004：94）。キトラーが記憶したルーマンの言葉。この二人が語り手であり聞き手であるだけで、十分に興味ぶかい挿話だが、ここにはもっと深く心に刻み込まれる何かがある。

「社会」や「システム」の探求、「自己産出」とか「自己塑成」と訳される Autopoiesis をめぐって、ルーマンは高度な理論的思考を展開した。それらはきわめて抽象的でありながら、ときに強烈な、肉々しいと呼びたくなる匂いを帯びる。その匂いがどこから来たのかを、この四本の手と二本の砲、そして一片の肉体も残さず消えたもう一人の兵士の記憶は、教えてくれるように思うのだ。

例えばユルゲン・ハーバマス、あのハーバマス対ルーマン論争で好敵手を演じたもう一人の同時代人と比べてみてもよい。

ハーバマスとの論争は、ルーマンが世界的に注目される社会科学者に躍り出るきっかけになった。今は「ルーマンの勝ち」とされがちだが、私自身はルーマンやや優勢の引き分けで終わったと考えている。第四章「システムの公理系」で述べるが、ルーマンのシステム論の致命的な弱点を、ハーバマスは的確に指摘していた。

いわゆる後期ルーマン、『社会システム』（Luhmann 1984＝1993, 95）から『社会の教育システム』

(Luhmann 2002 = 2004) までつづく彼の転回は、その応答でもある。現在では「ハーバマス的／ルーマン的」という二分《バイナリー・コード》法がよく使われ、あたかも自明な区別として流通しているが、二人の関係はそれほど単純ではない。

しかし、理論的な評価をはなれていえば、ハーバマスの議論はやはりきれいごとに見える。きれいごとというより、遠くよそよそしい、といった方がいいかもしれない。

一九二九年生まれのハーバマスは戦時の話をほとんどしないそうだが、ヒトラー・ユーゲントの一員であり、高射砲部隊の補助部隊に入っていた（中岡 1996）。そのハーバマスより一年半早く、ルーマンは生まれた。戦争は巻き込まれた全ての人間にとって、つねに生々しい暴力であるが、この一年半の時間は特にこえがたい差として、二人の社会科学者に現れているように思える。

もちろん、その感覚を裏付ける別の資料を私はもっているわけではない。もしかすると、二人の肌あいのちがいから遡って、そう思い込んでいるだけかもしれない。キトラーの回想がどれだけ正確かもわからない。いやそもそも戦争の経験のない人間には何も語りえないことなのかもしれない。

にもかかわらず、そう解釈したくなるのは、ルーマンの「システムがある Es gibt Systeme」への執拗なこだわりが、ずっと気になってきたからだろう。キトラーの追悼文を読んだとき、それに連なる一つの出来事が見えたように、私は感じたのだ。

「言い換えるならば、アメリカ軍の戦車砲の命中率が百％ではなかった、ただそれゆえに、ルーマンという名の偶然がありえたのである hat es den Zufall namens Luhmann geben können。死は、終わりにではなく、始まりにすでにあった」。
ルーマンの死も生も、何かから贈られ《エス・ギープト》たものだったのだろうか。

2　「システムがある」こと

ルーマンにとって、システムは強烈に「ある《エス・ギープト》」ものだった。

ルーマンがその批判的継承を掲げ、最終的には葬り去った、タルコット・パーソンズのシステム論との大きなちがいもそこにある。パーソンズの「分析的リアリズム」など、ルーマンにはぬるい逃げ口上に聞こえただろう。

システムがあるEs gibt Systeme。特定の誰かがあたえた《ギープト》ものとしてではなく、ただあたえられ《エス・ギープト》ていることとして。それがルーマンの出発点であり終着点であった。「システムがある、以下の考察はここから出発する」――『社会システム』第一章、冒頭の文は彼のシステム論の全てを簡潔に言い表している。

だからこそ、ルーマンは社会システム論の最も強烈な革新者でもあった。「システムがある」がゆるぎない出発点だったからこそ、いかにあるのか、すなわちシステム理論内部の構成や構築に関しては、おそろしく柔軟で先鋭的で、きわめて具体的でもあった。システムがあるとはどういうことでありうるかを、何度も何度も、執拗に、始まりに立ち戻って考え直せた。

いや、考え直すことに耐えられた、といった方がいいかもしれない。

行為システム論からコミュニケーションシステム論への転回にかぎらず、ルーマンはつねに、自分自身もふくめて、既存のシステム論への強烈な批判者でもあった。その批判の徹底さは何よりも、ルーマンのシステム論の軌跡をたどり、対峙せざるをえなくなる瞬間に、痛切に思い知らされる。この執拗さと、その上でくり返される根源的な問い直しと考え直しこそ、彼の一番の魅力である。

そして、私がいだく強烈な違和感もまたそこにある。「システムがある」の根源性、その執拗さと徹底さはとても魅力的、いや魅惑的ですらあるが、どこか現実を追い越しているように感じられる。もしかすると、現実を追い越しているからこそ、魅惑的なのかもしれない。

「システム論は全体論だ」とか「全体主義だ」といった、幼稚な印象論や感想を言いたいわけではない。こうした非難のほとんどは同じような、いやもっと素朴で無反省な全体論に立っていて、立っていることにすら気づいていない。そうでなくて、「システムがある」とする論理に、logic である以前に logos でもあるその Logik に、徹底的につきあうことで現れてくる裂け目。そういうものを私はルーマンのシステム論に感じるのだ。

この裂け目をルーマンの理論の上で、具体的に論定するのは容易ではない。超越論的機制を否定しながら、その否定の身振りを通じて、深く、密やかに、超越論的機制を再び召還する。そんなぐるぐる回りの気持ち悪さが、彼のシステム論にはある。

その一番良い例はスペンサー-ブラウン代数の導入だろう(1)。それでも、これはまだ論理体系の形で述べてあるので追跡しやすい。他はもっと入り組んだ論理と逆説的表現の迷宮のなかに潜んでいる。ルーマンと同じような、いや同じ量にはなれないとしても、同じ種類の執拗さと覚悟を重ねた上で、ようやく見えてくる。そんな裂け目だ。

そしてそれはルーマンのシステム論だけの問題ではない。第一章「閉じえぬ言及の環」で述べるように、彼以外のほとんどの社会科学的思考は、同じ裂け目をはるかに素朴な形で抱え込んでいる。ルーマンのシステム論が成り立たないとすれば、他のほとんど全ての理論はもっと成り立たない。かつて私はそう書いたし、もちろん今でもそう考えている。

だからこそ、ルーマンの執拗な問い直しと考え直しを、私はもう一度最初から、問い直し考え直していこうと思う。「システムがある」こと、「社会がある」こと、「コミュニケーションがある」こと。ルーマンの思考を追跡しながら、その根源にできるだけ遡って、そこで何が考えられ、何が考えられなかったかを考えていきたい。ルーマンの言葉をただくり返したり、主張をなぞったりするのではなく、世界全体を語ろうとする別の呪語で置き換えるのでもなく、できるだけ平易な、日常語に近い水準で、ただ論理的であろうとすることを通じて。

あえてルーマン的に表現すれば、それはルーマンの思考をも等価な可能性のなかの一つとして、いわば等価機能選択肢の一つとして読み解くことにほかならない。そのためにもルーマン語に頼ることはできないが、機能的等価である以上、読み解く視点は一つではない。例えば馬場靖雄『ルーマンの社会理論』や長岡克行『ルーマン／社会の理論の革命』など、すぐれた学説研究の業績もすでにある。いわゆる「初期ルーマン」、すなわち一九六〇年代の、一般理論としてのシステム論に傾斜する以前の著作群に注目する読み方も、大きな可能性をもつはずだ（三谷 2005 など）。

けれども、ここではそのどちらでもない、ちがう途をとる。ルーマンのシステム論を問い直すことを通じて、「後期ルーマン」といわれる理論の中心部、コミュニケーションシステム論の方へ進んでいく。それも九〇年代半ばの、最晩年の、いわば「晩期ルーマン」の方へ。

それは、こちらの途がより簡単だから、あるいは、より困難だからではない。私自身が自己産出《オートポイエーシス》やコミュニケーションシステムという考え方の展開に魅力を感じているからだ。私たちが、いや私が「社会」「システム」という言葉を使いたくなるときに抱く感覚を、これらは従来にない水準で言語化しているように思う。

だからといって、社会やシステムの一般理論として成功しているというわけではない。むしろどこで失敗しているかを通じて、これらは「社会」や「システム」と呼びたくなる経験のありようを最もよく教えてくれる。私はそう考えている。

3　理論社会学へ

そういう意味で、この本は理論社会学である。そして、そういう意味でしか、この本は理論社会学ではない。

率直にいって、私は「理論社会学」という語が好きではない。私が大学院生だった頃、マルクス主義系以外で理論をあつかう人はほとんどそう名乗っていたが、私は名乗る気になれなかった。今から思えば、社会学理論の上に、さらに理論社会学を語る。そこに先ほどふれたような、そして第二章「コミュニケーションそして／あるいはシステム」でも詳しく論じるような、現実を追い越す形で理論を語るあやしさを感じていたのだろう。

「理論社会学」のなかには、世界の全てを見渡したいという一般理論への欲望と、執拗に問い直し考え直すという反省の思考が、奇妙な形で共存している。根底的《ラディカル》な探究をうたいながら、「一般理論がつくれる」という信仰だけは疑わない。それが他人の理論への辛らつな批判と、自分の理論へのぬるい甘さをうみだす。

そういう「理論」たちが私は嫌いだった。たぶん私には、世界を見渡して安心したいという欲望が、あるいはそういう欲望を喚起する不安が少ないのだろう。他人からどう見えるかはともかく、私自身は「理論か実証か」と訊かれて「理論」と答えたことはない。

この理論／実証という二分法は、しばしば、「抽象的な思考が得意なのが理論系」で「経験的なデータが好きなのが実証系」だと誤解されている。けれども、理論を名乗っていても、抽象的な思考が下手な研究は少なくないし、経験的なデータをあつかうといいながら、抽象的な図式を強引にあてはめた研究も少なくない。

むしろこれは、「世界より自分の頭のなかが広ければ安心できるのが理論系」「世界が自分の頭のなかより広ければ安心できるのが実証系」と考えた方がすっきりする。抽象的思考の上手下手ではなく、世界と自分との関係づけのちがいだ。それが見渡すことへの欲望の強弱として現れてくる。

しかし、その一方で、こうした一般理論への欲望が、執拗な問い直しと考え直しへの強い動機づけになっていた。その点も公平に評価すべきだろう。神の視点を仮構する外部観察の形式から、人間の視線にたつ内部観察の形式へ、社会科学が移行した（佐藤 1998）。それによって一般理論への欲望は衰退したが、その結果、徹底的な反省も衰弱していった（橋爪 2004）。あとに残ったのが、素朴な、自分自身がどんな前提を置いているかにすら鈍感な実証主義だとすれば、それは一般理論の専制以上に不毛な事態だ。

一般理論への欲望とは独立に、執拗な問い直しと考え直しを進めること。強烈に一般理論を志向しながら、ルーマンはその可能性にも敏感だったと思う。例えば、一九九一―九二年学期の講義録『システム理論入門』（Luhmann 2004a＝2007）では、クリスマス休暇前にこう語っている（S.193-194, p.227-228、S.はドイツ語での、p.は日本語訳での頁数を表す、ただしドイツ語からの翻訳は佐藤による。以下同じ）。

> ご存知の方もいるでしょうが、私が興味をひかれ、使えそうだと思った全てを書き記し《アウフシュラベ》た、数千枚ものカードからなる装置があります。かなり巨大で、今ではほぼ四〇歳ぐらいになりました。このカード箱のなかには一枚のカードがあります。そのカードは他の全てのカードは嘘だ

と指し示しています。つまり、全てのカードを反証する論拠が、カードの一つに書き留められているのです。でも、それを私が引き出そうとすると、姿を消すのです。他の番号をふられて、他の場所を探して。

あなた方は、このカードがジョーカーのように他の場所へ飛び移る可能性をつねにもつことで、五、六千枚のカードのなかからこの決定的な一つを私がいっそう探せなくなっていることがおわかりでしょう。……私が箱のなかに見つけられないその論拠を、あなた方が私にもって来てくれることを私は願っています。

4　カードのシステム

ここでルーマンが語っているのは、システムの自律とは何かである。自律的なシステムは否定の可能性をふくんで、はじめて成立する。その喩えとして、ルーマンは彼の有名なカード箱を持ち出す。

第一章や第三章であらためて論じるが、一枚一枚のカードはシステムの要素にあたると考えてよい。その要素の集まりが一つの全体をなす。それがシステムにあたるが、従来の常識からすれば、これはかなり奇妙な全体だ。

まず、そこにはつねに新たなカードが加わりつづける。だから、この全体は物理的な外延という形では一つに固定できない。

さらに、一枚一枚のカードの意味も他のカードとの関係で成立する。ルーマンはカード箱の年齢が四〇歳ぐらいだという。だとすれば、最初のカードは一九五〇年ごろに書き記されたことになる。もちろんコミュニケーションシステム論への転回以前であり、パーソンズの構造-機能主義に対して、機能-構造主義を唱える以前でもある。

言い換えれば、彼のカード全てが「ルーマンのシステム論」なわけではない。新しいカードの内容はつねに旧いカードをふまえているが、否定する形でふまえるものも少なくない。その意味で、「ルーマンのシステム論」はカード箱のなかというより、カード間の言及関係のなかにある。「ルーマンのシステム論」が多数のカードに書き分けられているわけではない。カード間の言及関係から、「ルーマンのシステム論」という全体がうかびあがるのだ。だからこそ、そこで「システム論である／でない」という境界がどう成立しているのかが重要になる。

そのことを最もよく示すのが、あの否定のカードだ。先に述べたように、カード箱のなかには、さまざまな形で否定の働きをもつカードがあるが、このカードが接続されると、他の全てのカードの意味価は反転する。「〜である」が「〜であるではない」になってしまう。

そして、この否定のカードはどこにあるかが決められない。どこかにあるが、どこにあるかはわからない。それゆえ、現存する全てのカードはつねに「〜であるではない」に反転する可能性にさらされつづける。さらに、その否定のカードもカードの一枚なのだから、それを否定するカードもどこかにありうる。その二重否定はもちろん必ずしも肯定ではない（第二章参照）。この否定のカードがどこにあるかを、ルーマン自身は決して特定できない。つまり具体的には指し示しえないが、それがありうることを彼は知っている。

そういう知がいかなる形で成立するのか。それは少し考えただけでも気が遠くなる問いになるが、ルーマンにとってシステム論がそういうものだったことだけは、刻み込んでおきたい。彼にとって、彼のシステム論は否定されうるものだった。その否定は可能性としてすでに内在しているが、具体的な否定の作用＝「〜ではない」はつねに、彼自身からではなく、他の誰かからやって来る。まるでクリスマスの贈物のように。

見つからないカードは、そうやって見つけるしかない。ルーマンのシステム論は否定の可能性を通じてではなく、具体的な否定を通じて、他者に開かれているのだ。

一般理論への欲望に代って、問い直しと考え直しをになえるものがあるとしたら、それはそういう具体的な対話《ダイアローグ》だろう。ルーマンのカード箱の喩えは、書き記しの形態からも、L・ウィトゲンシュタインの『哲学的探究』に似ている。

私はこの本で、今は亡きルーマンへの贈物として、システム論にとってのあのカードを捜し求めようと思う。いうまでもなく、それはルーマンのシステム論が無意味だと論証することではない。やがて否定されるかもしれない、いやおそらくは否定されるだろう言葉を積み重ねることでしか、人は知ることができないのだから。

知とは、自分の視座で世界を見通すことではない。自分もふくめた全ての人に、論理的な可能性を開いて手渡すことである。「むしろどこで失敗しているかを通じて、これらは「社会」や「システム」と呼びたくなる経験のありようを最もよく教えてくれる」というのは、そういう意味だ。ルーマンが否定のカードを自分では特定できないとすれば、それと全く同じように、私の指し示す否定のカードが本物かどうかも、私には特定できない。そのカードをさらに否定するカードを見出せるのは、私ではなく、読者であるあなた方である。

そういう営みにおいて、この本は理論社会学になるだろう。「システムがある」ことを執拗に考えたルーマンの思考を執拗に問い直し考え直す、その試みとして。

5　本の構成：前半

それゆえ、この本の各章の議論は他の章と何らかの形でつねに重なっている。同じ主題をちがった面に注目しながら、くり返し考えている。前半の四つの章が理論をあつかい、後半の四つの章が実証やその方法をあつかうという構成もそうだし、さらに前半の四つの章は最終的には一つの主題を論じている。

この本の前半、第四章までは、システムがあるとは何か、自己産出《オートポイエーシス》とは何かを、社会科学として徹底的に問いつめる作業になっている。そこではくり返し「システムがある Es gibt Systeme」に立ち戻り、考え直している。

第一章「閉じえぬ言及の環」では、相互作用／組織／全体社会というシステム類型をとりあげ、それらがいかにシステムであるか、そしていかにシステムでないかを、厳密に考えつめていく。そこで中心的な主題になるのはシステム境界定義である。その成立と不成立を見極めることで、ルーマンのシステム論の射程を測っていく。

この第一章で、重要な論点はほとんどあがっている。主題の全体をとらえるのには便利だが、その分、議論が凝縮された形になっており、細かい論理展開は追いづらいかもしれない。

第二章「コミュニケーションそして／あるいはシステム」は、第一章の原型の原型となった私の論文、「『社会システム』は何でありうるか」（佐藤 2000）への批判への応答である。第一章で論じきれなかった点もふくめて、重要な論点をもう一度整理しながら、そのなかで何が問われているか、その答えとして何が見出されるのかを描き直す。第一章の議論をより丁寧に言い換えながら、さらに敷衍していく。

結論だけとれば第二章は第一章のくり返しだが、結論にいたる過程としては、第一章よりさらに重要な議論が展開されている。批判に応答する形で、システム論の鍵となる概念、例えば境界定義やシステム同定、自己産出、他でもありうること Kontingenz（日本語では「不確定性」「偶発性」などと訳される）と二重の不確定性、脱パラドクス化や脱トートロジー化、反省や社会学的啓蒙といった鍵言葉《キーワード》を、一つ一つ、具体的な事象や事例にどうあてはめられるかを考えながら、ルーマン語ではなくより明確で一般的な言葉で、いわば普通の言葉で言い換える作業を行っているからだ。

そのため、この本のなかでも一番分厚い章になっている。それぞれの概念の論理展開や具体的な応用に関心がある人には、第一章をざっと読んだ上で、この第二章の細かい議論を詳しく読んでもらう方がわかりやすいかもしれない。その後で、第三章に進むか、あるいは第一章をもう一度読んでもらえば、ルーマンのシステム論が何を考えようとしたのか、そのどこを私が考え直そうとしているのか、議論の全体がつかみやすくなるだろう。

もし私の議論が正しいとすれば、行為が関係的に定義されるということだけ認めれば、ルーマンのシステム論の大部分は社会学の通常の記述形式の一つ、すなわちM・ウェーバーの理解社会学の延長上に書き換えられる。この書き換えがどれだけ的確にルーマンの考えをふまえているのかは、それこそ論争の対象になるだろう。

しかし一番重要なのはそういう書き換えができる、そしてそれを通じて、ルーマンの考えが論理的に本当に正しいのか、経験的な事象にどうあてはめられるのかを考え直せる。そのことを実際に、具体的に示すことだと思う。

自己産出《オートポイエーシス》にかぎらず、自己組織的な現象はそれをとらえるために、何か特別な論理を必要とするかのようにいわれてきた。マルクス主義の「弁証法論理」やポストモダニズムとの親近性が注目されたこともある。ルーマン自身もスペンサー-ブラウン代数のような、もう一つの《オールタナティヴ》論理学を好んでもちだすが、それらは着想のきっかけではあっても、それ以上のものではない。それこそルーマンの好きな言い方を使えば、触媒以上のものではないと私は考えている（注1参照）。第二章はそのことを示す章でもある。

第三章「コミュニケーションシステムへの探求」は、第一章であつかった論点をコミュニケーションシステム論の可能性という形で再定式化しながら、組織や環境といった本の後半の主題群へつなげていく。第一章や第二章と重なる論点も少なくないが、この章ではルーマン以前のシステム論、特にパーソンズの行為システム論の論理構成と比較しながら、それを展開している。そのため、第一章や第二章にくらべると、あえて物理学っぽい描き方をとっている。第一章の冒頭で述べるように、行為システム論は物理学の原子論をモデルに構想されたからだ。

第一章・第二章が社会学の伝統的な行為論やシステム論にそって述べているのに対して、第三章や第四章は数理的なシステム論の文体に近い。そういう書き方の方がわかりやすい人は、第三章と第四章から読んでくれてかまわない。第三章は一般向けの雑誌に載せた論考を改稿したもので、できるだけ予備知識なしで理解できるように書いたつもりだ。

第三章で議論の焦点となっているのは、他でもありうることKontingenzである。「システムが何でありうるか」という問いは、他でもありうる《コンティンゲンス》ことは何でありうるかという問いでもある。他でもありうることは社会システムの「自己触媒」であるだけでなく、ルーマンの思考の自己触媒でもあった。冒頭でもふれたように、そこにはおそらく、ルーマン自身に起きた出来事も深い影を落としているのだろう。

第四章「システムの公理系」は、ルーマンの有名な命題「閉じているがゆえに開いている」をとりあげる。これはコミュニケーションシステム論にとって最も重要な論点であるとともに、スペンサー-ブラウンから来た「再参入 re-entry」と絡んで、最も難解な論点ともなっている。この章では「i：閉じているから開いているということはない　ii：それでもルーマンのシステム論は面白い」ことを示す。

システムは作動的に閉じているがゆえに環境に開かれている――それが「閉じているがゆえに開いている」の主張だが、作動の閉鎖性を厳密に考えていくと、環境開放性とは独立であることがわかる。作動の閉鎖性自体はきわめて単純な事態であり、さまざまな命題と両立しうる。ルーマンのシステム論も作動の閉鎖性だけでなく、コミュニケーションの定義やシステムの定義に関して、それぞれ公理をおいてできあがっている。

逆にいえば、作動の閉鎖性にどんな公理をつけ加えるかで、複数のコミュニケーションシステム論がありうる。ルーマンのシステム論はその一つであり、彼の使う公理系はシステムの再参入を導き出せる形で構成されている。その点では、オートポイエーシスの作動の閉鎖性にシステム／環境図式を「再参入」させたものになっている。

この章の前半では、コミュニケーションシステム論がどんな公理系をもちうるかを体系化した上で、複数のコミュニケーションシステム論があることを示す。「作動の閉鎖性 operative Geschlossenheit」は「作動の継起 operative Schließung」とも呼ばれるように、行為あるいはコミュニケーションがつながっているという事態を言い換えたものだ。それゆえ、作動の閉鎖性が成立する公理系がどんなものになるかは、行為あるいはコミュニケーションが関係的に定義されるとはどういうことか、何に関わってくるのか、という第二章の主題を別の面から考える作業でもある。

そして章の後半では、システムの再参入を使わない形のシステム論を再構築してみせる。これも最終的には他でもありうること《コンティンゲンス》をめぐる思考に流れ込んでいく。九〇年代半ば以降、ルーマンは「他でもありうること《コンティンゲンス》」、特に「二重に他でもありうること」を、システムが自らうみだす、システム内在的な非規定性の意味で使い始める。その「他でもありうること」を第一章と第二章で見出したコミュニケーションの相互到達性を使って再解釈してみせることで、コミュニケーションシステム論の新たな可能性を開く。

もちろん、この章で示す読解はルーマンの著作全体の精密な検討をへたわけではない。あくまでもより厳密に読み解くための作業仮説にすぎないが、彼の膨大な理論的思考の集積を読んでいく上で、今、最も必要なのは、論理的に明確な理論モデルだと私は考えている。それをシステムの公理系という形で示す。

当然、私のとはちがう理論モデルもあるだろう。それで全くかまわない、いやその方がのぞましい。複数の理論モデルを比較考量しながら、より正確でより緻密な読解へ近づいていけるからだ。少なくとも私は「自分が一番ルーマンを理解している」と主張する気はないし、主張したいとも思わない。私の示す理論モデルがもっと論理的で体系的な別の理論モデルによって否定されるとしたら、それは他人にとっても私にとっても良いことである。

四つの章はそれぞれ注目する面がちがうが、全て「システムがある Es gibt Systeme」とは何かを考え直す作業である。ルーマン自身にとっても「システムがある」とは何かは、最初の問い《アルファ》であり最後の問い《オメガ》であったが、つきつめれば、この問いは、行為あるいはコミュニケーションが関係的に定義されるとは何か、ルーマン自身の言葉を借りれば「コミュニケーションはいわば後部から可能にされる」(Luhmann 1984: 198 = 1993: 213-224、第二章4・4参照)とは何か、に帰着する。「意味システム」「二重の不確定性」「自己産出」「再参入」といった重要な概念群も、この問いによって一つに結ばれる。ルーマンのシステム論とは、そこを問い直し考え直しつづけたものだと私は考えている。広大で、複雑で、華麗な理論構築の作業も、この点では、驚くほど一貫している。

その同じ問いに戻るという意味では、四つの章は反復であるが、同じ途をたどっているわけではない。むしろ、「システムがある」から出発してそこに戻ってくる、そのさまざまな途を歩いてみることで、社会を考えることの測量をやっている。

全体論を不当に密輸入しないとすれば、それ以外に、社会を考えるということを考えることはできない。この本の前半はその試みの軌跡である。あえて最初に結論をいえば、私はルーマンが二つのちがった事態、(a)コミュニケーションの自己産出にあたる事態と、(b)システムの自己産出にあたる事態を、ともに「システムがある」としているのではないか、少なくとも明確に区別するのに失敗したのではないか、と考えている。(a)は(b)の必要条件(すなわち(b)ならば(a))だが、必ずしも十分必要条件（すなわち(a)＝(b)）ではない。だから、この二つを区別することで、コミュニケーションシステム論は理論的には明晰になり、実証的にはより適切な応用ができる。

もちろん、一番重要なのは、なにゆえにそういえるか、である。前半の四つの章は、コミュニケーションシステム論とはどんなもので、なぜこういう考え方が要請されるのかを解説することを通じて、その点を論証していく。

6　本の構成：後半

本の後半では、組織、国民国家、世界システム、都市と異界などの、具体的な制度や事象を考えていく。前半の各章もつねに具体的な事象や事例を頭において考えを進めているが、それらはいわば「システムがある」ことへ到る途をたどっている。後半の各章は、その「システムがある」とは何かを考える作業をふまえて、具体的な制度や現象、いわば社会的なるものの挙動を解き明かしていく。

前半が理論編であるのに対して、この後半は応用編であるが、ルーマンのシステム論との距離は各章ごとに少しずつちがう。

例えば第五章「官僚制と官僚制化」は組織をあつかう。組織はルーマンのシステム論が主題的にあつかってきた一つであり、第一章や第二章で述べるように、システムらしさが最も具体的に追跡できる主題である。

この章ではルーマンの議論をさまざまな形で参照しながら、官僚制や官僚制化、公／私の区別などの具体的な事象とつきあわせて、彼の組織システム論の射程と限界を明らかにする。それはそのままウェーバーやH・アーレントの思考とも重なり、組織とともに生きていかざるをえない私たちの生を照らし出す。

それに対して、第六章「国民国家の「臨界」」はもう少し間接的な応用になっている。ここでは組織とのちがいを通じて、複数の国民国家の並存という事態、すなわち近代国家体系をとらえようとする。国家論としていえば、官僚制をあつかう第五章が国家をいわば内部から見ているのに対して、この第六章では徹底して外部から見る形になっている。

システム論で国家をあつかうためには、組織からだけではなく、政治の機能システム論からも見ていかなければならないが、これは今後の課題である。機能システムは一見わかりやすいが、基本的なところでまだ厳密な理論化ができていないように思う。機能分化とは何かは決して自明ではなく、これ自体が慎重に考えていくべき仮説だと私は考えている。

例えば、機能システムのシステム境界はかなり微妙な形で成立しており、「媒質（メディア）Medium」や「不確定性定式 Kontingenzformel」といった概念を使って考えていかなければならない。簡単な素描は本の前半でも述べるが、もちろん十分なものではない。具体的な事象をつきあわせながら、もっと試行錯誤していく必要があるが、いわゆる近代国家の複数性、「外からは個別的かつ内からは普遍的」(Luhmann 1997: 1050) という事態はシステム論的にも興味深いので、ここではこの形で考えてみた。言い換えれば、ルーマンとはちがう方向で、この事態を脱パラドクス化してみた。

第七章「世界システムという物語」は、因果システムと意味システムの問題をあつかう。第一章の最初でふれるように、ルーマンが登場するまで、社会システムは因果システムの形で考えられてきた。その意味では、ルーマン以前のシステム論との関係が一番わかりやすい章かもしれない。

この章では、因果システムの究極の姿である世界システムが、そうであるがゆえに物語と区別できなくなることを示す。それは意味システム論の出発点であるとともに、ルーマンの「全体社会」という概念のあやうさも指し示すものでもある。

第八章「眺める桜と睦む桜」では、環境ということをどうとらえるかを考える。第二章や第四章で述べるように、自己産出的なシステムは作動的に閉じているがゆえに、厳密には、システムの外をもたない。システムにおいて環境が本当にありうるかは、第三章でもふれるが、「複雑性の縮減」のような標語で理解されているより、はるかに見通しにくい。

この章では、都市と異界という経験のなかに同じ事態を見出す。ルーマン的な語彙はほとんど出てこないが、それだけに高度に理論的であるがゆえに高度に経験的でもあるという、ルーマンの文体の影響を一番素直に出している。

八つの章の間には、間奏として三つの短い論考をはさんでおいた。長い、専門的な議論から入りにくい人は、これらから読んでもらっていい。この本でとりあげたシステム論という思考が、社会科学の外でも内でも身近な主題に深くかかわるのがわかるだろう。

7　社会学とルーマン

今までの簡単な紹介からもわかるように、この本の前半は具体的な事象から「システムがある」へ到る問いの道行であり、後半はその「システムがある」から具体的な事象を問う道行である。前半の途を、後半で逆方向にたどり直すわけだが、もちろん、復る途はもはや往った途ではない。その往復を通じて見えてくることが、この本の主題である。

こうした構成をとった理由は二つある。

一つは、私自身が理論社会学はそれだけでは無意味で、具体的な事例や事象に戻ってはじめて意味があると考えてきたからだ。もう一つは、ルーマンが「システムがある」を執拗に、肉々しく問いつづけた。その徹底さに私なりに応えたいと思うからだ。

抽象的記述の難解さや理論的思考の深さゆえに、ルーマンの著作は「理論」を専門とする人にもあまり読まれない。特に社会学ではそうだ。ルーマンが職業的に、そしておそらく学問上も「社会学者」だったことを考えると、皮肉な結果に見えるが、そこにも必然性があるのだろう。

社会学は、社会という全体を内部観察するという逆説的な事態にずっとつきあってきた。だから、いわゆる「社会をつくりだすメカニズム」やかつてのマルクス主義の社会構成体のような、ある超越的機制を否定することを通じて別の超越的機制を密輸入するあやうさには、それなりに敏感である。

社会学は他の社会科学とちがって、法や国家や市場、企業組織や学校といった、個々の制度の実在性には頼れない。マルクス主義のような、外部の絶対的な真理にも訴えられない。だからこそ、ルーマンの思考をどこかに分類するとすれば、やはり社会学が一番近いわけだが、だからこそ、ルーマンの試みがどれほどあやういかも、社会学者は直感的にわかる。

少し丁寧に言い換えれば、こういうことだ。

超越的機制αを否定しながら別の超越的機制βを密輸入してしまうのは、βがαよりもっと深いか、もっと大きいか、もっと基底的だと素直に信じているからである。ところが、社会学はその探求の主題である「社会」を、最も深く、大きく、基底的なものと定義してきた。それゆえ、否定されるαもすでに最も深く、大きく、基底的だと定義されている。そのことがαとβは本当は同じものではないか、単純な同義反復ではないか、という疑問をつきつけつづけるのだ。

実際、社会学の歴史はαからβへ、βからγへという書き換えの連続であった。その意味でもルーマンのシステム論は社会学の一つなのだが、裏返せば、書き換えの連続だと気づけるくらいの伝統の長さが社会学にはすでにある。それがαとβを短絡的に同一視させてしまう。その上で、「αもβも結局同じだ」といいながら、その裏でもっと素朴に「社会」を立ててしまう。そんな一回裏返った密輸入を社会学者はやりつづけてきた。

だから、個々の制度をあつかう社会科学の内部で生きてきた人や、絶対的真理を信じてきた人は、αとβのちがいを過大評価しやすいのに対して、社会学の伝統のなかで生きてきた人は、αとβのちがいを過小評価しやすい。社会学の内部で積み重ねられた思考の重みを肌で知るがゆえに、ルーマンの難解さと深さを前に、良くいえば、言葉を失う。悪くいえば、最初から腰がひけてしまう。ルーマンの理論が社会学の外部で熱狂的な支持者をもちながら、社会学の内部では奇妙に醒めた眼差しを向けられてきた。その背後にはそんな理由もある。

しかし、ルーマン自身はもう一面で、具体的な事象への経験的な直観力と分析力にとてもめぐまれた人であった。それは例えば第一章や第五章でみるように、ときに彼自身の理論的考察さえ裏切って進んでいく。実際、個々の制度やコミュニケーションや歴史の研究としても、ルーマンの論考は最前線にある。ルーマンが亡くなってほぼ十年になるが、その点は今も大してかわっていない。私自身の研究もふくめて、せいぜい彼の後姿をとらえつつあるぐらいだ。

わかりやすい証拠は、アンソニー・ギデンズだろう。ギデンズは英語圏で、そして英語しか読めない社会科学者から、先駆的な理論として高く評価されてきたが、ルーマンの著作を真面目に読んだ人間なら誰でも気づくように、ルーマンの薄い模写《コピー》でしかない。だからこそ、広く読まれ広く受け入れられている。英語かドイツ語かのちがい以前に、その薄さ濃さが、現時点での二人の受容の広さ狭さを決めている。私たちはまだルーマンに追いついていないのだ。

その点を考えると、ルーマンの具体を見る力、その経験的な直観と分析の力はいっそう重要な意義をもつ。ルーマンの過大評価と過小評価の循環をのりこえる途があるとすれば、そこにあるのではなかろうか。

8　システムへ、そしてシステムから

この本は、そういう視座から、理論と実証の両面においてルーマンが執拗に考えつづけた「システムがある」を、問い直し考え直す作業である。

5節でも述べたように、ルーマンのシステム論はいわゆる形式論理の内部で定式化できる。コミュニケーションシステム論への転回以降、中心的な主題になった「自己産出 Autopoiesis」も形式論理の内部で十分に記述できる、と私は考えている。第二章で詳しく述べるように、自己産出は自己 auto が事後的にしか定義されないという特性に着目したもので、自己という言葉の意味論的特性をうまく活かした表現、うまく言い表した記述にほかならない。

システムの自己産出は特別な、神秘的な出来事ではない。自己という事象とシステムという要素―全体関係の組み合わせを形式論理的に厳密に考えていけば、こういう言い方をせざるをえなくなる。いわば形式論理の枠組み内の事態であり、だからこそ意味がある。それを神秘化する必要はないし、すべきではない。

もしコミュニケーションシステム論の理解に必要な論理学があるとすれば、直観主義論理学だろう。直観主義の論理は二重否定を肯定と同義にせず、位相空間上は開集合でモデル化される。その点で古典論理とはちがうが、これも数学的に明確に定義された、形式論理の一つである。

例えば統計的検定の応用に見られるように、二重否定を肯定と同義にしないのは、経験的な研究ではそれこそ経験的に「それが賢明だろう」とされる。(2) その意味では、社会科学の研究はもともと古典論理ではなく、直観主義論理に近い形で考えている。その点でも、ルーマンのシステム論は経験的研究に近い。

そういう考え方にたって、この本は書かれている。いうまでもなく、私自身はこれが正しいと断定まではできないにしても、明らかな誤りではないと確信しているが、先に述べたように、本当にそうなのか、その判定は私にはできない。

だから、最後に一つ、大事なことを付け加えておこう。

この本を読んでルーマンや彼のシステム論がわかったつもりになってほしくない。この本を読んで面白かったら、次はルーマン自身の著作を自分で読んでほしい。そして自分で考え直してほしい。

幸い、現在では主要な著作はかなり日本語に訳されている。例えば、先ほど少しふれたように、ルーマンのシステム論は八〇年代のいわゆるコミュニケーションシステム論への転回の上に、九〇年代にさらに重要な変貌を遂げた、と私は考えている。その九〇年代を代表する著作、『社会の社会』はまだ翻訳されていないが、最後の著作といえる『社会の教育システム』には、すでに村上淳一氏による日本語訳がある。訳文の水準と精度だけでなく、訳注の形でふされた解説までふくめて、この翻訳はそれ自体すぐれた著作だと思う。

翻訳をしていない私は他人の翻訳を「悪い」と論評する気にはなれない。むしろこの本を書く上でもそれ以外でも、村上訳に限らず、多くの日本語訳に大きく助けられてきた。訳者の方々にはとても感謝している。それらなしでは、この本は書けなかっただろう。そのことは最初にはっきり記しておきたい。

その上で、これだけはいえる。自分の頭で考えながら読むのであれば、どんな翻訳でも重要な手がかりになる。そして、自分の頭で考えながら読むのであれば、どんな翻訳でも重要な手がかりでしかない。

そういう意味で、全ては扉である。私のこの本もまた、いうまでもなく。

注記

（1）スペンサー-ブラウン代数は定理展開の途中で、数学的な無限の概念の一つ（「デデキント無限」）を、公理として宣言せずに持ち込んでいる（佐藤 1987）。無限の持ち込み自体はありうる操作だが、持ち込んだことは公理的に宣言すべきである。公理的に持ち込んだのだから、スペンサー-ブラウン代数が無限を表現できるのはあたりまえだ。その点では、たんなる同義反復にすぎない。

社会科学であつかう事態は、人間にせよ行為にせよ、厳密には有限であることがほとんどである。人間が有限の時間幅で存在する事象であるならば、時間の経過をともなう作動《オペレーション》は、行為にせよ、コミュニケーションにせよ、思考にせよ、たかだか有限個しかありえない。その点を厳密に論定しないかぎり、デデキントの心の概念のような議論はただの喩えでしかない。

社会科学で無限がでてくる可能性があるのは、①極限定理「nが∞に近づくにつれて〜が成立する」の形、②微分可能性のような特性を観察者側で仮定する、③当事者が「無限」であると了解していてその了解が何らかの影響をあたえる場合、のどれかだろう。

スペンサー-ブラウン代数を社会科学に導入する場合も、①、②、③のどれかになるが、どれも実際には近似である。したがって、近似の成立可能性をまず考慮すべきだ。①であれば、統計学のように収束速度まで視野に入れるべきだし、②であれば、仮定が成立しないとすれば（例えば差分しかできなければ）どんな結果になるかも示すべきだ。③であれば、当事者の考える「無限」が何か、まず正確に論定する必要がある。

さまざまな無限の想定は思考実験としては楽しく面白いが、仮想と現実をとりちがえるのは論理的飛躍でしかない。

（2）　厳密にいえば、統計的検定での二重否定＝「帰無仮説が採用できない」を肯定＝「対立仮説が正しい」と同義にするかどうかは、検出力関数の形状で判断できる。つまり、統計学内部では、特定の分布を前提すれば、二重否定がどの程度肯定になるかを演繹的に説明できる。

だが、社会科学の経験的研究では、サンプル数による検出力の変動を無視して、固定的な有意水準で仮説の採否を判定するのが大多数である。つまり、検出力関数の形状までふまえて、二重否定を肯定と同値でないとしているわけではなく、経験則的に「しない方がよい」とされている。

この経験則はそれこそ経験的に妥当だろうと私も考えているが、サンプルの系統的な歪みなどを考えれば、統計学的にも妥当な線だろう。

付記　訳語対照表

ルーマンのシステム論の用語にはまだ統一的な訳語がない。一つの理由は日本語圏での理解がまだ手探り段階だからだが（他の言語圏でどうかは知らない）、もう一つの理由はルーマン自身の理論的な展開が大きく、同じ原語でも著作ごとに適切な訳語がちがうからである。いわば著作ごとの最適解と著作全体での最適解がちがう。だから、多くの日本語話者が納得できる訳語がなかなかできない。

この本では、特に強い理由がないかぎり、(1)これまで慣習的によく使われていると思われる訳語を採ることにした。ただし、(2)カタカナ語は最大限使わず、(3)他の重要な術語の訳語と重複しないようにした。

私自身にとって、一番しっくりくるのは『社会の教育システム』村上淳一訳だ。名訳だとうならされたものもいくつかある。それゆえ(1)(2)(3)の条件をみたすかぎり、村上訳の訳語をできるだけ使わせてもらったが、訳者の企図から新語が多く（「訳者あとがき」p.289参照）、残念ながら数はあまり多くない。

ただ一つLebenslaufだけは「経歴」ではなく、あえて「軌跡」にした。「経歴」は社会学にかぎらず一般にKarrierの意味で使われるが、ルーマンはLebenslaufとKarrierのちがいに注目したと考えたからだ。「ライフコース」も検討したが、カタカナ語であり、「経歴」の意味でも使われるため、採らなかった。「軌跡」もいい訳語ではないので、もっと適切な熟語があれば喜んでしたがいたい。

他に特に強い理由があるのは以下の四つである。

Autopoiesis は迷ったが、「自己産出」にした。主な理由は(1)だが、副次的な理由として、「自己塑成」だときれいすぎて、Autopoiesis の気持ち悪さを表現できないと考えた。ルーマン自身も紹介しているように、autopoiesis はもともと異様な言葉として創出された。その異様さを取り込むことがこの語の理解にとって重要だと考えた。ただし、ルーマンのいう Autopoiesis と、H・マトゥラーナやF・ヴァレーラのいう autopoiesis は必ずしも同じではない。両者のちがいにふれる場合は、後者を「オートポイエーシス」というカタカナ書きで表記する。

Bestimmtheit／Unbestimmtheit は「規定性／非規定性」にした。これは(1)だけでなく、ルーマンの Kontingenz（「不確定性」または「偶発性」）や doppelte Kontingenz（「二重の～」）をどう理解するかという、根源的な問題にかかわる。私自身は『社会の教育システム』の訳語としては「既定性／不定性」でよいと考えているが、それゆえに、この訳語を使うと逆に論点先取になってしまう。そのため、Kontingenz に関しても意味を強く特定しない場合には、「他でもありうること」にしておいた。既存の日本語訳では、庄司信訳（Luhmann 1986＝2007）の感じが近いように思う。

Gesellschaft は「全体社会」にした。(3)から「社会 sozial」との重複をさけただけでなく、「全体社会システム Gesellschaftssystem」という概念自体が不要だと私は考えているので、「社会 sozial」とはっきり区別することにした。

Interaktion は「相互作用」にした。社会学では、パーソンズが使った意味で「相互行為」を使うのが一般的である（第一章参照）。ルーマン自身はそれをふまえた上で、あえて別の意味で使っているが、第二章で述べるように、パーソンズ的な意味で「相互行為」を使う場合もあり、この本では二つを区別する必要があると考えた。

いずれにせよ、(2)(3)をみたすのであれば、訳語そのものに強くこだわる気はない。重要なのは、原語の意味を言葉面に頼らずに、論理的かつ反省的に理解することである。序章で述べたように、この本全体がそういう企図で書かれている。

(3)重複をさけるのは当然だが、(2)カタカナ語を強くさけた理由は二つある。

一つは美しくないからだ。近代日本語は和漢混交体の音調を基本にしているので、主要な語をカタカナにすると間延びする。さすがに「システム」と「コミュニケーション」はもうどうしようもないが、カタカナ九文字で「オートポイエーシス」を連発するのはさけたかった。私自身さんざん書いてきたが、まとめて読み直すと、つくづく美しくない。

「パラドクス」や「トートロジー」はすでに論理学で定着しているのでそのまま使ったが、できれば全て漢字熟語にしたかった。

もう一つは、原語をカタカナ化するかぎり反省的に理解できないからだ。「翻訳者は裏切り者」といわれるように、訳語をつくるというのは裏切りである。原語をできるだけ理解した上で、それを損ねる作業になるからだ。

だが、ルーマンが否定のカードで述べたように、裏切る覚悟がなくて、他人の考えや思いを本当にうけとめることはできない。例えば、ペトロが二度もナザレのイエスを裏切ったように。(1)慣習的によく使われる訳語を採った理由も、一つは読みやすさからだが、もう一つは、積み重ねられた裏切りの苦さを尊重したかったからだ。ルーマンをドイツ語で読める人間であれば、一番気楽な選択はカタカナ語を使うことである。それで逃げずに、あえて漢字熟語を選んだ意志を尊重したかった。

その裏切りを引き受けるならば、例えば著作ごとに訳語がちがっていても、本当はかまわないと思う。今後より良い訳語が定着するならば、それに事後的にしたがってもいい。それゆえ、万一この本がある程度長く読まれるようになれば、訳語は適宜変更されるかもしれない。鬼に笑われそうだが、その点は一応断っておこう。

以下、ルーマンの原語とこの本での訳語の簡単な対照表をのせておく（∴の後は村上訳の用語）。できるだけ統一した訳語をあてはめるようにしたが、個々の文脈でより適切な表現に変えた場合もある。その場合は原語を表記するか、ルビでふっておいた。

Autopoiesis　自己産出　：自己塑成
Ausdifferentierung　分離　：分離
bestimmbar / unbestimmbar　規定可能／規定不能
Bestimmtheit / Unbestimmtheit　規定性／非規定性　：既定性／不定性
indeterminacy　不定性　：不定性
Eigenwerte　固有値　：固有値
Gesellschaft　全体社会　：社会《ゲゼルシャフト》
Interaktion　相互作用（場合によって相互行為）　：相互行為
Kontingenz　他でもありうること、不確定性　：不確定性
Kopplung　連結　：連結
　strukturelle～　構造連結　：構造連結
Lebenslauf　軌跡　：経歴
Medium　媒質　：媒質
Operation　作動　：作動
operativ　作動の　：作動の

rekursiv　再帰的　：再帰的
Refexivität　反射性
Reflektion　反省　：自照
Selbstreferenz　自己参照、自己言及　：自己参照
Umwelt　環境　：環境

第一章　閉じえぬ言及の環　意味システム論へ

1　二つの転換点

社会学にとって究極の問いの一つは、「社会とは何か」である。

これまで多くの社会学者がこれに答えようとした。その道筋をたどればそのまま社会学の歴史になるくらいだが、なかで大きな転換点が二つある。一九五〇年前後に起きた物理学モデル化、そして七〇年代半ばからの脱物理学モデル化だ。第一の転換では物理学のモデルをつかって、「社会がある」ことを論理的かつ体系的に再構成しようとした。第二の転換では今度は物理学のモデルに頼らずに、「社会がある」を論理的かつ体系的に再構成しようとした(1)。

その主な舞台となったのが社会システム論である。そもそも、第一の転換を先導したのはT・パーソンズによるシステム理論の導入であった。第二の転換は構造主義や現象学的社会学に先導されたが、その転換を最も深く、かつ粘り強くひきうけたのは、N・ルーマンによる意味システム論の構築であった。システム論は第一の転換の担い手であったがゆえに、第二の転換で深刻な脅威にさらされた。いわば根底的な革新なしには生き残れなかったし、たまたま根底的な革新をなしうる人材に恵まれた。

特にルーマンという個性の存在は大きかったと思う。戦後、他の社会科学に強い理論的衝撃をあたえた社会学者はパーソンズとルーマンしかいない。直接的な影響もあちこちで見られるが、ルーマンの場合、各分野で独自に考察を進めてきた人によって、（再）発見される事例も目立つ[2]。

にもかかわらず、ルーマンのシステム論はいまだ広く知られているとはいいがたい。たしかにルーマンは読みにくい。それはなぜルーマンがこう考えなければならなかったのかがまだ共有されていないからであるが、裏返せば、だからこそ今なおルーマンは読まれるべきだといえる。

この第一章では、「社会とは何か」への問いとして、ルーマンのシステム論を見ていこう。パーソンズはその問い―答えとして行為システム論を立ち上げた。それが現在にいたるまで、社会学の事実上の標準になっている。

ルーマンの出発点もそこにあった。そこから彼は「社会」をどのように考えていったか？　その問い―答えはルーマンのシステム論をさらにこえて、社会学の思考の可能性と限界をたどることになる。

2　行為とシステム

話をわかりやすくするため、第一の転換から始めよう。

第一の転換を先導したのは、先ほど述べたように、パーソンズの行為システム論である。おそろしく単純化すれば、その考えはこういうものだった――物質が原子からできているように、社会にも原子にあたる基本単位（要素）element があるはずだ。

その原子として彼が発見したのが「行為」である。すなわち、「行為」という原子が実在し、その組み合わせ方でさまざまな「社会」ができあがる。その意味で、社会は単位行為の組み合わせ、つまり行為システムとして記述できる。「社会的な諸現象はすべて……行為の組み合わせに他ならない」としたわけだ（盛山 1995：197）。

これは原子論という点でまさに物理学モデルであり、プロトコル命題の組み合わせで事態が記述されると言い換えれば、論理実証主義的モデルともいえる。例えばL・ウィトゲンシュタインの『論理哲学論考』も同じ形で世界を考えた（Wittgenstein 1922＝2003）。

この考え方によれば、社会は行為という原子―プロトコル命題の組み合わせに還元される。そして、物質に安定したものと不安定なものがあるように、行為の組み合わせにも安定したものと不安定なものがある。逆にいえば、組み合わせが安定する条件がわかれば、社会秩序がどうできているかもわかる。それがパーソンズのいう「ホッブス問題」である。

「ホッブス問題」がどう解けるのかについては、システム論の内部でもパーソンズ自身のなかでもゆれがあったが、行為とシステムの関係については共通している。全ての社会システムは単位行為の組み合わせとしての相互行為 interaction から構成される。個々のシステムのちがいは相互行為の範囲、言い換えればどのくらいの広さの相互作用をシステムと見なすかのちがいにすぎない。

「なーんだ、そんなことか」と感じるかもしれないが、こういうのはコロンブスの卵であり、今から見ても、なかなかすごい発想だったと私は思う。これによって、個々の社会や個々の制度をこえて、社会一般や制度一般を理論的に考察することが可能になった。例えばM・ウェーバーも行為に注目したが、単位行為という発想はない。

けれども、やがてそこにはいくつか決定的な破綻が見えてきた。その一つがシステムの境界、「どこからどこまでが一つのシステムなのか」という問題である。システム＝社会が単位行為の組み合わせだとすれば、社会もその秩序もつねに一つしかありえない。行為間の「均衡 equilibrium」を考えればわかりやすいだろう。システム＝社会がその外部と関係をもつこともなければ、内部に部分的な秩序が成立することもない。物体（質点）が万有引力によってお互いに釣りあいながら、一つの宇宙をなしているように、社会も単独の孤立した一元的な宇宙でしかありえない。

これは私たちが知る「社会」とは異なる。私たちは「他の社会」や「社会の一部」を経験できるし、その間に社会性のちがいを感じる。例えば、日常生活とオフィスの仕事では肌合いがちがう。なぜそんなことがありうるのか。社会システム論が一般理論であるとすれば、それも記述できなければならない。簡単にいえば、行為からシステムが成り立つことを保持しつつ、複数の種類のシステムがあることをいかにいいうるのか。そういう課題がシステム論につきつけられた。

これまたおそろしく単純化すれば、ルーマンはそれを解こうとしたのである。第一章でみたように、彼は社会システムの三つの類型（種類）として、相互作用システム（相互行為システム）Interaktionssystem、組織 Organisation、全体社会システム Gesellschaftssystem を立てている。同じような分類はパーソンズにもあるが、ルーマンはこれを空間的な範囲のちがいではなく、別種の構成原理による別種のシステムだとした。

それを通じて、ルーマンは従来の「行為」の概念、すなわち単位行為という考え方をすてることになる。行為が質点のように釣りあいあうのではないとすれば、個々の行為と同じ水準で、行為と行為の関係＝つながりがあると考えざるをえない。その、行為とつながりとをともに成立させる水準として、ルーマンは意味を見出した。単位行為の考え方をとらないことで、行為の意味とは何かを、根底的に考え直すことになったのである。

パーソンズのシステム論では、行為は行為者個人の心理や態度で同定できるとする。[3] いわば、行為の意味は意図できまる。だから、その行為が何であるかは、その行為と行為者だけで閉じている（第三章参照）。それに対してルーマンは、行為は他の行為との関係とともに成立すると考えた（Luhmann 1978：54-56)。行為が何であるか、すなわち行為の意味はそれが他の何と関係づけられているかによる。つまり、構成要素となる行為の置かれ方自体がシステムによってちがう。そう考えれば、関係づけのあり方、すなわち行為のつながり方の種類に応じてシステムが複数あっておかしくない。

3　システム論の「言語論的転回」

より広い文脈でみれば、これは前期ウィトゲンシュタインから後期ウィトゲンシュタインへの転回に通じる。ウィトゲンシュタインが『論理哲学論考』の原子論を捨てるきっかけになったのは、友人である経済学者のP・スラッファが指先であごをなでて、「これの論理形式は何だい？」と問いかけたことだった（この挿話には異文があるが）。

単位行為の考え方にもこれはそのままあてはまる。何が―いかなる行為であるかは、それが接続する文脈による。確定した行為があらかじめあって、それらが組み合わさるのではなく、他の行為とどう組み合わさるかで、何の行為かも変わりうる。ここでも関係づけの問題にぶつかるのだ。

ルーマンはそこにシステムを見ようとした。「行為は何より、システムの他の行為へのその行為の関係づけの選択によって内容をあたえられる（qualify される）」(Luhmann 1978：60)。文脈次第で変わりうる行為の意味を私たちが同定できるのは、それらがシステムをなしているからだ――ルーマンは「ホッブス問題」をそう変換したともいえる。この辺りは本当は大変微妙だが、ここではあえてそういっておこう（8節以降参照）。

システムは意味ある行為によって構成されるだけでなく、行為の意味を構成する。特定の関係を実現し、それとともに他の関係の可能性を潜在的に保持しながら。

この点で、ルーマンの革新は構造主義や現象学的社会学と並行する。第二の転換すなわち脱物理学化の鍵となったのは、言語への着目である。後期ウィトゲンシュタインの言語ゲーム論（Wittgenstein 1953＝1976）が「言語論的転回」とよばれるように、「行為」概念の変更も、言葉とその意味という問いに通じる（大澤 1985、宮台 1986、宮台 1987 など参照）。

具体的にどこでルーマンがこの転換にふみきったのか、私にはわからない。少なくともすでに七〇年代前半では、全体社会を「コミュニカティヴに相互に到達可能な全ての行為の包括的なシステム」（Luhmann 1975a：11）と定義している。「相互に」に注意してほしい。行為は他の行為との関係によって行為たりうる、というか、他の行為との関係によってしか行為たりえない。ルーマンのいう「行為」はもともと、社会学で通常いう「コミュニケーション」などよりも、はるかにコミュニカティヴであった。

もしかするとルーマンは最初から独自の途を歩んでいたのかもしれないが、「機能-構造主義」という初期の標語からみて、パーソンズ以降のシステム論の系譜に自らを置いたのは事実である。したがって、大まかな見取り図として、七〇年代にはすでに転換がおきていた、としておく。もっと正確に知りたければ、専門書か彼の著作に直接あたってほしい。

では、ルーマンは行為とシステムが具体的にどのように成り立っていると考えたのか。「複数のシステムがある」という課題は解決されたのか。以下では、相互作用システムという一つのシステムをとりあげて、ルーマンのシステム論の可能性と限界について考えてみよう。

4　相互作用システムとは何か

一九七五年の論文「相互作用、組織、全体社会」で、ルーマンは相互作用システムを次のように描いている（Luhmann 1975a : 10-11,文中の［　］は佐藤の補足、以下同じ）。

> 相互作用システムは、その場にいる者が自らを相互的に知覚することによって成立する。これは自己知覚の知覚をふくむ。その場性 Anwesenheit が、このシステムの自己選択原理でありかつ同時に境界設定原理である。その場にいない人間はシステムに属さない——その人と参加者との関係がふつうはどれだけ密接であっても。
>
> 相互作用システムの例としては、家族における一緒の昼食（家族それ自身ではない）、それぞれの閣議（内閣そのものではなく）、劇場の券売場の長蛇の列、スカートゲームの輪、大規模集会、乱闘、タクシー乗車があげられる。これら全ての場合において、その場にいる者は特別な厚遇を享受している——ただたんに彼らが邪魔をしうる、あるいはいつでもイニシアティブをとり

うるという理由によって。たとえどれほど権力がある人であろうと、あるいはどれほど愛されている人であろうと、その場にいない者への配慮はそれに比べて後退する。このシステム境界は、その場にいる人とだけ話すことができるが、その場にいる人については話すことができない、裏返せば、その場にいない人についてのみ話すことができるが、その場にいない人とは話すことができない、という点に示されている。誰もが知っているように、誰について誰と話すかは、話の主題の選択を大きく左右する。

話すことは、その場にいない者を示しうる記号をその場にいる代りに用いることで、相互作用システムのなかでその場にいない者をあつかうことを、それゆえ環境という相をシステムのなかで主題化することを可能にする。環境はいわば象徴的に縮約されてシステムに取り込まれるのである。……

とはいうものの、これらの利点は相互作用システムでは、きびしい制約のもとでのみ実現される。一度に話せるのはその場にいる者のなかでただ一人だけである。多くの人々が同時に一つの言葉をとらえて、しつこく話しつづけるには、少なくとも理解と調整がよけいに求められ、無に帰さないよう強くせきたてられる。つまり、相互作用システムは、内的秩序への高い要求のもと、その都度その都度、その場にいる者の共通した注意の中心におかれた一つの主題に、自らを集中させなければならない。多数の主題は、ただ順番順番にのみあつかわれうる。参加者はその都度実現している主題にのみその寄与を限定するか、強引に主題をかえなければなら

> ない。これは静かな権力闘争へ、場面の中心と他者の注意をめぐる闘争へ、進みうる。……
>
> だが、そのなかでも、主題へ集中するという要請はきわめて時間消費的な構造原理である。全ての寄与は順々という形式を強制される。このことが時間をコストにする。線型な連続という形式 lineare Form des Sequenz は、事実的にきわめて複雑なコミュニケーションを調整するには適していない。結局のところ、こうした構造的な制約を操作するシステムはきわめて高い複雑性を達成することはできない、その固有な可能性においても、そしてその環境との関係性においても。

ルーマンの考えた「システム」がどんなものか、なんとなく印象がつかめただろうか。まだ具体的な姿は想像しづらいかもしれないが、彼のシステム論が物理学的モデルとは大きく異なることはわかるだろう。誤解をおそれずいえば、行為そのものよりも、その関係づけ方＝つながり方の方に注目しているのである。

ここで「相互作用システム」と呼ばれているのは「その場性 Anwesenheit」にもとづく、いわゆる対面状況に見出されるものだ。具体的には、おしゃべりを考えればよい。勝手気ままに話しているようでも、そこにはごく薄くではあるが、独自の社会性が成立している。例えば、おしゃべりには「ノリ」がある。「なんであんなことしゃべったのかなあ」と自分でも説明つかない話をしたり、他に重要な用事があるのに「なぜか」ずるずるいたり。そんな経験をもつ人は多いだろう。

そういう個人の水準では説明しがたい（＝意味が成立しがたい）事態を、E・デュルケームは「社会的事実」とよんだ。ルーマンはおしゃべりに独自の社会性すなわち「社会的事実」を見出し、それが「相互作用システム」という一つのシステムの作動であることを示そうとしたのだ。

おしゃべりはいわば薄く、淡く、泡のように消えさる社会である。そういうおしゃべりまでもシステム論で記述できる。いや、薄く淡い、いわば社会性の限界事例だからこそ、システム論の実力が試される。おそらくルーマンはそう考えたのだろう。

5　接続し接続される行為

具体的な例をまじえながら、説明しておこう。おしゃべりがはらむ社会性は、どういう形で成立しているのか。言い換えれば、相互作用システムというつながり方はどのように作動するのか。その鍵は、主題の「線型な連続という形式」という「構造原理」にある。

これは、たんに、すでに存在する複数の主題が順々にこなされていくことではない。むしろ、こういう形式ゆえに、あらゆる主題はその直前の主題と関係づけられてしまうと考えるべきである。すでに意味がきまっている主題が順々にならべられるのではなく、順々にならべられることで各主題の意味がつくられるのだ。「相互作用システムでは、他の行為と関係したり、他の行為を前提にしたり、可能にあるいは不可能にしたりすることを通じて、はじめて個々の行為も自らを個別化する」(Luhmann 1979 : 81)。

例えば、新しい人事評価方式導入の話の後、来週の上司の引越しが話題になれば、その引越しは人事評価とのからみで意味づけられる。「結局上にごまするのが一番なんだよね」といったように。内容は関係ない。直前の話題と全くちがった話題にきりかえれば、「前の話題が都合わるかったからごまかそうとしているな」と意味づけられる。言い換えれば、すぐ前の話題以外をコンテクストにできない。それが「線型な連結という形式」である。

このことが、おしゃべりの独特のノリをつくりだす。組織と比べると、わかりやすいだろう。組織論の言い方を借りれば、これは公私の区別を不可能にする。公私の区別というのは、連続した複数のふるまいのうち（より正確には、ふるまいの連続体のうち）、特定のものだけが選択的にコンテクストをあたえられる、すなわち公 office ＝「この組織の行為」として接続し接続される、すなわち「この組織の行為」として意味を同定されることにほかならない。

例えば、オフィスで課長が「昨日いってたA社への説明資料どうなった？　あ、昨日の巨人阪神戦どう思う？」といった場合、巨人阪神戦がどうだろうと部下に責任はない。独り言として無視してもいいし、「八回表のあの投手起用が誤算でしたねえ」とスポーツ紙の受け売りで流してから、「資料のここなんですが……」と相談をもちかけてもいい。あるいは、野球談義にちょっとつきあった上で、「ところで、A社の件ですが……」と、以前の発話にあらためて接続することもできる。この時は口調を少し硬くするとか、座り方をかえるとかするだろう。それとともに、二つの行為が切り出され関係づけられるのである。もし課長が野球話に未練があるようなら、「ところで、課長、A社の……」と、組織のメンバーシップに軽く言及することもできる。

あるいは、野球話がはずんでそのまま昼休みに入るかもしれない。その場合でも、「説明資料どうなった？」という発話は依然有効である。昼食後、課長が急にA社の去年の発注状況をたずねても対応できないといけない。いや、たとえ課長が昼食後何もいわなくても、説明資料の問題点が未解決のままなら、期末の人事考課で「職務能力に欠ける」と査定されてもしかたがない。

つまり、組織というシステムでは、あるふるまいに対して物理的隣接性以外の参照鍵、例えば特別な口調や職位への言及によって関係づけ《コンテクスト》を付与できる。それが相互作用システムに比べて、はるかに高度な複雑性を保持可能にする。例えば、過去のある行為をよびだし、接続し直すこともできる（厳密には「過去」自体がコンテクスト付与のやり方だが）。それによって、システムとしての同一性を保持したまま、すなわち「このシステムである」ことを保持したまま、やり直しができる。具体的にいえば、会社や行政への漠然とした信頼を確保したまま、現在の経営方針や政策を取り消し、やり直せる。

ウェーバーの官僚制論にそっていえば、組織ではこの参照鍵を「手続き」という形で（部分的に）制定規則化し、手続き自体を操作可能にしている。それによってつながり方《コンテクスト》自体を、つまり、あるふるまいを「この組織の行為」として同定すること自体を、反射的 reflexiv に操作可能にしている（これはルーマンのいう「過程的自己参照 prozessual Selbstreferenz」にあたる）。

ただし、厳密にいえば、組織のなかで使われる「手続き」はいわゆる法的手続きとはちがう。「準手続き」といった方がよい。そのちがいは法システムと組織システムのあり方のちがいと密接に関係してくる。これについては第三章と第五章であらためてとりあげよう。

ところが相互作用システムでは、隣接するあらゆるふるまい、より正確には相互に知覚可能でありかつただちに現前化 aktual＝想起可能なあらゆるふるまいが、話にかかわってくる。そういう形で行為が切り出され、関係づけられていくのである。それゆえ、結果的に生成される行為のつながりでも、隣接する発話と必ず接続される。先ほどの引越しの話もまさにそうだ。

おしゃべりはそういう独自なつながり方をする。例えば、大学から帰りの電車で意地悪な先輩と乗り合わせて、「昨日いってた学会の発表資料どうなった？　あ、昨日の巨人阪神戦どう思う？」といわれたら、それは発表など本当はどうでもよく、「TVを見ながら程度の論文しか書けないヤツ」という意味かもしれない。「八回表のあの投手起用が……」と野球談義にのっていくか、こちらからあらためて発表の相談をもちかけるか、あるいは、微笑みつつ「あれ、さっきスポーツ新聞ひろってませんでした？」とききき返すか。そのどれがさらに接続するかでその意味も変わってくるが、次の駅でどっと人が乗りこんできて相互作用システムが終わりでもしないかぎり、一度生起した「巨人阪神戦どう思う？」という発話は無効化されない。答えなかったら、答えなかったという行為が生起＝発効し、コンテクストとなっていく。

別の視点からみれば、これはそのまま時間地平のあり方でもある。組織には過去があり未来がある。そういう形の行為接続ができる。それに対して、相互作用システムは構造上、現在しかもたない。対話というメディア（媒質）がそうさせているというより、システムの作動が現在というあり方しかもちえない。相互作用システムには現在という時間様相しかないのである。

6　境界と自己産出

主題の「線型に連続する形式」は、このような意味で、相互作用システムの「構造原理」になっている。この構造は相互作用システムの他のさまざまな特性に同義変換できる。例えば、この構造ゆえに、特定のふるまいを別のふるまいから無縁化して、無意味化したりできない。その分、自己と他者の現在のふるまいに強く集中しつづけなければならない。それは、ふるまいのコンテクストを直前の主題以外に求めることを身体物理的にもむずかしくする。「その場性が、相互作用システムの自己選択原理であると同時に境界設定原理である」。

ルーマンのシステム論の特徴の一つは、システム境界が決定的に重要なことである。それは例えばこういうことである。システムがあって、その部品として境界や構造があるのではない。境界は構造であり、システムそのものである。それは空間的なものではなく、意味的なものなのだ。

ここからルーマンのシステム論のもう一つの特徴、自己産出 Autopoiesis もでてくる。例えば、相互システムでは隣接するあらゆるふるまいが、言い換えれば、その場に臨在している全ての人間の全ての言動が、たった一つのコンテクストのなかにまき込まれて意味づけられていく。もちろん、それらまき込まれた言動によってコンテクスト自身も構成されていく。つまり、コンテクストはコンテクスト自身を、それゆえ行為の意味は行為の意味自身を構成する。その点で、相互作用システムは最も基底的な自己産出をなしている（ルーマンのいう「基底的自己参照 basale Selbstreferenz」、詳しくは第二章3・4参照）。

このことは同時にこのシステムの成立がいかにあやういかも示している。論文「単純な社会システム」から引用しよう（Luhmann 1972：27＝1986：19–21）[4]。

> 主題の連鎖は、特にその目につきやすさと共通の注意の中心に位置することによって、システムの「記憶」を構成し供給する。話題および話題への寄与は、たんにより容易に記憶されるだけでない。参加者は、他の参加者が相応に記憶しそれにもとづいてふるまうことを、前提にし予期することまでできる。主題には参加者の注意作用とそれによる記憶作用が収斂する――そしてそれはふつう、たんに話の主題が選択的な出来事として展開されるがゆえなのである。主題とは時間的な経過におけるこれらの出来事の事実的次元での選択性であり、それが参加者の注意力と記憶力を部分的にせよ社会的に統合し、予期可能にする。そのことを通じてシステム史は構造になる。何が将来的にもまだ可能であるかを秩序化し、徐々にずらし、開き、閉じながら。……

システム史の機能という点でいえば、これは生起と有効が分化されないことを意味する。有効とされていること、「例えば有効なものとして通用している決定や行為」は、それ自体として完全に分化されえず、安定化されえず、それゆえ、むろん改変できない。そうした抽象化作用は、歴史を過去へ押しやり、済んだこととして観察し、一つの開かれた未来を構成することを可能にするのであるが、全体社会システムや組織システムの水準でのみ可能であり、全体社会の進化の過程で、これらのシステム形成水準が単純な相互作用システムの形成水準から分化し独立する程度に応じて、達成される。

　まさにこの構造に結びつけられた機能のゆえに、システム史は単純な［＝相互作用］システムでは深さをもたない。それは現在的な過去にとどまり、現前化可能性に、つまり相互に予期可能な現前化可能性に依存したままにとどまる。それによって、そのつど想起できた歴史の事実的な複雑性には狭い限界がひかれる。もはや想起できない全てのものは、善意にみちた、だが決して計画的には組み込めない忘却のプロセスに委ねられる。それゆえ、単純なシステムは短い時間地平をもって、一つの現在のなかで生きており、その歴史への結びつきにもかかわらず根底的に覆されうるのである。

相互作用システムでは行為の「生起 Genesis と有効 Geltung が分化されない」、つまりシステムの側でコンテクストのあたえ方を操作できない。それゆえ組織とちがって、「行為する」ことができない。「行為する能力は社会システムに不可欠なものではない、むしろもっと高度に発達した内部秩序を前提にする」(Luhmann 1972 : 32 = 1986 : 31)。したがって、例えば隣接性を反射的に参照鍵とする相互作用風の組織システムと相互作用システムとは、厳密に区別される。

そういう形でルーマンは「複数のシステムがある」ことを示そうとしたのである。

7　システム描写のゆれ

しかし、これは重大な問題を開いた。

組織システムでは、「組織の行為」でないものとして「個人の行為」が弁別されている(⇒5節)。そういう形で、組織の行為／個人の行為という区別自体がシステムにおいても知られている。組織というつながり方をもつ全体 Einheit にあたるものが、そのつながりのなかですでに見出され、つながりを成立させる区別にも使われている。

それに対して、相互作用システムでは、隣接性というつながり方を操作できない。おしゃべりのつながり方を私たちは経験的に知っているが、そうやってつながった全体にあたるものを、特に見出しているわけではない。だとすれば、これは「対面的に話している」または「そこには組織システムがない」と記述するだけで、十分なのではないか。行為とつながりが同時成立なのであれば、なぜわざわざシステムと、すなわち行為とはちがう水準の何かとしなければならないのか。これを相互作用システムという単位＝統一体 Einheit として発見しているのはルーマンであり、システムにおいてそう知られている（ルーマンのいう「反省 Reflexion」）わけではない。

ここで焦点になっているのはシステムの同一性の種類ではない。いかなる同一性にせよ「システムである」という理由である。行為を超えてシステムをおく以上、つまり概念装置（説明変数）を一個多くする以上、そうすべき積極的な理由がなければならない。いわばシステムという概念自体の冗長性が問われているのである。

ルーマン自身にそっていえば、八〇年代以降の展開はまさにこうした疑問に答える形で進んでいく。一九八四年の『社会システム』以降、「行為」ではなく「コミュニケーション」が社会システムの構成要素とされ、コミュニケーションシステム論へ転回する。この「コミュニケーション」は何かを伝達する行為ではなく、関係づく・関係づける働きそのものであるが（⇒3節）、相互作用システムの描かれ方もこの前後で変わっている。

『社会システム』では、「その場にいる／いない」という境界の設定がシステムによって決定されるとされる（Luhmann 1984：560＝1995：750）。システムが「行為する」のである（Luhmann 1984：617–618＝1995：831）。

反省 Reflexion もまた……反射性 Reflexivität と同じく、全ての社会システムにある一般的な特性ではなく、特定の前提の下でのみ可能になる特別な営みとしてある。何より、相互作用システムは通常、その単位＝統一性の反省なしにやっている。相互作用システムが反省へもたれされるのは特に二つの理由からである。すなわち(1)相互作用システムがシステムとして行為しなければならない場合、したがって、いくつかの行為をシステムとして結びついたものとして標示しなければならない場合、そして(2)相互作用システムがその場にいる人々の接触を中断させて再び結集するようにする場合、したがって、その同一性を潜在的に維持しなければならない場合である。つまり、反省によってのみ処理できる特別な事態が存在する。そうでない場合は、その場性という構成原理でその直接的な方向づけには十分である。この原理がいわば、システムにおけるシステムの単位＝統一性の代わりとなっている。

微妙な言い回しが続くが、ここでは相互作用システムは本質的にはシステムとして知られ、「行為する」ものとなり、「その場性」は代替的な境界設定原理にすぎなくなっている。一九九七年の『社会の社会』になると、「社会システムは（全体社会の場合もふくめ）自分自身を観察しているシステムとしてのみ成立する」（Luhmann 1997：86）とされる（第四章3・5参照）。

これによって、なぜ相互作用システムなのかという同一性の問題は解決されたように見えるが、本当はずらしたにすぎない。もともと相互行為システムは行為のつながり方で特徴づけられていた。隣接するあらゆるふるまいが、言い換えれば、その場にいる全ての人間の全ての言動がたった一つのコンテクストのなかで意味づけられ、コンテクスト自身も構成されていく。それが「（システムの歴史の）生起と有効が分化されない」ということであり、そこに相互作用システムの関係づけのあり方、要素の産出のされ方の決定的な特徴があった(5)。それこそが相互作用システムであった（⇓5節）。

ところが、システムとして行為できるのであれば、システムの行為とそうでない行為が弁別できる。コンテクストのあり方をそれ自体として操作し記憶できる。だからこそ、同じ相互作用システムがいったん中断され再開できる、つまり中断の前と後で同じ相互作用システムであるといえたりするわけだが、そうなると今度は、組織システムにおける行為の関係づけのあり方、要素の産出のされ方と区別できなくなる。相互作用システムなるものが一体何を記述しているのか、わからなくなるのだ。中断をはさんで持続できたりできなかったりするおしゃべりなんて、ありうるだろうか。

実際、『社会システム』でも「相互作用システムでは人はコミュニケーションしないでいることができない」（Luhmann 1984：562＝1995：753）とか、強い集中をその場にいる人間に要求するといったシステムの特徴がいわれるが、なぜそうなるかは語られない。その一方で、相互作用システムも自己観察するとされるが、その操作は具体的には同定されていない。「システムは、要素の産出と……観察という二つのオペレーションにおいて自己準拠的である」が（村中 1996：38）、コミュニケーションシステム論の前でも後でも、この二つの水準の記述が矛盾しつづけているのである。

8　全体社会とコミュニケーション

もう一つのシステム、全体社会システムGesellschaftssystemでも実は同じような問題につきあたる。全体社会システムとは、「コミュニカティヴに相互に到達可能な全ての行為の包括的なシステム」である（⇓3節）。この定義は『社会の社会』でも実質的に保持されている。つまり、全体社会システムは定義によって全ての行為をふくむ。また、相互到達という要件によって、要素となる行為は別の要素となる行為に到達する、いいかえれば接続（言及）することで、その行為を行為たらしめ、かつそれによって自らも接続（言及）されたことになって、行為たらしめられる。つまり、そこで互いに行為となりあうわけだから、その要素の産出は自己産出的である。

だが、これはきわめて臨界的criticalな定義である。ある行為が何であるか、いやそれがあるかどうかまでが後に接続する行為に依存し、その行為もそれがあるか・何かを後に接続する行為に依存し、その行為も……、となるからだ。構成要素を「コミュニケーション」と言い換えても全く同じである。その意味で、「行為」も「コミュニケーション」も「社会」も本源的に時間的な存在だが、ここまでくると、そもそもいかなる意味で、あるいはいかなる権利でこれらを「がある（である）sein」といえるのかが問われてくる。

相互到達性という要件が誤りなのではない。これは従来「行為」や「コミュニケーション」とよばれてきたものの本質をついている。相互作用でもそうであり（⇒5節）、実は組織でもそうである（奥山 1986）。行為―コミュニケーションは事後的に他者によって成立する、したがって他者が言及しえない状況で行為―コミュニケーションを考えることは無意味である――有名な「ヴィトゲンシュタインのパラドクス」へのS・A・クリプキの答えも、本来そういう意味だろう（Kripke 1982＝1983）[6]。全体社会システムの定義をあぶなくしているのは、「全ての……包括的な」という超越論的視点の方なのである。

行為―コミュニケーションの事後成立性＝他者依存性を考慮すると、行為―コミュニケーションを超えた水準で「システムがある（である）」と一般的にいうのは、きわめてむずかしくなる。まず第一に、規則にせよ規則があるように思わせる何かにせよ、行為―コミュニケーションに先立って行為―コミュニケーションを可能にする因果的メカニズムが、一般的な形では想定できなくなる[7]。言い換えれば、物理学的または心理学的な行為と社会的な行為―コミュニケーションは、全く別のものだ。

第二に、これは行為―コミュニケーション（の意味）が本源的に確定されない kontingent ことを意味する。だとすれば不確定性を処理するしくみ、例えば「不確定性を吸収する」システムを想定する必要もなくなる。こういう形で「秩序」や「システム」を導入する議論は他にもあるが、論理的に破綻している。なぜなら、少なくとも議論を立てた当人、当の社会学者だけは「本当は不確定だ」とわかっているはずだが、それでも平気で生きているからである。社会学者が内部観察者である以上、行為—コミュニケーションが本源的に不確定ならば、日常的にも不確定でかまわないと考えるほかない。この種のしくみを「一般理論」や「原理論」の形で立てることはできない。

　要するに、行為—コミュニケーションは行為—コミュニケーションによって行為—コミュニケーションたりうる。その意味で行為—コミュニケーションは自己産出的《オートポイエーティク》だが、それは「行為—コミュニケーションがある」ということにつきている。「システムである」とさらにつけくわえる必然性はない。

　同じことが相互作用システムにもいえる。先にみた意味生成のあり方、すなわち行為の関係づけのあり方自体は説得的だが、それを記述するのに「システム」という必要はない。「対面での意味生成」で十分である。そして、それが明確な自己観察の操作をともなわない、それゆえそのおしゃべりが事後的に全く別のコンテクストを形成して言及されうることを考えれば、そこに「その場性」を境界原理とするシステムがあったといえるかどうかすら、本当は疑わしい。

　そこまで考えると、コミュニケーションシステム論自体が、行為—コミュニケーションの不確定性をあたかも（暫定的に）消去できるもの、消去すべきものとすることで、システムという水準を導入しているともいえる。ルーマンは『社会システム』では、行為が観察の時点で確定されるとして、行為とコミュニケーションを区別している。けれども、本当は行為はつねに確定されないのではなかろうか。むしろ行為は確定的に存在するとすることが、確定されるしくみや確定することの機能の宛先として、「コミュニケーションシステム」を（実体性を代補する形で）召喚しているのではないか。

そういう意味では、ルーマンもまたパーソンズのシステム論から抜けきれていないのかもしれない（第二章4・1参照）。

9 超越論的視点のすべりこみ

要するに、相互作用／組織／全体社会という三種類のシステムがたてられているが、その「ある」の意味は大きくちがう。

まず相互作用でいうと、七〇年代までのように、システムとして行為しないと考えれば、これはその独自の要素の産出のあり方によって、固有な「閉じ」をなしているが、まさにそのあり方ゆえに、システムの同一性を立てる操作をもちえない。

八〇年代後半以降のように、その境界がシステム内で主題化され操作されると考えれば、システムの同一性が担保できるが、今後は組織システムと区別しがたくなる。相互作用システムと組織システムとのちがいは全く相対的なものになってしまう。後にルーマンは社会運動という第四のシステム類型を導入するが（Luhmann 1996a など）、それもこれと関連するのではなかろうか。システム構成の原理的なちがいが曖昧になれば、新たな類型を恣意的に導入しやすくなる。

他方、全体社会と呼ばれるものは定義によって自己産出的《オートポイエーティク》な「閉じ」をなしており、それゆえ

「コミュニケーションがある」につきる。形式論理的にいえば、たとえ「システムでは要素が自己産出される」という公理を立てたとしても、何かが自己産出しているからといって「システムがある（である）」とはいえない。それは「システム」の必要条件であって十分条件ではない。必要十分条件ならどちらかが冗長である。

「システムがある（である）」といえるのは、その「何か」が要素となる、言い換えればその「何か」を要素とする全体なるものが観察されている場合だけである。したがって、システムの同一性をたてる操作が経験的に同定されないかぎり、「システムがある（である）」は単純な循環論法になる。実際、ルーマンの議論では、全体社会の同一性は「全ての」とか「コミュニカティヴな到達不可能性」（Luhmann 1997 : 866）といった彼個人の超越論的な定義に依存している。同一性をたてる操作は経験的に同定されておらず、むしろ超越論的視点をもちこむことで、あたかも「システムがある（である）」ように見えているのである。

これに対して、組織は自ら「組織の行為」をつくりだし、システムとしての同一性をつくっているように見える。だが、その同一性は「法人」として、つまり法制度という外部によって事後的に担保されており（佐藤 1993）、システム境界を完全に自らだけで保持しているわけではない。これについては第五章と第六章であらためてとりあげるが、メンバーシップにしても、それを最終的に保証するのは組織システム自身ではない。したがって、最終的には法または法システムの同一性が問題になる。

そういう意味では、相互作用と全体社会と組織は相互に類比《アナロジー》になりあうことで、あたかも「システムがある（である）」ように見えている。システムの自己主題化まで視野にいれれば、類比の操作も自己観察の一つと考える可能性もあるが、コミュニケーションシステム自体が経験的な水準におかれていないがゆえに、経験的な記述との整合性を失えば完全な空論になる。都合がいいところだけをとってくることになるからである。ルーマンが観察すれば「事実」になるとすれば不整合はなくなるが、それは表面的な反証可能性をも放棄することであり、理論として完全に自閉してしまう。

その点で、ルーマンのシステム論には大きな綻びがある。「複数のシステムがある」という課題は依然解けていない。

いうまでもなく、それで彼のシステム論全体が無意味になるわけではない。第一章でみてきたように、法や科学や芸術などの機能システムでは、行為―コミュニケーションの自己産出的な「閉じ」とシステムの同一性を立てる操作がともに経験的に同定できるので、システム論は高い記述力と分析力をもつ。個々のシステムのちがいにまでふみこんだ議論もできる。組織システムにも同じことがいえる。組織システムの「閉じ」や同一性についてはこの章でも少しふれたが、第五章で詳しくみていく。

こういえばいいかもしれない。「システムである」は今のところ、決して自明ではない。それゆえ、少なくとも現時点では「システム」は一種の単純化だと考えた方がいい。それはシステムが仮説構成体だという意味ではない。コミュニケーションシステム論では、システムが徹底的に「ある」と考えられている。けれども、どう「ある」のかについては、まだ十分明確になっていない。その意味で、第三章で述べるように、現時点で使われる「システム」は単純化であり、近似的なものだとと考えるべきだ。

そして、だからこそ、どう「ある」のか、言い換えればどう自己産出しどう反射しどう反省するのかについて、どこまで積極的に語れるかが決定的に重要になってくる。近似解が自閉的な記述ループに入っていないかを見分けるためには、それが欠かせないのである。

10　社会を語る地平

だが、その前に忘れてはならないことが二つある。

一つは、一般理論にはならなくとも、ルーマンの術語系はゆたかな経験的記述力と理論的洞察力をもつことである。第一章でも見てきたように、システム境界や構造の定義、要素の自己産出といった視点はむしろ経験的な分析で生きてくる。実際、「制度」を厳密に同定する場合（例えばどこまでが一つの制度かを考える場合）、意識せずにルーマン的な記述を使っていることは多い。

だから、ルーマンのシステムは批判という営みにおいて実在するといったとらえ方（三谷 2005 など）は妥当だと思うが、だからこそ、経験的な水準での批判を具体的にやってみせなければならない（間奏1参照、批判の試みとしては佐藤 2005a など）。

ルーマンも空中戦ばかりやっていたわけではない。例えば、よくTV局の視聴率至上主義や新聞社の部数至上主義が批判されるが、ルーマンによれば、自律した報道機関はその外部の環境からの反応を、「視聴率」や「部数」といったそれ自体は意味のない数値の形で受け取らざるをえない（Luhmann 1996b = 2006）。報道機関が特定の政治的立場によらず「開かれている」こと＝自律性と、視聴率至上主義や部数至上主義は表裏一体なのだ。これは自己産出的《オートポイエーティク》なシステムの閉鎖性／開放性のわかりやすい事例の一つだろう。

もう一つは、ルーマンのシステム論が成立しないならば、従来のシステム論や社会の一般理論はもっと成立しないことである。例えば、行為―コミュニケーションの事後的成立という事態はパーソンズのシステム論に出てこない。物理学モデルではそもそもその点を考えられないからである。

この事後成立性＝他者依存性ゆえにルーマンのシステム論が破綻するのであれば、行為を素朴に同定できると考えてきた従来の行為論やシステム論は全てはるか手前で破綻する。少なくとも彼のシステム論はこの事後成立性＝他者依存性をかなりよく考えている。

わかりやすい例をあげると、この問題系は、最近社会学でも頻用される「言説」にもそのままあてはまる（佐藤 2005b）。M・フーコーのいう「言説の集蔵体《アルシーヴ》」はたんにシステムを弱毒化したものではないのか。そもそも言説とは何なのか。なぜ言説として同定できるのか。――すべて同じ問いである。あるいは、J・バトラーの「行為体 agency」や「引用 citation」の議論を思い出す人もいるだろう（Butler 1997＝2004）。

ルーマンのシステム論が指し示しているのは、本当はそういう問題群なのだと思う。例えば、社会学者はごくあたりまえに「社会がある（である）」というが、それが何を意味するのかには鈍感である。（a）特定の性質（例えばある制度に関係づけられる）を共有するという時の「社会」と、（b）「社会が××する」という時の「社会」を簡単に同一視してしまう。より正確にいえば、この鈍感さは表面的には容易に反省されるがゆえに、頑強に反省されない（内田 1980、柿本・嶋守 1998、遠藤 2002）。実際、社会の実体視を批判すると言いながら、「社会を成立させる装置」や「（全体）社会の到達不可能性」について平気で語る議論は多い。これらは社会の素朴な実在性をカッコに入れたつもりで、本当は再生産しているにすぎない。

術語の検出限界近くなので曖昧な言い方しかできないが、むしろ、公理という形にせよ反省的な問いという形にせよ、社会なるものの過少と過剰を同時に見出すことで、社会学の実定性の平面ははられているのではないだろうか。だとすれば、「社会とは何か」という問いには、通常考えられている形では決して十分には答えられないし、答えるべきではない。「社会」の実体視と虚構視はともに過少と過剰の反復運動の産物であり、同じくらい意味がない。

もちろん、「社会がある」の代わりに、ただ「コミュニケーションがある」といっても何もかわらない。相互到達性の問題にふれないのであれば、たんに素朴な行為実在論の代わりに素朴なコミュニケーション実在論をたてたにすぎない。「社会とは何か」――その問い―答えとしていうならば、ルーマンはシステム論の形式を通じて、「社会がある」「コミュニケーションがある」とは何かがいかなる問いであるのかを教えてくれたのである。

それゆえ私たちは、システム論をとろうとるまいと、なぜルーマンがこう考えなければならなかったのかをさけては通れない。その問いは閉じられぬまま、「社会」を語る全ての人々の前に今も佇んでいる。

注記

（1）「社会がある（である）」をめぐる、もっと外から見た簡単な解説は佐藤（2004a）参照。

（2）直接的な影響は江口（2001）、春日（2003）、石戸（2003）など。その他に、各分野で独自に考察を進めてきた人によって（再）発見される事例も目立つ。『組織科学』37巻2号の「特集　意味の組織論」、村上（2000）など参照。

（3）例えば富永健一は「行為の意味的な完結に着目して一つの行為の始まりと終わりを確定することは概念的に可能である……社会体系の構成要素をこの意味での分析単位としての相互行為とかんがえることにする」と述べている（富永 1981：4）。この「意味的な完結」とは、動機づけではじまりその充足によって終わるとされる。パーソンズとルーマンにおける行為の「意味」のちがいについては、第二章注5参照。パーソンズおよびパーソンズ的な行為論の批判的要約は盛山（1995）の第二章と第八章が的確でわかりやすい。

（4）佐藤（2000）や佐藤（2005a）では“einfach”を「単純な」ではなく「簡単な」と訳した。「単純な」は複雑なシステムへの進化の途上という意味をもちやすいからだが、「単純な」が通例なのでそれにあわせておく。ルーマン自身がどう考えていたかとは無関係に、進化の途上という含意は概念定義を曖昧にするので良くないと私自身は考えている。第二章2・11参照。

(5) この引用箇所は佐藤（2000）や佐藤（2005a）の文章を一部変更してある。第二章2・12参照。興味がある方は佐藤（2000）や佐藤（2005a）と読み比べてほしい。ただし、ここと Luhmann（1975：11）の全体社会の定義（第二章3・1参照）をのぞいて、佐藤（2000）や佐藤（2005a）で私は文献挙示と引用指示の初歩的な誤りを犯していた。長岡（2006）の指摘の通りで、この第一章では修正してある。長岡氏の指摘に感謝したい。

(6) 規則にしたがうかどうかを論じることも無意味である。そもそも観察者としての他者がいなければ、ある人間の行為が問題になることもない。ただし、行為の他者依存性というのは、自己／他者の行為の意味を他者／自己が確定できることではない。他者／自己の行為の意味を確定する行為自体が確定的に存在しえないのだが、それ以前に、他の行為に接続することは根源的な受動性をもつのではないか。佐藤（2002）参照。なお、この点は第二章4・10以下で詳しく述べる。

(7) 行為の記述自体に因果の記述がふくまれる形はありうる。Davidson（1980＝1990）参照。

第二章　コミュニケーションそして／あるいはシステム　長岡克行氏の批判に応えて

1　批判と応答　その経緯

1・1 システム論再考

先日、長岡克行氏の『ルーマン／社会の理論の革命』（勁草書房、二〇〇六年、以降は『革命』と表記）が公刊された。ニクラス・ルーマンの膨大な著作群をふまえて、システム論の展開を追う研究として、質・量ともに大きな業績である。少なくとも日本語の文献としては、ルーマンのシステム理論の全体像を提示した最初の著作だといっていい。そのくらい重要な仕事である。

その第一四章「社会の概念」補論III（p.476-492）では、私の「『社会システム』は何でありうるか——N・ルーマンの相互作用システム論から」（佐藤 2000）がとりあげられ、全面的な反論が展開されている。

中身の議論に入るまえに、一言ぜひ述べておきたい。あまり学術的な言明ではないが、それだけに他の箇所では書けないので。反論の形であれ、私の論考を正面からとりあげてもらえたことがとても嬉しかった。これはルーマンのシステム概念を根底的に批判したものだが、わずかな例外を除いて、いわゆるルーマン研究から無視されてきたからである。

システム論をどうとらえるかは、佐藤（2000）だけでなく、その短縮版である佐藤（2005a）（⇒第一章）や佐藤（2006b）（第三章参照）をふくめて、私もまだ考える途上にある。特に学説研究の面では不十分な点が少なくなく、三谷武司氏からも文献挙示や解釈の誤りをすでに指摘されている。

しかし、システム論の理論そのもの、特にシステムやコミュニケーションのとらえ方においては、テクストの解釈もふくめて、長岡氏の反論は誤りだと私は考えている。2節以下で述べるように、その内部に矛盾や飛躍がある。また、佐藤（2000）を十分に理解されておられないようにも思った。それはたんなる見方のちがいではない。佐藤（2000）では、ルーマンのシステム論に対する根本的な疑問をいくつか指摘した。だからこそ、長岡氏もかなり激しい言葉で反論されたのだろう。したがって、どちらがより正しいかに無関連に、私が長岡氏の反論を再検討し、自分の考えを説明し直すことは意義がある。それを通じてルーマンのシステム論がよりよく理解できるし、私の方が誤っているならば、誤りがもっとはっきりする。

反論された当事者である私は、冷静で中立的な判定者ではありえない。そうである以上、私がやるべきは反論にはっきり対峙して、論点をより明確にすることだろう。それが長岡氏の学問的誠意に最も誠実に応える途でもあると思う。

もし私の誤りが明白になったとしても、それは決して悪い結果ではない。一番大切なのは個人の正しさではない。より正しくない理論を多くの人が使えることである。私自身もそこから得るものの方が多い。以下は、そういう立場から書かれていることを、あらかじめ断っておきたい。

1・2　応答の先

そしてルーマンを専門としない読者のために、この応答の結論が意味すること、すなわちもし私への反論が誤りだと論証できているとしたら、それは何を意味するかも、最初に述べておこう。
①行為が関係的に定義されることだけ認めれば、ルーマンのシステム論の大部分は社会学の通常の記述形式の一つ、すなわちM・ウェーバーが提唱した理解社会学の延長上に書き換えることができる(1)。②それ以外の論理的な離れ業、例えば二重の不確定性の解消のような議論はいらない。二重の不確定性を考える必要がないのではなく、そう呼びうる事態を経験的に広く認めた上で、従来の記述形式の延長上で記述を進めることができる。
こういう風にまとめると、ウェーバーで十分だということかと誤解する人がいるかもしれないが、

もちろんそうではない。正反対だ。ルーマンのシステム論は今後もしばらく全貌が見極められないほど、多くの重要な考え方や論点の扱い方、そして豊かな経験的な分析もあたえてくれた。その突破《ブレイクスルー》はいまだ過少評価されている。

「行為が関係的に定義されることだけ」と述べたが、記述形式を公理系として考えるならば（佐藤 1988）、できるだけ少ない拡張で、できるだけ多くの記述可能性を開くことこそが最もすぐれた革新である。それには、行為が関係的に定義されることをうまく定式化する必要がある。

ウェーバー自身はひどく中途半端な形でしかできなかった。そのため、タルコット・パーソンズの主意主義的行為論に読み換えられたり、現象学的社会学の「主観的意味が客観化されて……」という図式に読み換えられてきた。ルーマンはそういう凡庸化を排して、行為が関係的に定義されることを、はるかに洗練された形で理論的に定式化した。それだけでも偉大な業績だと私は考えている。実際、ウェーバーの定式化を自明視してきた人にとっては、これはきわめて異様な理解社会学に見えるはずだ。

ルーマン的な言い方で言い換えると、①は、要素（＝行為やコミュニケーション）に対する固定的な全体（＝システム）を想定しないで、「基底的自己参照 basale Selbstreferenz」を考えることにあたる。「システム」という概念が無意味なわけではない。一定の条件下ではシステム論はすぐれた記述形式であり、強力な分析手段だが、全てのコミュニケーションにおいてつねにシステムが成立しているとする必要はない。

②は、行為を成立させる一般的なメカニズム（例えば二重の不確定性を解消する）をおく必要はないということである。佐藤（2000）で論じた「システムを不当前提しているか」どうかも、最終的にはここに関わってくる。

それは、③観察者に特別な権能を認めないことでもある。

行為が関係的に定義されるという前提の下で理解社会学を展開するとは、結局①②③の形で考えることにほかならない。これらをメタ理論的に体系的に検討する作業は第四章でおこなう。ここでは直感的にわかりやすい形で述べておくが、①のコミュニケーションを自己産出的にとらえる点でウェーバーとはちがう。その点ではルーマンに近いが、②の行為を可能にする一般的なメカニズムを前提にしない点ではルーマンともちがう。これは③の観察者、特にコミュニケーションシステム論による観察に特権的な真理性を認めないことの系でもある。

1・3　論点の整理

本来の議論に戻ろう。

佐藤（2000）で私が主張したのは、要約すれば、

Ⅰ．ルーマンの相互作用 Interaktion／組織 Organisation／全体社会 Gesellschaft の三つのシステム類型は論理的に整合していない。それぞれの「システムがある」根拠はくいちがっており、

一般理論になっていない

II．ルーマンのシステム論はその要素の〈確定〉に関して重大な論理的な飛躍を抱えている。それは「システムがある」といえる根拠を大きく掘りくずす

の二点である。なお『革命』p.476では、佐藤（2000）の刊行年が「二〇〇五年」になっている。佐藤（2005a）も参照されたのかとも考えたが、もっぱら佐藤（2000）がとりあげられているようなので、誤記だと判断した。

長岡氏の反論もこの二点にむけられており、IとIIの両方で私の議論が「当たっていない」（『革命』p.665-666、以下自明な場合はページ数のみ表記）、すなわちルーマンのシステム論を誤解した上で、誤った批判を加えたとされている。

このうち、先に述べたように、学説研究の上では私の初歩的な誤解もある。その誤りは率直に認めたい。だが、それは議論の中心部に関わるものではなく、むしろ誤りを修正することで、私の指摘した不整合や飛躍はさらに明確になる。そして、それらに関する長岡氏の反論は論理的にまちがいか、私の議論を誤解している。

単純な誤読も見られる。例えば、私は「ルーマンは、コミュニケーションは『日常的にも不確定でかまわない』などと考えていた」（『革命』p.481）とは述べていない。私が主張したのは、ルーマンがどう考えたかとは無関連に、日常的にも不確定でかまわないと考えざるをえない、である（佐

藤 2000：44、4節で後述)。「ルーマン風に翻案すれば」という言い方で誤解されたのかもしれないが、これはS・A・クリプキの「ヴィトゲンシュタインのパラドクス」の含意をルーマン風に翻案すれば、という意味である（4・10参照）。ルーマン自身の主張とはかぎらないことを明示するため、わざわざ「風」「翻案」という日本語を使った。

私の論文題名も誤っている。「『社会システム』は何であるのか」（『革命』p.476）ではなく、「『社会システム』は何でありうるのか」だ。ルーマンの言い方をかりれば「カント的な問いの技法」、「何であるか Was ist der Fall?」だけでなく「いかにありうるか Wie ist es möglich?」を問うという意味で、「うる」をわざわざ入れた。直接には、長岡氏も『革命』のエピグラフに掲げた「社会秩序はいかにありうるのか」（『社会構造と意味論2』第4章、日本語訳は佐藤編訳（1985））を念頭においていた。英語表記も What can be "social systems"? である（佐藤 2000：48）。

刊行年とはちがい、これは内容にかかわる。佐藤（2000）で私はシステム論の可能性の条件を問うた。つまり、ルーマンのシステム論を私なりに論理的に再構成した上で、再検討した。それゆえ、テクストの解釈でも論理的な整合性を優先した。もちろん、だからといって誤読が正当化されるわけではないし、再構成が論理的にまちがっていれば論外だが、「何でありうるのか」という問いの立て方をもっと意識してもらえれば、さけられたすれ違いもあったように思う。

そこで以下では長岡氏の反論をとりあげ、私自身の誤りも確認しながら、主要な論点について応答していきたい。『革命』補論Ⅲは⑴〜⑾節からなるが、大きくいって⑴〜⑷がⅡ、⑸〜⑽がⅠにあたり、⑾がまとめになっている。したがって、長岡氏はIIからIへ進んでいるが、以下では佐藤（2000）の通り、IからIIへ進む。

理由は二つある。第一に、私はつねに経験的な記述可能性からシステム論の論理構成を問うてきた。私にとって、IからIIは必然的な順序である。第二に、Iへの反論の方が容易に破綻が見出せる。Iは経験的な記述に直接関係するので、たとえ私の方が正しくない場合も、読者の方で判断がつきやすい。それゆえ、Iからはじめることにする。

2　相互作用はシステムであるのか「二つの定義」をめぐって

2・1　相互作用のシステム定義

Iで私が問うたのは、相互作用／組織／全体社会の三種類のシステムがどう同定されているか、であった。長岡氏は相互作用を「相互行為」、全体社会を「社会」と訳されているが、ここでは佐藤（2000）での訳語を使わせていただく。

まず相互作用システムから見ていこう。補論IIIでは⑹〜⑻節がこれにあたり、分量的にはIの一番主要な論点になっている。そこでこの2節では、Iのうち相互作用をめぐる問題をあつかい、次の3節では、その議論をふまえて全体社会と組織をあつかう。

副題「N・ルーマンの相互作用システム論から」にあるように、もともと佐藤（2000）を書いたのも、この相互作用システムの同定をめぐる疑問からだった。一九七二年の論文「単純な社会システム」（Luhmann 1972＝1986）で、ルーマンは話しあいやおしゃべりを相互作用システムとして描き出した。それを読んでいて、最後の節でひっかかった。幸い、長岡氏も(6)節でそこを翻訳されているので、そのまま引用しよう（原文はS.32）。

「単純な社会システムへの参加者たちは、まず第一に自分自身と他の参加者たちを人として見るのであり、無条件に彼らの相互作用の網を環境内のシステムとしては見ない。別言すれば、彼らは自分自身たちを人として同定するのであり、しかし何の問題もなく彼らの社会システムとして同定するのではない。」（p.485）

ルーマンはここで、話しあいやおしゃべりの参加者はその「相互作用 Interaktion の網」を、「人として同定する」と述べている。(2) この「人 Personen」は複数形なので、日本語では「人の集まり」に近い。

相互作用システムがそういうものだとすると、一体、誰がどんな基準で、これを「システムとして」同定しているのだろうか。そういう疑問を私はいだいたのである。

システムを同定する操作（作動）Operation（長岡氏は「操作」と訳している）をルーマンが一般的に

どう定式化しているかは、やはり長岡氏自身が(9)節で簡潔にまとめている。これもそのまま引用しよう。

ルーマンの社会システム理論においては、システムの同一性を立てる操作というのは、システムにおいて当のシステムの統一体を指し示す操作（コミュニケーション）、システム自身を反省する操作（コミュニケーション）である。相互作用システムの場合であれば、その終わりに臨んで、例えば「今日の私たちの話し合いは有意義であった」と言う（そしてそれが理解される）のは、すでにそうした操作に当たる。社会についてであれば、日常会話（＝相互行為）においてであれ、新聞においてであれ、社会学者が学術論文においてであれ、例えば「今日の社会は全体として……である」と語られることが、これに当たる。こうした操作（コミュニケーション）は、経験的な操作である。（p.489）

2・2「人として」と「システムとして」

最初の文は、八〇年代以降という限定つきであれば異論はない。限定する理由は先の「単純な社会システム」の記述にある。

長岡氏によれば、「システムにおいて当のシステムの統一体を指し示す操作（コミュニケーション）

によって」、システムは同定される。ところが、相互作用システムは「人として」同定されている。「システムとしては見ない」「システムとして同定するのではない」。厳密にいえば「無条件に」「何の問題もなく」と留保があるが、これは、相互作用がシステムとして見られることもある、という意味だと考えられる。長岡氏もそう解釈されているように思う。

それは裏返せば、そう見られない場合が多いということだ。つまり、相互作用システムはシステムとして見られない場合でも、システムとして同定される。長岡氏も(7)節でこう述べている（なお引用中の「(1975,S.32-33)」を私自身はLuhmann（1972：32-33）の形で表記している、「単純な社会システム」は『社会学的啓蒙2』（Luhmann 1975a）ではS.21-38にあたる）。

> 単純な社会システムでは、たいていの場合、参加者による意識的なシステム同定なしでやっていける。参加者たちにとって、反省の働きとしての意識的なシステム同定が必要になるのは、諸々の抽象の働きを秩序づけなければならなくなる場合に限られる。ルーマンは論文「単純な社会システム」の最後の節（1975,S.32-33）において、どんなきっかけから、システム同定を必要とするような抽象の働きが生まれてくるかを分析している。（p.485-486）

「たいていの場合」相互作用システムは「参加者による……システム同定なしで」生成し消滅していく。では、その「たいていの」相互作用システムを、システムとして同定しているのは誰かで、いかなる基準によるのか？

もし「参加者」＝当事者の水準以外に同定者と同定基準があるならば、相互作用システムでは、「システムにおいて当のシステムの統一体を指し示す操作」がシステムの同一性を立てているとはいえない。したがって、「ルーマンの社会システム理論においては、システムの同一性を立てる操作というのは、システムにおいて当のシステムの統一体を指し示す操作（コミュニケーション）、システム自身を反省する操作（コミュニケーション）である」とはいえないはずだ。(7)節で述べてあることと(9)節で述べてあることは矛盾する。

具体的に考えてみよう。かりに長岡氏のいうように、「今日の私たちの話しあいは有意義であった」と発言があった場合には、システムが同定されるとしよう。では、もしそこでその発言がなかった場合、そこに相互作用システムはあったのか、なかったのか。

2・3 システム同定操作の有無

断っておくと、これはやや意地悪な問いである。理論上の整合性だけでなく、経験的な記述として、長岡氏のあげた例はあまり適切ではないからだ。

現実のおしゃべりではこういう露骨なまとめの発言はめずらしい。こういう発言は、組織のメンバーシップ（成員資格）のような、かなり明確な制度や役割を前提にするケースが多い。長岡氏の例も「有意義だった」と言う以上、話しあいそのものとはちがう何かに機能的に関連づけられていると見るべきだろう。それゆえ、これは相互作用システムの同定操作かどうか自体があやうい。もちろん、相互作用システムが私の主張したように、システムとして同定されていないとすれば、思いつく例があやういのは当然だが。

もっと軽い、例えば「今日のおしゃべりは楽しかったねえ」的な発言ならば、もっと頻繁にみられる。けれども、これを同定操作にすると、別の問題が生じる。軽い発言になればなるほど、そもそもそれが「システム」を、長岡氏の言い方を借りれば「〈システムという統一体において可能なこと〉」をさしているかどうかが疑わしくなる。もともと相互作用システムの社会性は薄いので、そこで可能なこともごく薄くしか成り立たないが、それ以上に、こういう発言はきわめて偶然的にしか成立しない。

次のようなケースを考えればよい。A氏がそう発言しようとした瞬間、窓の外を何かがよぎって注意がそれて、その間に他の人は退席してしまった。この場合、システムがあったのか、なかったのか。あるいは、A氏が「今日の…」といった瞬間、心臓発作で倒れてしまった。その場合、システムはあったのか、なかったのか。

どちらの場合も、発言の直前までの経過は全く同じで、発言の有無だけがちがう。これがメンバーシップの制度をもつ組織、すなわち「人の如何を問わない」(M・ウェーバー)組織での会議であれば、A氏が何らかの事情で発言できなくなれば、自動的に代理にあたる人が想定されるが、相互作用ではそうはならない。だから、発言の有無が偶然に左右される。

あらゆる定義に限界的事例はつきものだが、そういう一般的な話ではない。この種の発言を相互作用システムの同定操作だとすれば、システムがあったのかなかったのか自体があやふやになるのだ。

では、これらのケースで相互作用システムはあったのか、なかったのか。言い換えれば、相互作用システムは「意識的なシステム同定なし」で成立するのかどうか。私は、ルーマンの七〇年代の二つの論文、「単純な社会システム」と「相互作用、組織、全体社会」(Luhmann 1975a) における相互作用システムの描き方と、『社会システム』(Luhmann 1984) での相互作用システムの描き方を比較し、前者では、あったといえる形で相互作用システムが定義されており、八〇年代以降は、なかったになる形で定義されていると考えた。それを「七〇年代までと八〇年代以降では、相互作用システムの描かれ方がかわっている」(佐藤 2000：42) とした。

先ほど長岡氏の(7)節と(9)節が矛盾すると述べたのが、これもそこに関わる。私の理解では、七〇年代までの定義では(7)節の形、すなわち当事者によるシステム同定操作はなくてもよい (＝「たいていの場合、参加者による意識的なシステム同定なしでやっていける」) 形になっており、八〇年代以降の定義では(9)節の形、すなわち当事者によるシステム同定操作によってシステムは同定される (＝「システムの同一性を立てる操作というのは、システムにおいて当のシステムの統一体を指し示す操作……である」) 形になっている。

ここが私と長岡氏の一番大きな対立点になっている。佐藤 (2000) は二つの定義があるとしたのに対して、長岡氏は定義は一貫していると反論されている。

2・4「人として」のアポリア

まず私の考えた道筋にそって、少し丁寧に説明しよう。

長岡氏の反論には直接出てこないが、先の矛盾は次のように解釈することもできる。——相互作用システムは、たいていの場合、当事者には「システムとして」同定されていないが、「人として」は必ず同定されている。そう考えれば、「今日の私たちの話し合いは」的な発言がなくても、当事者の意識の上で経験的に同定されている。「単純な社会システム」S.32の箇所はそういう意味にとることもできる。

だが、この解釈も深刻な困難にぶつかる。おしゃべりや話しあいでは、まずAさんとBさんとCさんがいて、次にAさんがいなくなって、その後Dさんがきて、といった人間の入れ替わりが頻繁におこる。このとき、「人（の集まり）Personen」二つなのか一つなのか。

家族などとはちがい、日常会話では頻繁に人が入れ替わりうるので、人の集まりの形ではうまく一つに特定できない。相互作用システムでも人の出入りは起こりうる。「ちょっとした出会いでもそうである」(Luhmann 1972：30＝1986：26–27)。むしろ「高い入れ替わり可能性、すなわちその場性の不確定性Kontingenz der Anwesenheit」が相互作用の維持に役立っている。だから、「人として」の形ではこのシステムは同定できない。もちろん「人」をごく抽象的に考えれば、この問題は回避できるが、今度は「システム」と区別できなくなる。ルーマン自身が二つを区別している以上、「人として」という固定操作は「システムとして」とはちがうものと考えざるをえない。

つまり、相互作用システムの同定には二つ大きな問題がある。まず、（1）当事者の水準でのシステム同定操作があるのかないのか。さらに、（2）どんな基準で同定できるのか、そこに「人（の集まり）」という区別はどう関わってくるのか。いわば（1）誰がと（2）何での両面で問題をかかえている。

ルーマン自身の記述でも、「人」と「システム」の関係ははっきりしない。例えば佐藤（2000）で、私は「単純な社会システム」S.32の箇所を引用しなかった。長岡氏が「彼らは自分自身たちを人として同定するのであり、しかし何の問題もなく彼らの社会システムとして同定するのではない」と訳された原文は、"...sie identifizieren sich als Personen, aber nicht ohne weiteres auch ihr soziales System."である。このihrをどうとればいいか、困ったからだ。

最初はそのまま「彼らの社会システム」と考えたが、そうすると、社会システムが特定の人間たちの集まりに帰属する形になる。そういうあり方をルーマン自身が認めたことになる。「人として同定される」にも大きな問題があるが、システムが人の集まりに帰属するという事態は、私の理解の外にあった。

それゆえ、佐藤（2000）ではこの箇所を訳さず、相互作用システムの具体的な秩序のあり方を述べた箇所をえんえん引用して、当事者の水準で「システムとして同定する」操作がなくても、システムがありうる形で相互作用が定式化されていることを示した。ちなみに森元孝氏の日本語訳「単純な社会システム」（土方昭監訳『ニクラス・ルーマン論文集3　社会システムと時間論』新泉社）は、このihr に全くふれずに訳してある。

2・5　二つの定義可能性

この問題を解消するには二つの可能性がある。

第一は、（1）当事者がシステム同定操作をしており、かつ（2）それが「人（の集まり）」という形をとるおしゃべりや話しあいだけを、相互作用システムとする。つまり、当事者がシステム同定操作をしているが、そのなかで「人」が「システム」の代わりに働いている場合だけを、相互作用システムとする。以下これを定義 α とよぶ。

第二は、（1）当事者がシステム同定操作をしているかいなかにかかわりなく、（2）ルーマンが「単純な社会システム」と「相互作用、組織、全体社会」であげた相互作用システムの特性、具体的にいうと「その場性 Anwesenheit」（長岡氏の訳では「居合わせていること」）とそれによる知覚過程の制約、主題の「線型な連続という形式 lineare Form des Sequenz」、「短い時間地平（の集まり）をもって一つの現在のなかで in einer Gegenwart mit kurzen Zeithoizonten 生きる」、当事者が「人として同定する」などの特性をみたす行為やコミュニケーションの連なりを、相互作用システムとする。つまり、これらの特性をもつ一連なりを一つの相互作用システムと同定する。

佐藤（2000）では、それを、「隣接するあらゆるふるまい、より正確には相互に知覚可能でありかつただちに現前化 akual＝想起可能なあらゆるふるまいが、話にかかわってくる。そういう形で行為が切り出され、関係づけられていくのである。それゆえ、結果的に生成される行為の連鎖でも、隣接する発話と必ず接続される」（佐藤 2000：40）、「特定のふるまいを別のふるまいから無縁化して、無意味化したりできない。それは、ふるまいのコンテクストを直前の主題以外に求めることを身体物理的にもむずかしくする」（佐藤 2000：41）と再構成した。例えば「人として同定する」という特性は、「相互に知覚可能でありかつただちに現前化＝想起可能なあらゆるふるまい」、すなわち自己と他者の身体上に現在知覚される「あらゆるふるまいが話にかかわってくる」から導かれる。以下これを定義 β とよぶ。

佐藤（2000）ではこの β の方を「七〇年代までの」定義とした。α をとらなかったのは、明らかな難点があるからだ。「人として」が「システムとして」の代わりになるのは、人の入れ替わりがおきない場合に限られる。たしかにおしゃべりや話しあいでは、そういう力が働くこともある。コミュニケーションの密度が濃くなるほど、すでに加わっていた人は離れにくくなり、新たな人は加わりにくくなる（佐藤 2005a：107）。

けれども、この力は弱い。だからこそ、おしゃべりや話しあいでは人の入れ替わりがふつうに見られる。入れ替わりが生じれば、「人 Personen」に準拠した区別は同一性を失うから、定義 α では一つの相互作用システムにはならない。だから「高い入れ替わり可能性」が役立つこともない。経験的にいえば、人の入れ替わりが生じにくいのは、組織内部での話しあいのような、メンバーシップと組織内部の制度で関係者が決まっている場合が多い。その場合、「人」の形での区別を成立させているのは外部の力、例えば組織システムである。となると、今度は相互作用システムと組織システムがどういう関係にあるのかが問題になる。組織システムとの区別も不明確になる（2・9、2・11参照）。

それに対して、定義βは人の入れ替わりがあってもいいし、当事者がシステム同定操作をしていなくてもいい。その分、おしゃべりや話しあいという事態を広くおさえられる。そう考えて、βを七〇年代までの定義とした。

2・6「人」はシステムにならない

では、定義βで考えた場合、一つ一つの相互作用はどのように同定されるだろうか。

一見意外に思えるかもしれないが、定義βではシステム境界は「人」の形にはならない。「人として」という区別の働きは、具体的にいうと、その場に居合わせた人間の行為やコミュニケーションだけがコンテクストになることである。この場合、本当の境界は、そういう形で接続されていく行為やコミュニケーションかいなかである。言い換えれば、「人」に準拠した区別を使って行為やコミュニケーションがなされているが、その区別が内と外の境界になっているわけではない。こういう切り離しができるのは、いうまでもなく、定義βではシステムの同定が当事者水準での同定操作（作動）に準拠していないからである。

それゆえ、定義βでは「人」の同一性が保たれなくても、すなわちどういう人の集まりであるかが変化しても、かまわない。短い時間地平しかもたない、すなわち、ごく狭い幅の今ここのふるまいにしか接続できないし、接続されないので、より長い時間幅で観察すれば「人」の同一性が失われていても、「人」に準拠した区別を使ってコミュニケーションし続けられる。

その反面、定義βでは「人」が変わりうるので、「人」の同一性にもとづいて行為やコミュニケーションの連なりに同一性をあたえることはできなくなる。つまり、その連なりが「人」に準拠した形で、一つの何かEinheitとして当事者に同定されているとはいえない。また、観察者が「人」の同一性にもとづいて一つのシステムとして同定することもできない。

ここに「人として」と「システムとして」の決定的なちがいがある。「システムとして」ならば、システムである／でないの区別にもとづいて新たな行為やコミュニケーションが生まれれば、その行為やコミュニケーションが「同じシステム（の要素）である」ことで、システムが自己産出する。だから、「システムとして」という形の区別はシステム境界になりうる。この場合、「システムとして」で同定される行為やコミュニケーションの範囲が、その「システムとして」の区別を前提にする行為やコミュニケーションと一致する保証はないが[3]、その区別を前提にすることで行為やコミュニケーションが特定のあり方をもつといえれば、そのあり方の特定性を独自の選択過程の結果だといえる。つまり、「システムとして」行為しているといってよい。

それに対して、「人として」では、居合わせている人である／でないの区別にもとづいて新たな行為やコミュニケーションが生まれても、その行為やコミュニケーションはその場に居合わせている「人」を生成しない。ここでいう「人」がそもそも行為やコミュニケーションを要素とする何かなのかもはっきりしないが、少なくとも接続してゆくコミュニケーションの継起を通じて、「人」の同一性が保たれるわけではないからだ。「システムとして」という形の区別ならば、コミュニケーションが接続していくことで、システムという同一性がたえず生成していくが、「人として」ではそうならない。[4] 定義βの延長上でシステムという同一性が生じるとすれば、全く別のあり方を考える必要がある（2・11参照）。

「単純な社会システム」S.32で見出された「システムとして」と「人として」のちがいは、最終的にはそこまで射程に入ってくる。“ihr soziales System”を私が翻訳できなかった理由もそこにある。これは自己産出論に直接つながってくる論点でもあるからだ。もしどうしても訳さなければならなかったとしたら、私もihrを曖昧に訳したと思う。

コミュニケーションシステムや自己産出が明確な姿をとらない段階で、そのちがいに着目したルーマンの記述の鋭さには正直おどろかされるが、裏返せば、このちがいの重大さは、コミュニケーションシステムと自己産出が明確に理論化されることで、際立ってくる。

2・7 「システムがある」条件

そして、今述べたことから、定義βはシステムという必要がなくなる。これをみたすおしゃべりや話しあいは、コミュニケーションがコミュニケーションをつくる点では自己産出的だともいっていいが、そこにシステムという自己があるわけではない。ならば、コミュニケーションが接続しているといえば十分である。

長岡氏はまずこの点を(5)(6)節で次のように批判されている。

ルーマンのシステム理解によれば、全てのシステムの場合と同様に、相互行為（相互作用）システムもまた、境界、つまりシステムと環境の差異によって構成される（1975,S.28）。……しかし、相互作用システムには境界があり、システム／環境―差異（〈システムという統一体において可能なこと〉と〈その環境において可能なこと〉との差異）が形成されていても、佐藤氏はその相互行為システムをシステムであると頑として認められない。（p.484）

ルーマンとは違って、佐藤氏はシステムという統一体を内／外―差異、システム／環境―差異において捉えられないがゆえに……（p.485）

これは私の議論を誤解したものだ。作動的に閉じたシステムをシステム／環境の差異で捉えるとはどういうことなのかは、システム理論の根幹にかかわる重要な問題だが（第四章参照）、私はそれを論じたのではない。システム／環境の差異でどう捉えたとしても、システム同定においてルーマンの議論は矛盾していると述べたのである。

「システム／環境の差異」をいうためには、システムである／でないの区別が前提になる。その区別が成立して、はじめてシステム／環境を区別でき、それぞれで「可能なこと」も同定できる。言い換えれば、「システム／環境の差異」をいうためにも、まずシステム境界がきちんと定義できなければならない。時間的空間的なひろがりをもった行為やコミュニケーションの連なりの、どこからどこまでが一つのシステムなのか、そのシステムの同一性を示す必要がある。あるシステムが何を可能にしているかや、何を選択するかを同定するためにも、まずシステム境界が経験的に同定できる、すなわちそのシステムを特定できることを示す必要があるのである。

その特定が（1）誰の（2）どんな基準に準拠してなされるのか、を私は問題にしたのだ。

定義βの場合、当事者の水準でそこにシステムにあたるものは見出されていない。「人として」の区別では、システムにあたる同一性は成立していないからだ（厳密にいえば、その成立を定義の必要条件にしていない　2・11参照）。これは本来「〜という特性をもった行為やコミュニケーションの連なり」というべきもので、観察者が勝手に「相互作用システム」と命名しただけだ。

つまり、そこでいう「システム」は、当事者水準での反省による同一性ではなく、外部観察によって観察者水準で同一性が設定されているにすぎない。定義βの場合、「システム」という語は「～という特性をもった行為やコミュニケーションの連なり」に全て書き換え可能である。

　このことは定義βがシステムであるかどうかに直接かかわる。少し前後するが、長岡氏は(4)節でこう述べている。

> 別の言い方をすると、「システム形成にとって構成的なのは、社会的《ゾチアール》諸関連のたんなる確認可能性ではない」。したがってまた、たんに〈コミュニケーションがある〉ということではないのである。そうではなくて、「居合わせているという条件のもとで必然的(notwendig)に作動しはじめる選択過程が、他の諸可能性からの選び出しとして社会システムを構成する」のである。(p.483)

一見、自明な議論に思えるが、このなかには大事な論点がかくれている。

もしこれが、社会関係があるだけではシステムがあるとはいえない、という意味であれば、私もそう考えている。例えば、ここからここまでがシステムだと観察者が命名しただけでは、システムという統一体が構成されたとはいえない。システムが構成されたというためには、最低限、そこにシステムという固有の同一性が出現する必要がある。

具体的にいえば、当事者がシステムにあたるものを見出している場合や、それ以外でも、何らかの形でシステムの同一性がコミュニケーションのなかで生成されている場合には、システムの同一性なるものが、行為やコミュニケーションの連なりとは別に、固有に出現しうる。こうした場合なら、「可能なこと」がシステムに帰属するといえる。こうした場合は「システムが行為する」、長岡氏の言葉を借りれば「システムとしての行為能力を獲得……する」「行為がシステムに帰属される」(p.486) といいうる。

2・8 二つの「自己 auto」

ここで見落としやすいのは、選択性や「可能なこと」が見出されるからといって、システムの同一性が出現しているとはいえない点である。

選択性や「可能なこと」だけであれば、コミュニケーションにも帰属しうる。あるコミュニケーションが成立すれば、成立したことで、必然的に、成立しなかったことも成立する。それは選択性を、すなわち「他の諸可能性からの選び出し」を含意する。

だから、コミュニケーションとシステムが同義でないとすれば、選択性が見出されたからといって、そこにシステムがあるとはかぎらない。おしゃべりや話しあいでいえば、「人として」＝人格の集まりという区別を使ってコミュニケーションが成立し接続されているのだから、選択性はそのコミュニケーションに帰属する可能性がある（第四章注4参照）。

定義βはまさにそれにあたる。これは観察者が特定の属性をもった行為なりコミュニケーションを「システム」と呼んだものだ。したがって、そこで作動する選択過程が帰属するのはコミュニケーションであって、システムではない。論理的に考えても、単数または複数のコミュニケーションがあることで論理必然的に何かが起き、かつ、その何かが意味的に帰属する別の同一性も出現していないのであれば、その何かはコミュニケーションの一部である。

定義βでは「コミュニケーションがコミュニケーションをつくる」だけで、システムという自己があるとはかぎらない。佐藤（2000）ではそのことを、「あらゆるものがコミュニケーションになりえ、コミュニケーションはコミュニケーションによってのみコミュニケーションたりうる……その意味で行為―コミュニケーションの産出は autopoietic だが、それは『コミュニケーションがある』につきている」（佐藤 2000：44）、「七〇年代までのように、システムとして行為しないと考えれば、相互作用は要素の産出の点で独自の autopoietic な閉域をなしているが、まさにそれゆえにシステムの同一性を立てる操作をもちえない」（：45）と述べた（⇒第一章8～9節）。

私は、ルーマン自身がそこを曖昧にしており、相互作用システムの定義を混乱させていると考えている。長岡氏が「必然的に作動しはじめる選択過程が……社会システムを構成する」と訳した箇所は、原文では“notwendig anlaufende Selektionsprozeß konstituiert das soziale System”である（Luhmann 1972：22＝1986：8）。これはかなり微妙な表現だ。“notwendig anlaufend”は時間的経過を思わせる表現なので（森訳では「必然的に始まる」）、論理必然的かどうかが曖昧になる。その後の箇所もふくめて、システムの同一性が出現しているかどうかもはっきりしない（⇒2・2）。

もちろん、コミュニケーションが接続しているならシステムがある、とか、システムがコミュニケーションを成立させている、というふうに考えれば、システムに帰属するかコミュニケーションに帰属するかという問題はなくなる。長岡氏は先の引用文の「必然的 notwendig」をそういう意味に解釈しているのかもしれない。ルーマン自身にもそうとれる箇所がある。例えば「コミュニケーションの自己産出的な作動を前提とするコミュニケーションは、全体社会 Gesellschaft をうみだす」「自己産出とはまず何より、システム固有の構造形成によってのみ縮減されうる、システム内在的な非規定性をうみだすことである」(Luhmann 1997 : 66,67)。

だが、佐藤 (2000) の、そして第一章の7節前半で述べたように、これは単純な同義反復か、コミュニケーションを一般的に不可能にするしくみを想定しているか、どちらかである。前者ならただの便宜的な呼び方だし、後者なら論理的に成立しない。これは次の3節と4節の主題なのでそこで詳しく説明するが、「『コミュニケーションがある』につきている」は、当然そこまで踏まえて述べている。「コミュニケーションがある」ことと「システムがある」ことのちがいはコミュニケーションシステム論にとって最も重要な論点であり、私自身の経験からいえば、ルーマンのシステム論を内から外へ横断する鍵となる。

2・9 中断と臨在

ところが、一九八四年の『社会システム』では、相互作用が定義βとは明らかにちがう形で描かれている。例えば「反省によってのみ処理できる特別な事態が存在する。そうでない場合は、その場性という構成原理でその直接的な方向づけには十分である」(Luhmann 1984：617-618) など、その場性を論理的には前提しない形になっている。

それをもって、私は相互作用システムの定義が変わったと判断した。定義βはその場性を前提とする行為やコミュニケーションを相互作用システムとするものであり、外部観察によって観察者水準だけでシステムの同一性が設定されているのに対して、この定義は当事者水準での反省にもとづくシステムの同一性が定義要件にはいっているからだ。その上で、その場性を前提としないとすれば、今度は組織システムと区別できなくなると述べた。

長岡氏は(7)(8)節でこの点に特に強く反論されている。「ルーマンは論文「単純な社会システム」の最後の節（1975,S.32-33）において、どんなきっかけから、システム同定を必要とするような抽象の働きが生まれてくるかを分析している」(p.486、⇒2・2）として、

> 佐藤論文で証拠として『社会システム』から引用されていた箇所にある（1）と（2）は、ルーマンが70年代（それもすでに1972年）に書いていたことの要約に他ならなかった。それゆえ、佐藤氏のように、「70年代までと80年代以降では、相互作用システムの描かれ方がかわっている」と判定することはできない。(p.487)

とされた上で、論文「相互作用、組織、社会」を引用しつつ、

居合わせているということを前提する相互行為システムが成員資格ということを前提することへと移行しないかぎりで、その相互行為システムはいぜんとして組織システムと区別することが可能である。（p.488）

と述べてある。

私はこの反論も誤っていると思う。

ルーマンが「単純な社会システム」の最後のⅥ節「同一性と抽象化作用」であげたのは、具体的にいうと、相互作用が中断した上で継続するケースである。この中断できる話しあいを長岡氏は「時間をおいて断続的に会合する相互行為システム」と呼んでいる。これはたしかにシステムとして同定されている。システムとして固有の同一性をもち、行為できる（＝選択性をシステムの方へ帰属できる）。

それを長岡氏は相互作用システムの定義が一貫している論拠とされている。この箇所を私が「すっとばす」ことで、相互作用システムの定義がかわっていることにしたと述べられている（p.485-488）。

しかし、ここには大きな矛盾がある。

おしゃべり仲間が一度家にかえって、翌日会ってまたおしゃべりに興ずるという事態はよくあるが、それを「時間をおいて断続的に会合する相互行為システム」とみなすためには、二つのおしゃべりや話しあいがシステムとして同一でなければならない。そういう同定操作が経験的に見出されるのはかなり稀だと思う（「さあ昨日のあの話を続けようか」みたいな発言だろうか?）。つまり、ここでも（1）誰が同定するのかが問題になるが、もっと根本的な疑問が（2）どんな基準で、すなわち具体的な同定基準をめぐって生じる。

かりに、時間をおいてシステムが同一であるとしよう。その場合、中断前の行為やコミュニケーションと再開後の行為やコミュニケーションが接続されるわけだが、この二つは当然、居合わせていない。だから、そのふるまいの当事者同士も「居合わせている人 Anwesende」にならない。二つは時間的に隔たっているからだ。

つまり、かりに中断できる相互作用があるとすれば、まさにそれゆえに、それは「居合わせているということを前提」しない。私は中断可能性がある場合、それは原初的な組織システムの一部だと見なした方がいいと考えているが、組織システムかどうかは別にして、それは少なくとも「居合わせているということを前提する相互行為システム」ではない。たとえ、中断できる話しあいが組織システムではないとしても、少なくともそれは相互作用システムではない(5)。

「単純な社会システム」でも「相互作用、組織、社会」でも、私が「その場性」と訳し長岡氏が「居合わせていること」と訳した“Anwesenheit”は、相互システムの基本的な要件になっている。それゆえ、中断できる話しあいを相互作用システムにすると、組織システムと区別できるか以前に、ルーマンが相互作用システムとして、少なくとも二つの事態を混同していることになる。

だから、私は七〇年代の定義を再構成する際には、中断できる話しあいを「すっとば」した。組織システムの一部か、組織システムへの移行形態か、どちらかだと考えて、相互作用システムにはふくめなかった。組織の内部で制度的につくられるといった特別な環境条件がないかぎり（佐藤 2000：42）、その場に居合わせているという要件と矛盾するのは、自明だと判断した。

2・10「居合わせていること」は前提なのかそうでないのか

たしかに、ルーマンは中断できる話しあいについて、七〇年代（それもすでに一九七二年）に書いている。それを相互作用システムだとすると、それを媒介にして『社会システム』での描き方と一貫しているように見える。

しかし、それは相互作用システムが「居合わせているということを前提する」ことと矛盾する。だから、私は「すっとば」した。正確にいえば、これは相互作用システムではないと解釈することで、七〇年代の定義の整合性を守った。

それに対して、一九八四年の『社会システム』では、相互作用システムはその場に居合わせていることを必ずしも前提にしない形になっている。具体的にそれがどういうものなのか、私にはうまく再構成できないが、抽象的にせよ明示的にそうなっているので、この定義では中断できる話しあいを相互作用システムにふくむといえる。

つまり、焦点は相互作用システムが「居合わせているということを前提する」かどうかであって、一つの論文のなかに書いてあるかどうかではない。もし中断できる話しあい、すなわち長岡氏のいう「時間をおいて断続的に会合する相互行為システム」が、「単純な社会システム」論文でも相互作用システムにふくまれると主張するのなら、七〇年代の相互作用システム論自体が矛盾しているといわざるをえない。

長岡氏は『革命』第一四章の本論でも、

> 相互行為は一緒に居合わせていることを前提しているから、必ず終わりを迎える。それでも相互行為を時間をおいて続行するためには、再開の約束や計画的ないし制度的な取り決めが必要である。（p.440）

と述べているが、そういう約束をし、取り決めをし、そしてそれにしたがうのも、すべて行為やコミュニケーションである。

では、これらはその相互作用システムの一部なのかそうでないのか。一部であるなら、これらは居合わせていることを前提にしていない。取り決めが効力をもつこと自体が、居合わせていることを前提にしない証拠になる。一部でないなら、これらが帰属する別のシステムなり、行為やコミュニケーションのつながりなりの一部として、話しあいがなされているにすぎない。つまり、そこに相互作用システムがあるとはいえない。

居合わせていることを前提にするシステムなら、居合わせていない状態をはさんで同じシステムであることはできない。居合わせていることを前提しているなら、「時間をおいて続行する」ことはできない。そこには二つの相互作用（相互行為）があるか、前提としたことが本当は前提でないか、どちらかだ。

くり返すと、中断できる話しあいを七〇年代の定義でも相互作用システムにふくめるとすれば、たしかに『社会システム』での定義と重なってくる。だが、それは「居合わせていること」が前提でないことを意味し、「単純な社会システム」や「相互作用、組織、社会」の他の部分と矛盾する。そして『社会システム』には、では相互作用システムが何を前提にしてどう作動するのかは書かれていない。「『相互作用システムでは人はコミュニケーションしないでいることができない』」（Luhmann 1984 : 562）とか、強い集中をその場にいる人間に要求するといったシステムの特徴がいわれるが、なぜそうなるかは語られない。その一方で、相互作用システムも自己観察するとされるが、その操作は具体的には同定されていない」（佐藤 2000 : 43）

それゆえ、私は二つの定義があるとした。それに対して、長岡氏はこの問題をすっとばすことで、つまり不整合を見ないことで、相互作用システムの定義が一貫していると主張しているのではないか。「居合わせているということを前提にする」としながら、そうでない話しあいもふくめることで、二つの定義を同じものとする。そうすれば、たしかに例えば七〇年代までの定義でも「システムとしての行為能力」があることになる。

『革命』補論Ⅲの(5)〜(8)節、さらにその前の(4)のp.482「では、相互作用……」以下もふくめて、長岡氏の反論はこの錯誤によるものだと思う。逆にいえば、私の誤りを論証するのに、「単純な社会システム」Ⅵ節を逐語的に検討する必要はない。居合わせていることを必ずしも前提にしない形で相互作用システムを再構成すればよい。その形でⅥ節第一段落まででいわれた相互作用の特徴（⇓2・5）を体系的に説明できれば、少なくとも私にとっては十分だ。

2・11 コミュニケーションの連続とシステムの不連続

三点つけ加えておこう。

第一に、私のいう「七〇年代までの」の定義、すなわち定義βは、厳密にいうと、相互作用システムがシステムとして同定されることを必ずしも排除しない。「人として」の形の区別はそれ自体ではシステム境界にはならず（⇓2・6）、中断できる話しあいは、その場に居合わせていることを前提とする相互作用システムではないが（⇓2・9）、それ以外なら、定義βであげた特性をみたしつつ、何らかの内在的な要因で人の入れ替わりが稀であれば、当事者が「人（の集まり）」の形でシステムとして同定している可能性はある。

もし、そういうあり方が再構成できれば、私が二つの定義としたものを結びつけて、より整合的な解釈ができるだろう。あるいは、その「人の集まり」がいわば集合体として脱人格化されて、「システム」として、もしくはそれと等価な形で抽象化される、というようなシステム形成の過程も考えられる。

近い形態としては、定義βをみたすコミュニケーション特性を反省した上で、それが「人間の正しいあり方だ」だとして規範化することが考えられる。おそらくこれはルーマンが「システムの問題の道徳化 Moralisierung der Systemprobleme」と述べたあり方の一つにあたる（Luhmann 1972：31＝1986：29）。ルーマン自身はもちろん例にあげていないが、いわゆる「間人主義」などがそうだ（詳しくは佐藤 1993 を参照）。

この形態は『社会システム』でのもう一つの定義をみたすが、組織システムと区別できるかどうかはむずかしい。「道徳化」にかぎらず、その場性を純粋に社会的な境界にし、システムによって定義されるものにすれば、メンバーシップと同じことになる。また、どうふるまうかが規範として理念化されているので、知覚過程の制約や短い時間地平といった、定義βであげた特性もみたさない（佐藤 2000：42、佐藤 1993：214-215）。

その点を考えると、「単純な社会システム」VI節の題「同一性と抽象化作用」は重い意味をもつ。規範化や道徳化は抽象化の一つである。抽象とは特定のコンテクストから独立することであり、抽象化すれば、その場に居合わせていることを前提にしなくなる。もし抽象化によってシステムとして同一性をもつことが可能になるとすれば、まさにそれゆえ、その場に居合わせていることを前提にしなくなる。

これを厳密に論証するには、その場に居合わせていることAnwesenheitとは何か、もっと厳密に定義する必要がある。だから今は、システムとして同一性をもつこととその場に居合わせていることが排反事象だとは断言できないが、抽象とは何かを考えると、この二つを論理的に両立させることはかなりむずかしい。

言い換えると、その場で居合わせていることを前提にする行為やコミュニケーション・i_1があり、そして何らかの事情で、それらに接続する行為やコミュニケーション・i_2が、主題や参加者を全く変えないままで抽象化され、その場に居合わせていることを前提にせずに営まれるようになることはありうる。例えば、定義βから「間人主義」のコミュニケーションが生まれることはありうる。

けれども、もし相互作用システムがその場で居合わせていることを前提にするならば、・i_1と・i_2がどれだけ物理的に連続していても、さらには主題の点で意味的にも連続していても、・i_2は相互作用システムにはならない。たとえ・i_2が・i_1を自らのシステムの一部と（当事者の水準で）同定していても、・i_2は定義上（すなわち社会科学的観察にとっては）・i_1と同じ相互作用の一部ではない。

より一般的にいえば、こういうことだ。

ある行為やコミュニケーションが別の行為やコミュニケーションに接続しているとしても、それをもって、同じ一つのシステムだとはいえない。実際に、行為やコミュニケーションは多くの場合、他の行為やコミュニケーションに接続している（私自身は「多くの場合」ではなく「定義上つねに」と考えているが、これは4節の主題なので、ここでは弱い形にとどめておく)。わかりやすくいえば、連なっている。けれども、だからといって、それらが同じシステムであるとはかぎらない。同じシステムかどうかは、システムをどう同定するか、その同一性をどう定義するか、による。だからこそ、時間的空間的なひろがりをもったつながりの、どこからどこまでが一つのシステムなのかを、誰がどんな基準で同定しているかが決定的に重要なのだ(⇒2・7)。

ルーマンの有名な「基底的自己参照／反射性 Refexivität／反省 Reflexion」という自己参照の三つの水準に関しても、同じことがいえる。例えば、反省の作用が出現した後で、基底的自己参照で再生産されていたコミュニケーションが、システム境界の内部にある(＝システムの要素である)とされることはありうる。相互作用の抽象化はその一つだが、それは、基底的な自己参照がすでにシステムであることを意味しない。まして全てのコミュニケーションがシステムの要素であることにはならない。

詳しくは次の3節にゆずるが、この三つはそれぞれ「自己」の意味がちがう。だから、別々のしくみだと考えるべきだ。反省は基底的自己参照を前提にするが、基底的自己参照は反省を前提にしない(⇒2・6)。「水準 Eben」という表現も誤解をまねく。反省ではじめて成立するシステムの同一性を他の二つにも暗黙のうちに想定しやすいからだ。もし三つの水準を「同じ一つのシステムだ」と同一視するのであれば、同一視する積極的な根拠が必要である。「同じ類型のシステムだ」や「どれもシステムの自己参照だ」といいたい場合でも同じことだ。

システムの「進化」や複雑化の話をしていると、この点は特に見落としやすい。「相互作用Interaktion」でも、2・8や2・9で見たように、ルーマンのもともとの定義自体が時間的経過をはさむことで曖昧になっている（第四章も参照）。例えば、話しあいそのものが一つの統一体Einheitとして抽象化されて、そこに選択性が帰属される、すなわち特定の誰にも帰責されない形で何かがなされるようになることは、実際にある。けれども、そういう事態を表す語は、システム論以前からあった。「公的official」「協働cooperation」「法人（社団）corporation」などだ。だからこそ相互作用が「システムとして」ふるまえば、その挙動は組織と区別できなくなる。

それだけに厳密な見定めはむずかしいが、「単純な社会システム」でルーマンは秩序の最小モデルを提示しようとしたのではなかろうか。そう考えた場合、定義βは前システム的状態というべきものにあたる。それを中途半端にシステムの進化論に結びつけて「システム」としたために、議論が混乱したのではないか。また、前システム的状態のような位置づけ方は、J・ハーバマスの「コミュニケーション的合理性」に近づく。そのことも、これを強引に「システム」と呼んだ理由かもしれない。

2・12　システム定義の不整合

第二に、長岡氏が補論Ⅲの(1)節で指摘された通り、佐藤（2000）では「相互作用、組織、全体社会」の刊行年を誤記している。また(5)節で指摘された通り、「単純な社会システム」からの引用の

「生起 Geschehen」も「生起 Genesis」の誤りだ。刊行年や原語付記のミスは弁解の余地はないが、再引用した二箇所がともに「コンテクスト」に言及しているように、これが「システムの歴史」をさすことをとりちがえたわけではない。佐藤（2000）の4節と6節で説明したように、相互作用での歴史はそのまま行為のコンテクストになる。

具体的にいうと、「相互作用システムでは『行為』の『生起と有効が分化されない』、つまりシステムの側でコンテクストのあたえ方は操作できない」（：42）は「（システムの歴史の）生起と有効が分化されない」をそのまま言い換えたものだ。「それが『生起と有効が区別できない』ということであり、そこに……」（：43）は、「それが『システムの歴史の生起と有効が分化されない』ということであり、そこに……」と書き換えても全くさしつかえない。

第三に、佐藤（2000）では「八〇年代以降の」定義と書いたが、『社会システム』の後、さらに別の定義に転じた可能性もある。これに関しては、長岡氏が補論III注10で指摘されている通りで、もっと慎重に考える必要があった。例えば、『社会の社会』では、その場にいる／いないの区別がその場にいることに「再参入」することで、完全に社会的な境界になっている（Luhmann 1997：817）。

それでも本質的には何もかわらない。一番重要な論点は、くり返すが、「システムがある」とする論理的な根拠、すなわち定義の論理的な不整合だからである。それが著作年代による変化か、理論内在的な矛盾かは、二次的でしかない。著作年代に関係なく、矛盾した複数の定義を使いつづけたとも考えられる。実際、「単純な社会システム」での相互作用の描き方はかなり入り組んでおり、複数のシステム境界定義が混在しているとも解釈できる。どちらにしても、本質的な問題点は同じだ。

ただし、最初からそういう風に論点を提示すべきだった、という批判であれば、率直に認めたい。今もし同じ議論をするとすれば、

(1) 七〇年代までの相互作用の定義は当事者によるシステムとしての同定がある場合とない場合をともにふくむが、二つの場合を同じシステムにする根拠は何か。同じだとすれば、誰が、どんな基準で、そこに同じ一つの相互作用システムがあると特定できるのか。

(2) 八〇年代以降のように、同定がある場合だけを相互作用とするのなら、ない場合のコミュニケーションはシステムなのかそうでないのか。システムだとすればこれはどういうシステムなのか。

という形で、そもそもシステム論として成立しているのかを問うだろう。例えば「七〇年代の相互作用システムの定義では、システムとしての同一性が成立しているコミュニケーションとそうでないコミュニケーションがいっしょにあつかわれることになるが、この二つは『システムがある』あり方で決定的にちがうのではないか。後者の場合は『システムがある』といわない方がいいのではないか」といった形で。その方が論理的な不整合がより明確になる。その点の不備は全面的に認め

たい。

だから、2・10で述べたように、佐藤（2000）に反論するには、ルーマンの記述をただなぞるのではなく、相互作用システムの定義を自分で独自にあたえて、例えば相互作用の特性にあたるものを体系的に説明してしまえばよい。もちろん、長岡氏もそういう意図で反論されたのだろうが、中断できる話しあいをもちだすのは定義の整合性を決定的に損なう。他の切り口を探す必要があるだろう。

ルーマンの相互作用論はゆたかな可能性を秘めている。例えば、「人（の集まり）」ごとに成立する内／外境界から、どんなきっかけで、それぞれの境界間にさらに同一性が見出されるようになるのか。あるいは、そうした強い同一性（＝超《ハイパー》同一性、第四章2・6参照）が見出されることで、どんな状態が可能になるのか。「単純な社会システム」や「相互作用の図式」（Luhuann 1979）の議論をそういう形に読み換えるのは、とても面白い作業になるだろう。

そのためにも、コミュニケーションとシステムを理論上で明確に区別する必要があるのである。

3　全体社会と組織　システム境界定義をめぐって

つづいて全体社会と組織という二つのシステム類型をとりあげよう。

3・1「社会」を同定するのは誰か

まず全体社会について。佐藤（2000）ではルーマンのいう「全体社会 Gesellschaft」は経験的に同定できず、「彼個人の超越的定義に依存している」ので、システムではないとした。長岡氏は補論IIIの(9)節でこれに反論されている。

ルーマンのいう「全体社会」はかなり特異な概念である。社会学などで通常いう「社会」とちがい、ありうるコミュニケーションの総体をさす（4・2参照）。これも長岡氏が簡潔に要約されているので、そのまま引用しよう。なお長岡氏は Gesellschaft を「社会」と訳されている。

社会という社会システムはすべての社会システムをうちに含む包括的な社会システムである。……相互行為や組織というシステム類型以外でおこなわれるすべてのコミュニケーションをも内に含むという意味でも、包括的な社会システムである。……ルーマンのいう社会は社会システムとしてのコミュニケーションからなり、しかも包括的な社会システムとしてすべてのコミ

ユニケーションからなる。（p.441-442）

はたして、こうした全体社会はシステムとして経験的に同定されるのだろうか。補論III(9)節では、全体社会のシステム同定操作は「日常会話（＝相互行為）においてであれ、新聞においてであれ、社会学者が学術論文においてであれ、例えば『今日の社会は全体として……である』と語られることが、これに当たる」とされている（⇒2・1）。たしかに、日常会話でも新聞でも社会学の論文でも、「今日の社会は全体として……である」と語られることはある。だが、そこで語られている「社会」はルーマンのいう全体社会 Gesellschaft だろうか。

まず経験的にいって、そうではない。日本語であれば、この「社会」はふつう日本やブラジル、タイやアメリカ合衆国といった、空間的には国境や国籍で区切られ、時間的には現在で区切られた範囲をさす（『Luhmann 1997：25 の(3)、『革命』p.446 参照）。グローバル化や世界システム論を念頭においた発言であっても、現在時点に限定されている。「今日の社会は全体として」で「全てのコミュニケーション」をさす人はいない。

さらに論理的に考えても、そうではない。かりに長岡氏がいうように、これがルーマンのいう Gesellschaft のシステム境界に言及しているとしよう。だとしたら、日常会話や新聞や社会学の論文では、ルーマンのいう Gesellschaft の意味で「社会」という言葉が頻繁に使われていることになる。だとすれば、ルーマンの Gesellschaft はごく常識的な概念のはずだ。

そうでないことは長岡氏が『革命』第一四章の本論で述べている。

ルーマンの社会の定義によれば、社会は、コミュニケーションから、しかもコミュニケーションだけから、そしてすべてのコミュニケーションからなる。……きわめて抽象的なこの社会の定義の提案の社会の研究にとっての意義と狙いは、どこにあるのであろうか。ルーマンの見解では、それは……社会の研究をいまでも妨げてやまない社会についての先入見を振り払うことを可能にしてくれる（1992a；1997,S.90ff.）。（p.445）

もしルーマンの Gesellschaft の定義が従来の「先入見を振り払う」くらい革命的だとすれば、ルーマン以外の人は、少なくとも現時点では、ルーマンの Gesellschaft の意味では「社会」を使っていない。したがって、ルーマン以外の人が「社会は全体として」という言葉を使った場合、それはルーマンのいう Gesellschaft をさしていない。

ルーマンの Gesellschaft 概念が革新的であることと、Gesellschaft というシステム境界が日常会話や新聞やルーマン以外の論文で言及されることは、論理的に両立しない。ルーマンの Gesellschaft の定義を「提案」とするならば、まさにそれを根拠として、全体社会 Gesellschaft システムの同定は「彼個人の超越的定義に依存している」（佐藤 2000：45）といえる。そこに「システムがある」と言っているのは彼だけになるからだ。

相互作用や組織や機能システムにもいえることだが、システムの同定が経験的操作によるものとすれば、すでに社会的に発見されているシステムしか、システムとして同定しえない。つまり、既知の社会的な境界を見出せるところにしか、システムは同定できない。その秩序のあり方、例えばコミュニケーションの接続のあり方をより深くより正確に記述することはできても、「先入見を振り払う」ような革命的なシステムの発見はできない。システム境界自体は既知であるしかない。

3・2　全体社会という境界?

全体社会がルーマンの独創《オリジナル》的な定義だとすれば、これをシステムとして同定できるのはルーマンしかない。長岡氏の反論を退けるにはこの論拠で十分だと思うが、全体社会をシステムとすることはもっと重大な問題をかかえている。ルーマンだろうと誰だろうと、これはおよそ同定することができる何かなのだろうか。

長岡氏は(9)節でこう述べている。

佐藤氏の主張、すなわち「ルーマンの議論では、全体社会の同一性は……彼個人の超越論的な定義に依存している」という主張もまた、当たらない。なぜか。まず第一に、ルーマンの社会の定義は、環境から区別される（自己を区別する）全体社会という〈統一体〉を指し示すことによって定義されているからである。第二に、この定義はしかし、この定義をしているルーマンのコミュニケーションをも含んでいる。したがって、それがコミュニケーションとして成功すれば、その時には全体社会はなにがしか変化してしまう。そしてこのことは、社会についてのどんな記述にあっても同じである。記述はそれが記述しているものに追いつけない。（p.489-490）

このうち、「第一に」の箇所が成り立たないのは明らかだ。ルーマンの全体社会はルーマン以外によっては指し示されない。実際、「第一に」の文では「指し示す」＝同定する主語が省略されているが、次の「第二に」の最初の文では指し示しを「ルーマンのコミュニケーション」としている。次に「第二に」以下の議論を見ると、まず、記述一般の不完全性（＝「追いつけない」）とシステムの同定不可能性が明確に区別されていない。例えば組織は当事者においても一つの特定の組織として、つまり一つの特定のシステムとして同定されている（3・5参照）。その同定操作も当の組織に関わるものだから、それがコミュニケーションとして接続すれば、当の組織は変化してしまう。だから同定操作は自己記述としては「追いつけない」が、もちろん同定操作がないわけではない。記述の不完全性はシステム同定操作とは無関係に、それこそ一般的に成立する。

この箇所はもっと重大な問題もあらわにする。記述が不完全だからといって、記述できないわけではない。組織であれば、例えばシステム同定操作によって何がおこるかを、当事者はある程度具体的に想定できる。ある行為が組織の行為として認められるか認められないかが決まって、それによって個人としての責任が問われたり問われなかったりする、などのように。また、観察者もシステムやコミュニケーションのつながりの挙動をある程度特定できる。例えば、相互作用の定義βであれば、当事者は同定操作に全く関わっていなくても、観察者は相互作用の挙動をコミュニケーション特性の形でかなり特定できる（⇒2・5）。

ところが、全体社会の挙動についてはなにがしかとしかいえない。内容的に意味のある記述が全くできない。それは「包摂的な umfassend」＝「コミュニケーションだけが、かつ全てのコミュニケーションがその自己産出に関わる」という定義（例えば Luhmann 1997：90）が全く外延的なもので、それだけでは内包的な意味をもたないからである。あらゆるコミュニケーションが含まれるので、コミュニケーションであるという以上の特性をもちえない。

それゆえ、当事者だけでなく、観察者も全体社会の挙動を全く特定できない。だから「システムとして」行為することもできない。正確にいえば、「こう行為した」という記述と「ああ行為した」という記述のどちらが妥当かを判断する基準がない。

ルーマン以外の当事者には同定しえず、ルーマンもふくめて観察者には挙動が特定できない。そういう何かを「ある」といいうるのか？「観察される」といいうるのか？それを「ある」「観察される」といえるのなら、何でも「ある」「観察される」といえてしまう。つまり、その「ある」「観察される」はそう語る個人の信憑に帰着する、すなわち「彼個人の超越論的な定義に依存している」。全体社会がそういう形で「ある」や「観察される」のだとしたら、その「ある」「観察される」は相互作用や組織の「ある」「観察される」と決定的にちがう。

そこには二つのちがった「ある」「観察される」の定義がある。その二つを同一だといいたければ、まずその二つが同一であることを論証する必要がある。もし全体社会システムなるものがあるとすれば、二つは同一だといえるが、いうまでもなく、ここで問題になっているのは、全体社会システムがあるかどうかである。

わかりやすい例を一つあげよう。『革命』第一四章の本論では、全体社会には複数の自己記述が共存しうるとされている（p.471-472）。あるシステムに関して複数の反省的記述が成立することはよくある。けれども、全体社会の場合、①全てのコミュニケーションが一つのシステムといえる何か、すなわち「自己」といえる何かであることと、②それが「記述」であること、すなわち確証可能な観察であること、の二点を論証しないかぎり、それを「自己記述 Selbstbeschreibung」とすること自体が論点先取になる。言い換えれば、それが複数の自己記述であっても、無数の自己記述ではないことを示す必要がある。佐藤（2000）で私が指摘したのは、そういう問題だ。

3・3　国家社会と「全てのコミュニケーション」

これはいろんな形で言い換えられる。

例えば、「全てのコミュニケーション」を指し示すとなると、その指し示し自体もコミュニケーションだから、そもそもそれは指し示しているといえるのか。そういえるためには、少なくとも

「指し示し」とは何かをもっと厳密に定義する必要がある。この点はすでに馬場靖雄『ルーマンの社会理論』（馬場 2003）でも、かなり徹底した議論がされている。

組織において当事者が組織を同定しているように、指し示し自身がその一部となるようなコミュニケーションを指し示すことはありうる。そういう風に「指し示し」を拡張してもよいが、その場合は、指し示している／指し示していないを区別する基準を明示的に導入する必要がある。その一つは、その指し示された何かの挙動を最低限、観察者の水準ではある程度特定できることだ。そうでないと、どんなものでもどのようにでも指し示したことになる。つまり、何でも「ある」ことになってしまう。

実際のところ、全体社会が「ある」ように思えるのは、別のシステムや何かと二重写しになっているからではないだろうか。例えば、長岡氏があげたシステム同定の事例は、たぶん国家社会と取り違えている（⇒3・1）。国家社会は法システムの外延で定義できるから、もちろん「ある」といえる。

「全てのコミュニケーション」という概念が経験的な分析で無意味なわけではない。例えば、特定状況下での全てのコミュニケーションを理論的に考えるのは意義がある。法システムと相互作用が非分化な状態や、組織と相互作用が非分化な状態で全てのコミュニケーションがどのような特性をもつかを考えるのは、とても面白い主題だろう。

だが、それらを「全体社会と相互作用が未分化」という全体社会システムのあり方として考える必要はない。「全てのコミュニケーション」という形で考えているのは観察者であり、当事者ではないからだ。あつかうコミュニケーションの範囲も法や相互作用の定義であたえられる。つまり、そこで「ある」のは法や相互作用の方である。

だから、そういう状況下でその場に居合わせていることがどういうことになるのかという、法や相互作用の特性として考えればよい。あるいは、機能システムの分化であれば、機能システム間の関係として描けばよい。それをさらに社会学で通常いう「社会」の特徴として歴史的に描いてもよいし、相互作用をシステムまたは前システム状態だと考えれば、システムの進化論を構想することすらできるが、全体社会システムという別の一つのシステムの記述にする必要はない。一つの事態を二つのシステムに二重にわりふる理由はないからだ。

3・4　二つの自己産出論《オートポイエーシス》

生物学と社会科学の自己産出論の決定的なちがいがそこにある。生物学での自己産出論は、生物個体の同一性を前提に、それがいかに再生産されているかを問うた。それゆえ「システムがある」ことは最初に確保されており、オートポイエーシス autopoiesis の“auto”は要素の自己とシステムの自己をともに指す。

それに対して、社会科学で生物個体と同じような水準で実在するといえるのは、個々のコミュニケーションの方である。それゆえ、社会科学の自己産出論にとって、「システムがある」ことは自明の前提ではない。一つ一つ、あるいは種類（類型）ごとに論証すべき課題である。とりわけ、政治学や法学や経済学とちがって、特定の制度に内属しない社会学にとっては。

　オートポイエーシス論でこの点を理論的に指摘したのは河本英夫だが（河本 2002：68-69、同 2006：362-363、なお第四章注4も参照）、社会科学において、コミュニケーションの自己 auto はシステムという自己 auto を保証しない。例えば2・8で述べたように、相互作用の定義βでもコミュニケーションの自己産出は起きている。これは事態としては、ルーマンのいう基底的自己参照と同じものだが、そこにシステムという固有の同一性がいえなければ、これは要素の自己産出とはいえない。ルーマン自身が述べているように、「要素はただシステムの内部においてのみ要素である」のだから（Luhmann 1984：183）。

　裏返せば、基底的自己参照にあたる事態そのものは、システムという自己を前提にしていない（菅原 2002 参照）。それを「コミュニケーションの自己参照」や「コミュニケーションの自己産出」ではなく、「要素の自己参照」や「要素の自己産出」として記述することで、観察者である社会科学者がシステムという自己を持ち込んでいるのである。

　あたりまえのことだが、社会システムの要素が全てコミュニケーションだからといって、全てのコミュニケーションが社会システムの要素だとはかぎらない。ルーマンの議論で後件を保証しているのは、全体社会システムの超越的な定義である。コミュニケーションの総体を全体社会システムと呼ぶことで、全てのコミュニケーションがあたかもシステムの要素であるかのように見せる。そうすることで、基底的自己参照と反省の同一視も起きやすくなる（⇒2・11)。全体社会システムの定義を受け入れれば、コミュニケーションの基底的自己参照は、つねにすでにシステムの要素の再生産になるからだ。

その点でいえば、ルーマンの全体社会は、むしろ、社会の研究をいまでも妨げてやまない社会についての先入見をなぞっている。コミュニケーションの総体は内包的な定義をうけつけない。4節で主題的に論じるコミュニケーションの相互到達性を考えれば、決定的にそうなってしまう。そのことは、むしろルーマン自身の見方とは反対に（Luhmann 1984：60-61)、コミュニケーションの接続《つな》（継起）《がり》の全体が、それ自体では閉じた一つの何かではないことを示している。

長岡氏と私の最終的なすれ違いは、本当はここなのかもしれない。

行為やコミュニケーションの接続を、私は、観察者（例えば私）自身がその内部にいる流れのようにとらえている。だから、その一部を特定の何かEinheitとして、例えば「システム」として同定する際は、どこをどんな基準で区切るのか、特定する根拠が真っ先に問題になる。

その根拠になるのは、その特定性がそれに属するコミュニケーションの接続に不可欠な区別として使われていることだと私は考えている。この区別はコミュニケーションの内部で行われており、観察可能である。またシステムの自己産出に必要なので、システムがある場合には、区別としてすでに使い続けられている。

だから、もしシステムがあるとすれば、この区別は既知であるはずだ。それゆえ、すでに社会的に発見されているシステムしか、システムとして同定しえない（⇓3・1）。実際、近代の機能システムも組織システムも、社会学者やシステム論者が観察する以前から、経済や法や教育や、会社や社団という形で同一性を認められてきた。「システム」にあたる全体はさまざまな呼び方をされ、そのしくみについてはさまざまな議論があるが、区別自体はよく知られ、日常的に用いられていた。

3・5 コミュニケーションシステムを同定する根拠

それに対して、コミュニケーションの流れ全体、あるいは「全てのコミュニケーション」という区別は、コミュニケーションの接続に不可欠な区別として使われていない。使われているのなら、経済や法や教育や、会社や社団のように、区別自体は既知のはずだ。くり返すが、「コミュニケーションだけから、そしてすべてのコミュニケーションからなる」という区別を見出したのはルーマンである。だからこそ、この定義は革新的だったわけだが、だからこそ、これはコミュニケーションの接続に不可欠な区別としては使われていない。それゆえ、全体社会はシステムではない。

長岡氏の言い方では、この区別は「自己言及 Selbstreferenz と外部言及 Fremdreferenz の差異」にあたる。長岡氏も『革命』第一四章や第一八章「システム合理性」でこう述べている。

> 社会システムは、したがってまた社会は、このような自己言及と外部言及の区別の継続的な遂行によって自己であるコミュニケーション・システムを再生産していく。（p.455）

システム自身がシステムと環境の差異を生みだし、この区別を観察する。システムは操作をすることによってこの差異を生みだす。システムは自身のオートポイエーシスの文脈のなかでこの操作をするにあたって、自己言及と外部言及の区別を必要とする。システムは同じ自己言及と外部言及の区別を使って、システムと環境の差異を観察する。（p.657）

システムの自己産出には「自己言及と外部言及の区別」が必要である。論理的に考えても、システムとしての自己言及があれば、システムが自己産出しているといえるし、システムが選択しているともいえる（⇒2・6～7）。これは言及だから、区別として指し示されており（同 p.156）、コミュニケーションの内部で観察可能である。ならば全体社会システムがあるかどうか、長岡氏自身の議論にしたがっても、全く単純な経験的観察で判定できる。

もし全体社会システムがあるならば、それにあたる日常語がよく知られて、つねに言及されているはずだ。この「区別」に対応する日常語（＝システム理論以外での言葉）は何か？　どの言葉がそれにあたるのか？　日常会話や新聞や社会学の論文での「社会」や“Gesellschaft”や“society”がそうでないのは、先に述べた通りだ。

もし本当に全体社会システムがあるならば、定義によってあらゆるコミュニケーションに随伴する。それゆえ、あらゆるコミュニケーションで全体社会にあたる自己言及が遂行されているはずだ。

だとしたら、全ての自然言語で「全てのコミュニケーション」への言及にあたる言葉がひとしく見出されるはずである。長岡氏は、

しかしここで確認しておいてよいのは、行為理論が前提している、ひとの社会への抱合と共同体験への指示とは、コミュニケーションによる社会の再帰的《リカーシブ》な再生産以外のなにものでもないだろうということである（1984,S.556）。このようにルーマンは、社会システム理論から出発して社会を包括的な社会システム、包括的なコミュニケーション・システムであると定義する。(p.442)

と述べているが、むしろ全体社会の定義が「社会システム理論から出発して」いるからこそ、これはシステムではないのである。

第四章でも述べるが、補論Ⅲにかぎらず、長岡氏の議論では、このシステムの同一性同定の問題はずっと曖昧にされているように思う。例えば第九章「コミュニケーション」でもこう述べてある。

次に扱いたいのはコミュニケーション・システムの形成である。……
コミュニケーションは同じコミュニケーション過程の他のコミュニケーションとの連関を組み入れることによってそのコミュニケーション自身との関係をつくりだしているのである

> (1984,S.199)。そして、コミュニケーションは他のコミュニケーションとの再帰的な連関のなかでのみ生産されるということ、したがってコミュニケーションは個々のコミュニケーションが再生産に寄与していくネットワークのなかでのみ生産されるということは、コミュニケーションそのものはオートポイエティック（自己生産的）であるということである（1997,S.82f）。
> 　こうしたコミュニケーションの続行はオートポイエティックなシステムを形成していく。このシステムは操作的に閉じている。なぜならコミュニケーションだけがコミュニケーションに接続でき、コミュニケートされないものはこのシステムに何ら寄与しないからである。（p.298）

この文章も私はうまく理解できなかった。「このシステム」が何か同定できなかったからである。「閉じている」が「なぜなら、コミュニケーションだけがコミュニケーションに接続でき」に続くことからすれば、全体社会のように見える。なぜなら、それ以外のシステムが「閉じている」ためには、「このシステムのコミュニケーションだけがこのシステムのコミュニケーションに接続できる」ことが条件になるからだ。

長岡氏のいう通り、再帰的に産出されるコミュニケーションは「同じコミュニケーション過程」という形で原初的な内／外区別をもつ。けれども、その「同じ」は個々のコミュニケーションにとって「同じ」である。そのそれぞれの「同じ」が全て同じでなければ、このシステムの同一性は成立してこない（5・2参照）。

あるいは、「同じコミュニケーション過程」の「同じ」は個々の「同じ」ではなく、「同じ」が同じである後者の「同じ」なのかもしれない。だとしたら、これはすでにあるコミュニケーションシステムを記述しているだけで、コミュニケーションシステムが「形成していく」わけではない。「このシステム」が全体社会だとしても、同じ疑問が生じる。全体社会の場合、コミュニケーションが出現すればそこにシステムもすでにあるからだ。「形成していく」わけではない。

逆にいえば、もし本当に「形成していく」とすれば、システムがなくてもコミュニケーションは再帰的な関連のなかで生産され、続行している。つまり長岡氏の議論に即しても、全体社会は存在しないことになる。

3・6　組織のシステム同定操作

最後に組織システムについて。これは補論III(10)節であつかわれている。

組織ではシステムとしての同定操作が経験的に観察できる（佐藤 2000：45）。問題はその操作が組織だけで閉じているかどうかである。佐藤（2000）で私が

組織は自ら組織の行為をつくりだし、システムとしての同一性をつくっているように見える。けれども、それはまさに「法人」として、つまり、法制度という外部によって事後的に担保さ

れており（佐藤 1993）、システム境界を自ら産出しているわけではない。メンバーシップにしてもそうである。組織システムでそれを保証しているのは、システム自身の操作ではない（9）。

と述べたのに対して、長岡氏は次のように反論されている。

ここで佐藤氏がいっているのは、事後的な担保であり、（ゲヴァルトを背後にそなえた）保証である。したがって、佐藤氏……に端的に質問したい。例えば「数理社会学会」（佐藤論文掲載の雑誌『理論と方法』を発行している学会）や「日本社会学会」は、それぞれその学会の会員総会と学会規約によってその同一性や境界やメンバーシップを規定しているのではないか、と。（p.490）

これも佐藤（2000）を誤解したものだ。

長岡氏は「事後的に担保」の意味を取り違えている。これは「（ゲヴァルトを背後にそなえた）保証」ではない。組織がつくった組織に属する／属さないという区別、すなわち組織のシステム境界は法によって変更されうるし、組織はそれにしたがうことをさしている。「近代組織は完全な自己組織系ではない。組織の行為／個人の行為の弁別は最終的には組織によってではなく、その外部にある法システムによってなされている（刑法上の背任や地位保全の訴訟など）」（佐藤 1993：184）。

もし法が組織のつくった区別を追認するだけなら、「(ゲヴァルトを背後にそなえた）保証」といえるが、現実はそうではない。例えば、長岡氏が反例とした学会は「会員総会と学会規約によってその同一性や境界やメンバーシップを規定している」が、もし当事者が不当な規定だと考えれば裁判に訴えることができる。そして、裁判所が不当だと認めれば、学会の規定は覆される。つまり、裁判所の判決も同一性や境界やメンバーシップを規定できる。それゆえ、組織システムはシステムだけで境界を維持しているわけではない。

実際、企業や学校では解雇、すなわちメンバーシップの剝奪が不当かどうかが訴訟になりうる。日本の私立大学でもいくつも例がある。もし組織だけがメンバーシップを規定できるのであれば、裁判所で争われることはそもそもないはずだ。企業や学校とちがい、学会では属する／属さないという組織の決定がほぼそのまま通用しているが、それはわざわざ訴訟にもちこむ人がほとんどいないからである。

これも組織の種類によってかわりうる。例えば裁判所では組織の決定と法の決定はほとんど区別できない。行政機関でも実質的にそうなりやすい（佐藤 2006b、第五章参照）。あるいは機能システムでも、法システムでは法／不法は法だけで維持される。法が法の関与する領域でないとするいくつか、経済とか行政とか宗教でもかなりそうである。

それに対して、ふつうの組織、企業や学校などの法人は、裁判所によっても同一性や境界やメンバーシップを規定される。私はこれはたんなる程度の差ではないと考えている。組織の側で規定する負担を一部免除することで、法人組織の「反応速度」の速さ（M・ウェーバー）や個人的動機の高度な無関連化を可能にしているからである（第五章9節参照）。

したがって、組織だけで「同一性や境界やメンバーシップを規定している」わけではない。コード化 Codierung と言及（参照）Referenz の区別を使って記述すれば、一般に、ある組織において、「この組織でない」とされたコミュニケーションが付与する「この組織である／でない」というコード値は、「この組織である」コミュニケーションでは無効になる。だが、「法である」とされたコミュニケーションだけは、「この組織でない」と外部言及されているにもかかわらず、その付与する「この組織である／でない」のコード値が「この組織である」コミュニケーションにも妥当する。すなわち、そのコード値を有効としないコミュニケーションは、それ自体が「この組織でない」とされることを前提にして、「この組織である」コミュニケーションが接続されていく。

その点で組織システムは法システムなどとちがう。正確にいえば、ちがうととらえた方が、現実の組織や法をより良く記述できる。ルーマンのシステム論の分析概念もより適切に応用できる。先の引用箇所につけた注9は、そういう見通しの上で書いておいた（佐藤 2000：47）。

具体的な考察は第五章の原型になった佐藤（2006b）で述べている。この論文は本の他の執筆者の影響で刊行が大幅におくれたが、佐藤（2000）の続きで書かれたものだ。

3・7 コミュニケーションとシステム

Ｉに関する長岡氏の反論に応えるには、以上で十分だろう。

簡単にいえば、まず相互作用システムに関しては、長岡氏自身の議論が矛盾している。例えばシステム同定操作では補論Ⅲ(9)節と(6)節が矛盾しているし、「居合わせていることを前提しているかどうかでは、(6)〜(8)節全体および『革命』第一四章の本論でも矛盾している。それが(4)節 p.482「では、相互行為……」以下の「システムがある」条件をめぐる反論にも及んでいる。

全体社会に関しても、そのシステム同定操作として補論(9)節で出された例は、経験的にも論理的にも『社会の社会』S.24-25 や『革命』p.445-446 と矛盾する。長岡氏の議論自体が「全体社会ではシステムの同一性を立てる操作は経験的に同定でき」ないことを示しており、そうであることが私の指摘した「超越論的視点のすべりこみ」を裏付ける。

組織に関しては、佐藤（2000）の記述を誤解しており、それゆえ具体例も反論になっていない。組織システムに関しては佐藤（2000）ではごく短くふれただけで、佐藤（2006b）もずっと未刊だった。そのため誤解が生じたのかもしれないが、参照指示した佐藤（1993）でも先のように考えている。

これらの矛盾や誤解をつき詰めていくと、結局、私が提起した論点Ｉに帰着する。具体的な事例と厳密に考えあわせていくと、相互作用、組織、全体社会それぞれの「システムがある」あり方は大きくずれているのである。

組織は「システムがある」といってよい。組織自身も行為やコミュニケーションが組織に属する／属しないという区別を行っているので、システムの同一性を経験的に同定できる。裏返せば、システムだけが同一性を生成するという強い前提を置かなくても、組織はコミュニケーションシステム論でかなり良く分析できる。

相互作用は二つの定義がある。定義βはシステムではないとした方がよいが、コミュニケーションの接続形式の分析としては、ルーマンの議論は十分に有効である。ルーマンの別の概念を使っていえば、システムでなくても媒質 Medium はありうるし、媒質の特性が描ければコミュニケーションの接続はかなり良く分析できる。例えば、たとえ個々のコミュニケーションを第三者的に特定できなくても、接続のあり方や挙動の大まかな特性は描ける。

それに対して、全体社会はシステムではない。もしこれがルーマンのオリジナルな概念だとすれば、まさにそれゆえに、システムとして同定する経験的な操作はありえない。さらに「全てのコミュニケーション」という区別は、コミュニケーションの接続のあり方を特定できない。だから、コミュニケーションのあり方でも特に何か記述できるわけではない。

それをわざわざ「システム」と呼ぶのは、「全てのコミュニケーション」という全体社会の定義によって、超越論的に、全てのコミュニケーションを何らかのシステムに包摂しようとしたからではないか。つまり、一般理論らしくしようとした、全てのコミュニケーションの接続《つな》（継起《がり》）を何らかのシステムだといおうとした。それによってかえって混乱しているのではないか。

そんなことはしなくていい。「コミュニケーションがある」「行為がある」と「システムがある」が同じ事態ならば、どちらかが冗長である。ちがった事態ならば、全てのコミュニケーションが何らかのシステムである方がおかしい。この二つをちがうけど同じ、同じだけどちがうとするから、システム論はおかしくなるのではないか。それが佐藤（2000）のIIの論点であり、次の4節で主題としてとりあげよう。

別の言い方をすれば、ルーマンのシステム論の面白さは、閉じられない事象を閉じた形でうまく近似的に記述できる点にある。だから、経験的な事例にあてはめることで一番活きてくる。その点でいえば、組織システムも相互作用も、基底的自己参照／反射性／反省という自己参照のしくみも、きわめて有効な分析概念である。

けれども、それはあくまでも経験的な近似であり、それを一般理論という閉じた抽象論にすれば、つまらなくなるし、論理的にもおかしくなる。本当に全てがシステムという形であつかえるのか、それとも閉じた形で記述したから閉じて見えるのか、記述する側が区別できなくなる。私には長岡氏の反論自体が、ルーマンのシステム論はシステムの同一性を曖昧にすることで一般理論っぽく見せている、という佐藤（2000）の批判を裏書きしているように思われる。

4　行為―コミュニケーションの接続　二重の不確定性をめぐって

4・1　行為―コミュニケーションの相互到達性

論点II「ルーマンのシステム論はその要素の〈確定〉に関して重大な論理的な飛躍を抱えている。それは『システムがある』といえる根拠を大きく掘りくずす」に移ろう。

ルーマンのシステム論で要素にあたるのは行為やコミュニケーションである。したがって、問題になるのは行為やコミュニケーションの基本的な特性、特にその確定可能性である。これに関しては、まず最初に、ルーマンの「他でもありうること Kontingenz」の使い方で私の議論が不十分だったことを認めたい。簡単にいえば、Kontingenz や kontingent というドイツ語は二つの意味、

①何が特定されている状態においてそれが他でもありえた

②何かが特定されえない

で使われる。例えばW・ハイゼンベルクの不確定性原理、すなわち「量子力学では粒子の位置と運動量を同時に決めることができない」というのは②の意味である。

ルーマンは「他でもありうること《コンティンゲンス》」を①と②の両方の意味で使う。それに対して佐藤（2000）では②の意味で使った。ルーマンが②の意味で一貫して使っているのは「非規定性（不定性）Unbestimmtheit」であり[6]、その点で不適切な表現だった。

しかし、幸い、長岡氏の反論ではこれによる齟齬は起きていないように思う。私の側で用語を混乱させたにもかかわらず、議論の内容はかなり的確にとらえてもらっている。感謝したい。

その上で、あらためてIIの主張を整理し直すと、私は、単位行為の考え方に立つ行為システム論の行為概念から、「行為の意味が他の行為との関係によって決まる、というか、他の行為との関係によってしか決まりえない」行為概念へと、ルーマンが行為やコミュニケーションの概念を転換させたとした（佐藤 2000：38）。この場合、関係づけられる先の他の行為の意味も元の行為をふくむそれ以外の行為との関係で決まるので、関係性は二重になる。それが私のいう行為やコミュニケーションの「相互到達性」である。

長岡氏と私の主な対立点は、この相互到達性をどう考えるかにある。

4・2「人について相互」と「行為について相互」

なおこれに関連して、補論IIIの(1)節ではルーマンの「相互作用、組織、全体社会」での全体社会の定義、「全てのコミュニカティヴに相互に到達可能な行為」(Luhmann 1975c：11) がとりあげられている。私がこれを「行為についての相互」としたのに対して（佐藤 2000：38）、長岡氏は「人につ

いての相互」だとされた上で、

> 佐藤氏においては、〈人びと相互に〉到達可能な全ての行為は〈諸行為相互に〉到達可能な全ての行為へと曲げられてしまい、……一九七五年の社会の定義はオートポイエティックな要素の産出と混和されてしまう　(p.478)

とされている。

長岡氏が「人についての相互」とする論拠とされたのは、「単純な社会システム」の文、"Gesellschaftssysteme substituieren für Anwesenheit kommunikative Erreichbarkeit, also Interaktionmöglichkeit schlechthin." (Luhmann 1972: 33) である。それ以上説明がないので私が誤解しているかもしれないが、長岡氏は（1）"Interaktionsmöglichkeit"を「コミュニカティヴな到達性 kommunikative Erreichbarkeit」の同義言い換えとした上で、（2）このInteraktionを相互作用システムの相互作用をさすととられたのではないか。

だとすれば、（1）は私も同じ解釈で（2）がちがう。この前の文が「組織化された社会システムがその場性の代わりにするのは、メンバーシップであるOrganisierte Sozialsysteme substituieren für Anwesenheit Mitgliedschaft」とあるように、この箇所では、相互作用システムがその場性をシステム境界原理にするのに対して、他の二つ、組織システムと全体社会システムが何を境界原理にするかが述べられている。

したがって、全体社会システムにおける「コミュニカティヴな到達性 kommunikative Erreichbarkeit」は、組織システムにおける「メンバーシップ Mitgliedschaft」に相当する。だとすれば、その言い換えである“Interaktionsmöglichkeit”が相互作用システムでの相互作用をさすのは不自然である。これはむしろパーソンズ的な意味での相互行為 interaction、すなわち行為システム論のいう社会的行為に近いものと考えて、先の文を「全体社会システムがその場性の代わりにするのは、コミュニカティヴな到達可能性、すなわち相互行為可能性一般である」とした方が整合的ではないか。ちなみに森訳では「コミュニケーションの到達可能性……つまり相互作用可能性一般」になっている。

「相互作用、組織、全体社会」だけで見ても、「全てのコミュニカティヴに相互に到達可能な行為」の原文は“aller kommunikativ füreinander erreichbaren Handlungen”である。「到達可能な erreichbaren」は「行為」にかかる形容詞、「互いに füreinander」はそれにかかる副詞として、「行為」の形容の一部とみる方が自然だと思う。

なお、この次の段落では、例えば全体社会は「その際に不在の人の下での、またはその際に不在の人との、ありうるコミュニケーション die möglichen Kommunikationen unter jeweils Abwesenden oder mit jeweils Abwesenden」まで包摂するとされている。これを「人として相互」だととることはできるが、その場に現にいる人間は具体的な人格として規定性をもつのに対して、不在の人間は

「〜でない」という消極的な規定性しかもたない。つまり、全体社会では「人」をさす場合でも、相互作用とちがって、「人」が薄い固有性しかもたない。その上「ありうる」という可能態までふくまれるとなると、相互作用の「人として」とはちがって、全体社会での「人として相互」は「行為として相互」にきわめて近く、区別しがたいのではないか。

ただし、長岡氏も次の(2)節の最初で述べているように、この箇所をどちらに解釈しても以下の議論には影響しない。それゆえ、以下での「相互到達性」は、私の使った意味での、としておく。いうまでもなく、それによってIIの論点が変わることはない。むしろより明確になる。

4・3 不確定性と非規定性

その点をふまえて、論点IIを言い換えると、以下のようになる。

私のいう相互到達性とは、行為が相互に定位しあうことをさす。その意味で、ルーマンの行為やコミュニケーションは相互到達的なものである。その上で、私は行為やコミュニケーションがそうしたものだとすれば、「行為―コミュニケーション（の意味）が本源的に確定しえない kontingent」とした（佐藤 2000：44）。

これは「二重の不確定性 doppelte Kontingenz」（「二重の偶発性」とも訳される、長岡氏もこちらを使っている）の問題である。二重の不確定性については、『革命』第八章で長岡氏も『社会システム』を引用しながら、次のように述べている。

社会的《ゾチアール》な状況はまずは、自己規定が不可能な循環性によって特徴づけられているということになる。ここに見られる「自己言及的な規定の、これ以上彫琢されない純粋な循環は、行為することを未規定（unbestimmt）の状態におき、行為することを規定不可能にする。」（1984,S.149／一五九頁）……

ここで問題になっているのは、もちろんたんなる行動調整ではないし、異なる行為者たちの利害や意図の調整ではない。「そうではなくて、社会的《ゾチアール》に行為するということの一根本条件そのものである。二重の偶発性（doppelte Kontingenz）というこの問題の解決なしには、行為するということは成立しない。なぜなら、その規定の可能性が欠けているからである。」（同上）（p.256）

二重の偶発性もまた、相互的な依存の結果として生じるのではなくて、諸行為が互いに定位しあう場合にはつねに生じる。しかも、行為を通じて依存がつくりだされる場合にも、行為を通じて依存が回避されるべき場合にも生じる。（p.258）

二重の偶発性という問題は、閉じられた規定不可能な自己言及であり、ここでの循環は、自我と他我のそれぞれの行為することを規定不可能にしていた。（p.261-262）

つまり、長岡氏も doppelte Kontingenz の Kontingenz は、非規定性 Unbestimmtheit の問題ととらえている。その点で、長岡氏と私の間には齟齬はないように思う。齟齬はむしろ何が非規定なのかにある。すぐ後で述べるように、長岡氏は「行為する」が非規定的とするのに対して、私は行為の意味が非規定的になると考えている。

なお日本語訳では Kontingenz には「不確定性」と「偶発性」両方の訳語が使われてきたが、他でもありうること《コンティンゲンス》と非規定性の関係はルーマンの著作の内部でも変化している。『社会システム』以降、特に一九九七年刊行の『社会の社会』以降では、doppelte Kontingenz が非規定性と同義的に使われるようになる。第四章でも述べるが、論理的に考えても、行為やコミュニケーションの接続における他でもありうること《コンティンゲンス》と非規定性の関係、さらに①と②の関係は単純ではない。

4・4　二重の不確定性とは何か

重要な箇所なので、少し丁寧に解説しよう。私と長岡氏のちがいは主に二つの点で生じている。

第一に、この行為の循環的規定性を、長岡氏が予期の予期のような行為の心理的発動の水準で考えているのに対して、私は行為の意味の理解というコミュニケーションの水準で考えている。なぜなら、長岡氏自身が述べているように、ルーマンの見解によれば、社会システムは行為からではなくて、コミュニケーションからなるシステムである。社会システムは、しかし、コミュニケーションの選択的な諸総合のなかにコミュニケーションの行為としての解釈を組み入れ、そうすることで自己自身を行為システムとして記述しているということになる。「社会性は行為の特別なケースではなくて、行為は社会システムにおいてコミュニケーションと帰属を経由して複合性の縮減として、つまり社会システムの不可欠な自己単純化として構成される。」（1984,S.191／二二五頁）（p.303）

からである。つまり、コミュニケーションシステム論において、行為が成立するのはコミュニケーション（と帰属）を通じてである。したがって、コミュニケーションにおいて循環的規定性があるならば、そちらの方が根底的な事態になる（4・6参照）。

第二に、行為やコミュニケーションが他でもありうるkontingentとは何かが、そもそもちがう。他でもありうることの定義自体は長岡氏のいうように、

現にあるようにあるが、しかしそれとは別様であることも可能であるものであるということになる(5)。（p.258）

と考えてよい。問題は、この「現にある」がどんな状態であるか、である。

「行為の意味」を考えた場合、これには二つの可能性がある。第一は、(X) 行為―コミュニケーションの意味が当事者の水準で一つに特定されているが、その一つは別様でもありうる状態である。第二は、(Y) 定位する行為列が複数あることで行為の意味が複数特定される状態である。実際に複数ある場合だけでなく、行為とそれが定位する行為列の間で循環的な意味参照がおきる、すなわちある行為が新たに定位することで行為列の意味自体が変化する(＝二つが互いに定位しあう)場合も(Y)になる。

図に描くと次のようになる(図2・1)。いうまでもないが、循環的自己言及によって意味が一つ収束する保証はない(第三章7節参照)。

(X) ならば①になる。つまり、実際には行為―コミュニケーションの意味はつねに特定されている。

(Y) ならば、「現にある」の「ある」の内容が複数並立している。それぞれの特定の意味は他の特定の意味に対して「別様である」。つまり可能態になっているが、(X) とちがって、その行為―コミュニケーション自体では意味が一つに特定されていない。だから②になる。他でもありうることが二重になると、全く別の状態が出現しうるのである。

これは「二重に他でもありうること」がいかなる意味で問題なのか、というちがいでもある。(X) であれば、これは実際には問題ではない。反省的にそういえるというだけだ。(Y) であれば、これは実際には問題となりうる。つまり、それが解消されているかされていないかが、解消されうう

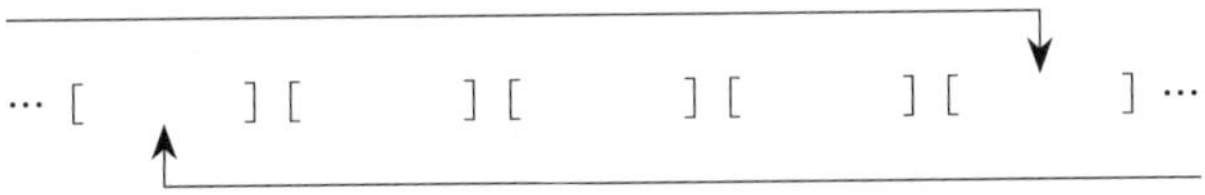

図2.1　行為の意味の循環的参照（⟶は参照関係を表す）

るのかまでふくめて、問題になってくる。

私は「二重に他でもありうること」を（Y）の形で理解して、②非規定性と考えた。ルーマンの doppelte Kontingenz はドイツ語表記も不統一なところがあり、著作によって意味が変わってきている。学説研究でのより精密な読解をまちたいが、少なくとも論理的には（X）と（Y）両方の可能性がある。

これは行為やコミュニケーション、さらにはシステムのあり方を考える上できわめて重要な論点になる。ルーマンは『社会システム』以降、コミュニケーションの概念を従来とは大きくちがった形で定義した上で、社会システムを行為システムではなくコミュニケーションシステムとした。いわゆるコミュニケーションシステム論への転回である。

では、ルーマンはコミュニケーションをどう定義し直したのか。やはり長岡氏の文章を引用させていただく。

> コミュニケーションは、情報と伝達が区別され理解されるときに成立する(9)。

ところで、コミュニケーションは情報と伝達が区別され理解されたときにはじめて成立するのであるから、「コミュニケーションはその過程の時間進行とは逆向きに、いわば後部から可能にされる。」(1984, S.198) ルーマンのこれ以後のすべての考察はこの洞察に基づくことになる。ルーマンのコミュニケーション理論と他の諸々のコミュニケーション理論との相違もまた、ここから出てくる。コミュニケーションは理解をまってはじめて成立するのだとすると、……コミュニケーション研究は……受け手の側の分析から出発しなければならない。(p.290)

相互到達性をどう考えるかは、この「コミュニケーションはその過程の時間進行とは逆向きに、いわば後部から可能にされる Die Kommunikation wird sozusagen von hinten her ermöglicht, gegenlaufig zum Zeitablauf des Prozesses」という事態をどうとらえるかのちがいでもある。

序章で述べたように、この問いはルーマンのシステム論全体を貫く。それだけに、これをどう理解するかによって、彼の理論の理解と位置づけは大きく変わってくる。例えばこの「後部から可能にされる」も、『社会システム』では直接には予期の予期という行為論の水準で議論されているが、その直後に述べられているコミュニケーションにおける理解の重要さや、コミュニケーションと行為のちがいを考えていくと、もっと根源的な事態だと考えざるをえない。

4・5 コミュニケーションの二面性

私はそこに行為やコミュニケーションの意味がかかえる非規定性を見た。それに対して、長岡氏は補論IIIの(2)(3)節で、そして(4)節でも相互作用を例にとりながら、私が相互到達性の二つの面のうち、一方だけに注目しもう一方を無視した、と反論されている（(3)節については4・6参照）。

> 致命的なのは、佐藤氏が上の文章に続けて「だが、これは経験的にきわめてcriticalな定義である。云々」と言われるとき、「要素となる『行為』は別の要素となる『行為』に到達する、いいかえれば接続（言及）する」……さいに生じることについては、等閑視されていることである。別の言い方をすれば、先行『行為』に後続『行為』が接続しようとするさいに後者が前者から受ける規定（限定）の方は、看過されてしまっている。……
>
> それゆえ、佐藤氏は……佐藤氏の意味での「相互到達性」の〈相互に〉のうち、片方にだけ注目して……　(p.478-479)

相互行為がつくりだしていく歴史とシステムの形成がこうであることは、佐藤氏が「行為―コミュニケーションの事後成立性＝他者依存性」ということでもって無視されていた「相互到達性」のもう片方の重要性を照らし出している。先行要素が事実性としてあたえられていなければ後続要素による「接続（言及）」は不可能であるし、システムの歴史は形成されていかない。また、システム要素は、他の要素との関係において、しかもこの関係の選択性において、システム要素としての質と資格を獲得するのであるが、この獲得の説明は後続要素による「接続（言及）」ということのたんなる指摘だけでは十分ではない。（p.483-484）

つまり、長岡氏はコミュニケーションには、（a）先行するコミュニケーションが後続するコミュニケーションを規定する面と、（b）後続するコミュニケーションが先行するコミュニケーションを規定する面があるのに、私が（a）を無視したと反論されている。

まず、これは単純な誤解である。例えば佐藤（2000）の注7で私はわざわざ、「行為」の他者依存性というのは、自己／他者の「行為」の意味を他者／自己が確定できることではない。他者／自己の「行為」の意味を確定する「行為」自体が確定的に存在しえないのだが、それ以前に、他の行為に接続することは根源的な受動性をもつのではないか。「相互到達性」はそういう意味も含みうる。

と述べている。この注は長岡氏が引用した「これは経験的にcriticalな……」に続く、次の段落の文中につけてあり、相互到達性の定義に関わることが明示されている。

さらに佐藤（2006a）では、

> 前の行為が何であるかは、後の行為に依存する。……行為はいわば事後的に成立する。といっても、後の行為がすべてを自由に決めているわけではない。後の行為は前の行為（列）につながることで、前の行為がなす文脈のなかにおかれる。その文脈のなかで自らの意味を成立させる。だから、あわせていえば、前の行為がなす文脈のなかにおかれた後の行為が前の行為を解釈していく。

として、二つの面をそれぞれ「文脈になる」「解釈される」という二つの矢印で図示している（図3・1参照）。これは『革命』公刊の三ヶ月前に出た論文なので、参照されていないのは当然だが、長岡氏の反論とは関係なく、私が相互到達性の両面を見ている証拠にはなるだろう。

なお、長岡氏はこの点は誤解していないと思うが、「事後的に成立する」というと、よく『孤島の行為者』（例えばロビンソン・クルーソー）が反例とされる。誰のどの行為やコミュニケーションにも接続しない行為やコミュニケーションがあるではないか、という反論だ。これは単純な錯誤による。もし本当に他の行為やコミュニケーションに接続しなければ、それは論理的に観察不可能である。神でない以上、それに関しては誰も何もいえない。その意味で、絶対的に無意味な事象だ。『孤島の行為者』の「接続しない行為やコミュニケーション」に意味が生じるのは、単純化していえば、行為やコミュニケーションとは何かという社会科学のコミュニケーションにおいて、反例として言及されたからである。つまり、社会科学者のコミュニケーションに接続されてはじめて、仮想された「接続しない行為やコミュニケーション」なるものが意味をおびる。『孤島の行為者』は事後成立性の反例ではなく、実証例である。

4・6　理解の座

それゆえ、私が二つの面の片方を無視したというのは誤解だが、この背後にはもっと実質的な考えのちがいがある。

例えば、私は（a）の面も「コンテクスト」と呼び、「事実性」とは呼ばなかった。事実性とは客観的な何か、固定的な意味をもつ何かをさす言葉だからだ。「文脈《コンテクスト》」であれば、たしかに存在しているが、それがもつ意味もまた解釈されるという含意をもつ。「コンテクスト（文脈）」という語も「社会」や「システム」と同じく呪語になりやすいが、解釈として働いているコンテクストを「事実」や「事実性」としてとらえるのは、社会の素朴な実体視の一種だと私は考えている（⇒3・3）。

この点に関連して、長岡氏は(3)節で次のように述べている。

この「コミュニケーションの事後成立性」は佐藤氏の意味での「相互到達性」の相互のうち、

片方だけに注目したものである。そこでルーマンのコミュニケーション理論に従ってもう片方に注目すると、コミュニケーションに接続しようとする次のコミュニケーションは、先行コミュニケーション（の伝達か情報のいずれか）に言及することによって接続することができる。そのさい、先行「コミュニケーション（の意味）」の〈確定〉において主導権を握っているのは、先行「コミュニケーション」についての理解である。理解において選択されたことが、そのコミュニケーションの意味の〈確定〉になる。接続コミュニケーションはそこからしか出発できない。（p.481）

正直、私はこの文章をうまく理解できていない。長岡氏は私が（a）を無視し、（b）だけに注目しているという。したがって、「もう片方に注目すると」は（a）をさすはずで、だとすれば「先行する『コミュニケーション（の意味）』の〈確定〉において主導権を握っているのは」、先行するコミュニケーションの事実性ではないだろうか。「先行『コミュニケーション』についての理解」が主導権をにぎるとすれば、理解は後続コミュニケーションで成立するのだから、むしろ（b）にならないだろうか。それとも理解は先行コミュニケーションでも成立しているのだろうか。

もしかすると、長岡氏はルーマンの「構造」のような形で、すなわち、先行するコミュニケーションはそれ自体で意味の選択肢集合を指定し、なかの一つの選択肢を、後続するコミュニケーションが先行するコミュニケーションの意味として特定する、と考えられたのかもしれない。この場合、意味の成立を理解とすれば、選択肢集合の特定という先行コミュニケーション自体での理解と、その選択肢集合内の選択という後続コミュニケーションでの理解、という二段階の形になる。

そうだとすれば、先行コミュニケーションは選択肢集合の設定という形で、意味の可能域を固定する。これは客観的な意味同定であり、コミュニケーションの伝送モデル、ルーマンのいう「伝送のメタファー」と同じことになる。受け手の側にも自由度がある、くらいなら、従来のコミュニケーション理論も認めるはずだ。さらに、これは私の日常的な経験ともあわない。自分の理解において、私はそういう固定的な選択肢集合を感知していない。

長岡氏自身、『革命』本論の第九章ではこう述べている。

> そのコミュニケーションが成立したかどうか、さらには誤解ではなくて理解されたかどうかは、次の接続行動ないしは接続コミュニケーションにおいて読み取れるのであった。……そしてこの接続コミュニケーションの成立、ならびに理解は、やはりそれはそれで次の接続行動ないしは接続コミュニケーションにおいてはじめてチェック可能になる。(p.297)

行為―コミュニケーションAが理解されたかどうかは、Aに接続する行為―コミュニケーションBで読み取られ、そのBの成立ならびに理解はBに接続するCによってはじめて「チェック可能」になる。「チェック可能」が何を意味するのかは不明確だが、もしCにおける何らかの事態の成立がBの成立に不可欠であるならば、Aの理解はBで読み取れるのだから、Cが成立するまでAの理解も成立しない。もちろんCの成立も後続するDに依存するはずだから、無限後退がおきる。それこそ「経験的にきわめてcriticalな定義」で、長岡氏のいう「チェック可能」が〈確定〉ならば、この文章は佐藤（2000）と同じことを述べている。

コミュニケーションの意味、特に伝達と情報の区別がどこで成立するかは、コミュニケーションシステム論の根幹に関わる。第四章でこの点はあらためてとりあげるが、どういう立場をとるにせよ、厳密な定式化が必要である。

4・7　二重に他でもありうることと時間

いずれにせよ、一番重要なのは、ルーマン自身がどう考えていたかではなく、コミュニケーションが相互到達的であるとすれば、どう考えざるをえないかだ。だからルーマンの意図と直接からめずに、論理的な可能性を考えてみよう。

コミュニケーションでは、先行する行為やコミュニケーションがなす文脈のなかにおかれた後の行為やコミュニケーションが、前の行為やコミュニケーションを解釈していく。つまり、先行コミュニケーションと後続コミュニケーションの間で意味の相互参照（相互規定）がおこる。すなわち互いに定位しあう。

「行為の意味が他の行為との関係によって決まる、というか、他の行為との関係によってしか決まりえない」(佐藤 2000：38)、「行為は他の行為との関係とともに成立する……。行為が何であるか、すなわち行為の意味はそれが他の何と関係づけられているかによる」(佐藤 2005a：104) とすれば、こういう事態が必ず生じる。なお、この問題は現在では主に分析哲学系でとりあげられるが (北田 2003 など参照)、もともとウェーバーやG・ジンメルなど、戦前のドイツ社会学では行為をかなり関係的にとらえており (佐藤 2005a：103)、行為論内在的に重要な論点だった。[7] それをパーソンズが単位行為論によって消してしまったのである。

4・3で述べたように、私自身はこれが「二重に他でもありうること」だと考えて、「二重の不確定性」と呼んだ。この解釈はルーマンのいう doppelte Kontingenz をすでに越え出ている可能性がある。長岡氏は『革命』第八章で doppelte Kontingenz を行為の発動機制としてとらえた上で、時間的な前後が導入されることでそれが非対称化されることで展開していく、とされている。

たしかに『社会システム』などではそう解釈できるが、時間的に非対称化されても、コミュニケーションが相互到達的であるかぎり、意味の上で不確定性が発生する。循環的な相互参照がおきて、行為やコミュニケーションの意味は非規定的になる。[8]

日常的な理解においても、意味の相互参照みたいなぐるぐる回りはつねにおきる。その場合、自分がどうしているか反省してみると、循環が収束しなければ何もできないわけではない。むしろ「うん、考えても無駄だから、こういう意味だとしてやっていこう」とふるまっている。そこに決断主義みたいな特定の世界観があるわけではない。たんに「そんなもんだし」と思ってやっている。

つまり、複数の意味がありうることを知りながら、絶対的な根拠なしに例えば経験則が使える場合も経験則でしかないとわかった上で、適当に一つの意味にとって、行為やコミュニケーションを接続させている。

簡単に定式化すれば、こういうふうにいえるだろう。

先発する行為やコミュニケーションをA、後続する行為やコミュニケーションをBとすると、BがとりうるAの意味は全く自由に変動できるわけではなく、幅がある（第三章ではそれを「k」と呼んでいる）。けれども、その幅のどこに特定されるかやどんな幅になるのかは、Aだけでは決まらず、Bが関与する。したがって、Aの意味を特定して記述しようとすれば、「Bの理解（解釈）したAの意味」という形で、つまりBの意味を仮に固定した形でしかできない。それが行為―コミュニケーションの事後成立性という事態である。

Bの意味も後続する行為やコミュニケーションが関わる形で幅をもつから、「Bの理解したAの意味」もさらに変わりうる。行為―コミュニケーションはそういう形でつながっていく。そして最終的には、それらに接続する現在と近過去の行為―コミュニケーション（ZとX、Y、…と呼んでもいいが）の意味の幅という痕跡を残して、あるいは、それらの意味の幅のあり方にくり込まれる形で、AやBといった個々の行為―コミュニケーションは忘れ去られていく。すなわち、個別性をもったものとしては消滅していく。行為―コミュニケーションが事後的に成立するとすれば、そういうことになる。

したがって、行為―コミュニケーションの接続（継起）に相当するのは、厳密には、意味が確定的に記述される行為列ではなく、この幅とそのあり方である。具体的には、幅にあたるのは「このシステム」や「このコミュニケーション」という同一性、幅のあり方にあたるのは相互作用の定義βの「人として」（⇒2・6）、組織システムの準手続き（第五章参照）、機能システムにおける「内」のあり方、特に「不確定性定式 Kontingenzformel」（5・4、第六章参照）などだ。この幅のあり方がもしシステムと呼ぶのにふさわしい特性（⇒2・6〜7）をそなえていれば、「システムがある」といってよいが、つねにシステムであるとする必要はない。

例えば、相互作用の定義βでは、短い時間地平という形で、つまり時間的に離れた行為―コミュニケーションはくり込まないという形で、くり込まれている。だから「同じ」の間に強い同一性がなくも接続していく。さらにシステムであるといえる場合でも、それがシステムの再参入（自己観察）のような事態を必ずともなうとはいえない。この点は第四章であつかおう。

もちろん、この事後成立性は法や組織のような特定の制度の内部で、意味を一つの特定するしくみが働くことを排除しない。むしろ、だからこそ私たちは、そうしたしくみに日常とはちがう手触りを感じる。日常的な感覚に即していえば、一つに特定することにしようという人為《わざとらしさ》をそこに感じる。それゆえ、これらは特定の制度として映る。[9]

裏返せば、一般的には、意味の不確定性が解消されないと、行為できなかったり、コミュニケーションが接続しなかったりするわけではない。佐藤（2000）のいう「日常的にも不確定でかまわない」(：44) とは、そういう意味だ[10]。

いうまでもないが、これは論理的な可能性条件なので、たとえ大多数の場合には意味が一つに特定されているとしても(先に述べたように私はそうは考えていないが)、反証にはならない。量子力学のように確率分布を導入して、接続可能性を確率化すれば話は別だが、そうなれば「システムがある Es gibt Systeme」こと自体も確率化する。理論構成全体を大幅に変える必要があるだろう。

4・8 逆説のコミュニケーションの逆説

これに対して、次のような反論が出るかもしれない。――ルーマンも「二重の不確定性」が完全に解消されるとはいっていない。長岡氏も『革命』第八章でこう述べている。

> 二重の偶発性という問題そのものは〈使いつくされてしまう〉ことはない。二重の偶発性は、システム構造の構築がどこまで進んでも社会システムに付着し続ける。この意味で、二重の偶発性は社会システムの構成要素であり、社会システムの触媒でありつづける。(p.269)

二重の偶発性問題は決して問題が無化されるように解決されていなかった。問題と問題解決のパラドキシーは、ルーマンのシステム理論においては〈論理的に問題なく〉解決・無化されるのではなくて、時間の導入によって展開(entfalten)され、無害化ないし不可視化されて、非

—問題化されるにすぎない。そして、それはひとりルーマンの理論がその理論においておこなっていることではなくて、社会自身が社会においておこなっていることである。（p.276）

ルーマンがこう考えていることには異論はない。「問題と問題解決のパラドキシー」は非規定性一般にあてはめられるので、行為やコミュニケーションの意味の非規定性にももちろん適用できる。その上で私は論点IIの疑問を提示した。論理的に解決されていないのであれば、解決される必要がないと考えるべきだ、というのが私の主張である。

これも少し丁寧に説明し直そう。先ほど、時間を導入しても二重の不確定性と同じ事態が出現すると述べた。つまり、本当に問題なのは、「展開」や「不可視化」や「非—問題化」とはいかなる事態であるか、である。それを厳密に定義しなければ、水掛け論になる。

これらは一般的にいえば、部分的な解決とは何かという問題である。これには二つの可能性がある。

(1)量的減少：問題の大きさに程度があって、その度合いが減少する
(2)不可視化：相互規定の循環がより長くなることで循環が当事者に見えなくなる

おそらく(2)のように解釈するのがふつうだろうが、佐藤（2000）ではこれに反例を示した。先に

日常的な経験にもとづいて、コミュニケーションは「日常的にも不確定でかまわない」と述べたが、その論理的な根拠となるのがこの反例である。逆にいえば、この反例が妥当でないと示せれば、IIは否定できる。

私が反例としたのは、社会科学者やシステム論者がコミュニケーションについてコミュニケーションする場合である。ここでいう「コミュニケーションについて」は「二重の不確定性が使いつくされていない」でもいいし、「脱パラドクス化されている」でもいい。コミュニケーションをめぐる逆説的事態一般にこれは適用できる。

例えば「二重の不確定性が本当は解消されていない」にしよう。「二重の不確定性が本当は解消されていない」というコミュニケーションにおいては、二重の不確定性は解消されていないだけでなく、当事者がそうであることを知っている。にもかかわらず、このコミュニケーションが成立するならば、二重の不確定性が解消されなくてもコミュニケーションは成立すると考えるしかない。だから「日常的にも不確定でかまわない」。もし二重の不確定性「という問題そのものは〈使いつくされてしまう〉ことはない」と長岡氏が知っていて、なおかつコミュニケーションしたり行為したりできるのであれば、そもそも二重の不確定性は解消される必要はないのだ。

一般的な形で言い換えると、ある事態の不可視化を論じる観察者にとっては、その事態そのものは可視的である（可視的にすることで別のところで不可視化がおこっているとしても）。いうまでもなく、これは「社会学的啓蒙」の大前提であるが、同じことが二重の不確定性やコミュニケーションの逆説的事態一般に成立する。

4・9 反省ではない

この反例は、反省してみると解消していなかったということではない。このコミュニケーションにおいて、「二重の不確定性が本当は解消されていない」というコミュニケーション自体は反省されていない。ただコミュニケーションされているだけであり、そのコミュニケーションされていること自体において、二重の不確定性が解消されていないと当事者が知っていることが成立する。ルーマンの術語でいえば、「自己推論 Autologie」にあたるものだろう。

「知っている」の定義にもよるが、およそコミュニケーション可能な、コミュニケーションをめぐる逆説的事態全てに、この反例はあてはまる。裏返せば、そういう形で逆説的事態として知られるものは、コミュニケーションできるかぎり本当は逆説ではない。コミュニケーションにとってあたりまえのことであり、それがあってもコミュニケーションは成立すると考えざるをえない。

長岡氏の反論に戻ると、以上の理由から、補論III(3)節の議論は誤りである。反論の論拠にあげられた三点のうち、第一の、不確定性を吸収するのはシステムかシステムの構造かは、議論に関係しない。第二の、「ルーマンは、コミュニケーションは『日常的にも不確定でかまわない』などと考えていた」かについては、まず1・3で述べたように、佐藤（2000）ではルーマンがそう考えていたとは主張していない。さらに「日常的にも不確定でかまわない」かでいえば、これまで述べた理由から、そうだといえる。

第三の論拠として述べられた、

佐藤氏が「当の社会学者だけは「本当は不確定だ」とわかっているはずだが、それでも日常的に支障なく行為できている」と言われたことの前半も、ルーマンの社会システム理論にはあてはまらない。なぜか。ルーマンの社会システム理論は、現実にあたえられてあることは反省してみると〈ありそうにない〉ことであるし、〈他でもありえた（kontingent）〉はずなのに、どうしてそのようになっているかということを再構成的に説明することを課題としていたからである。（p.481）

も誤りだと思う。これは反省ではない。正確にいえば、反省という形で局限化できない。観察者が同時に当事者である状況下では、観察の観察は同時に観察になる。「二重の不確定性は使いつくされていない」ことをルーマンが論じ、理解され、受け入れて議論できるのであれば、つまり、コミュニケーションできるのであれば、二重の不確定性はそもそも解消されなくてよい。それが佐藤（2000）で述べたことだ。

4・10「脱《エント》～化」の可能性条件

これは一般理論の水準での脱パラドクス化や脱トートロジー化全般にあてはまる。[11]コミュニケーションの成立や二重の不確定性のような、観察者と当事者が同じ水準で関わらざるをえない事態では、観察者の水準で可視的であれば、当事者にとっても可視的であると考えるしかない。不可視ならば最後まで不可視であり、可視ならば最初から可視である。

そこでは、厳密な意味での「展開」や「不可視化」や「非―問題化」はおこりえない。社会科学的観察者自身が関わる営みについては、観察者が同時に当事者であるため、観察の結果を知っているからである。コミュニケーションにしても理解にしても、あるいはS・A・クリプキがあつかった「ルールにしたがう」もそうだ、と私は考えている（佐藤 2000：44)。この種の営みでは、観察者の水準で成立することは当事者の水準でも成立すると考えざるをえない。

言い換えれば、部分的な制度や事象の観察での脱パラドクス化や脱トートロジー化と、一般理論が言及してきた水準でのそれらはちがう。前者では(1)(2)両方ありうる。それに対して、後者ではもし部分的解決があるとしても(1)しかない。素朴な言い方をすれば、せいぜい成立する確率があがる程度のことでしかない。

これは内部観察という理論上の公準から導かれる条件だが、ここをどう考えるかは、ルーマンの理論やシステム論の位置づけにも大きく関わってくる。

第一に、純粋に理論的な面でいえば、これは「秩序問題」という定式化がかなり限定的にしか使えないことを意味する。秩序問題とは、ある論理的な問題（矛盾や逆説）を解消する形で一般的な秩序が成立するという考え方だ。パーソンズが唱えた「ホッブス問題の解決」が有名だが、他にもいくつかある。

上の議論が正しければ、秩序問題は完全に解決されるか、全く解決されないか、のどちらかしかない。部分的解決の(2)不可視化はコミュニケーション可能であるかぎり成立しない。一般的な秩序（＝社会科学的観察者自身も関わる営み）では、(2)は特権的な観察者を想定しないかぎり成立しない。いわゆる秩序問題が額面通り受け取れないことは、ルーマン自身「社会秩序はいかにありうるのか」などで議論しているが、二重の不確定性の解決や、循環的非規定性の解消では、もっと根源的にあてはまらない。これらがコミュニケーション可能だとすれば、そこには秩序問題のような問題はない。

第二に、思想的な面でも(2)が成立するとするかどうかで大きく変わってくる。もし(2)が成立するとすれば、観察することによって、当事者には一般的に不可能だった事態が観察者では成立可能になる。言い換えれば、観察者は矛盾や逆説を超越する特別な心身をもつことになる。それは「超人」や「前衛党」に重なる。

したがって、ここをどう考えるかで「ヘーゲルに近いルーマン像／そうでないルーマン像」や「マルクス主義に近いシステム論／そうでないシステム論」に大きく分岐する。これは社会科学だけでなく、例えば一八世紀以降の近代社会思想やドイツ語圏の哲学から見ても、大きな焦点になるだろう。

4・11「カント的な問いの技法」とコミュニケーションシステム論

あるいは、二つまとめてこう説明した方がわかりやすいかもしれない。例えば、互いに定位しあうという相互循環があるとしよう。これには二つの答えがありうる。

　A：相互循環が不可視化されて行為やコミュニケーションが可能になる
　B：相互循環があっても行為やコミュニケーションは可能である

AとB、どちらがより良い答えだろうか。

私はBだとした。なぜなら、Bの方が形式論理的により一貫するからだ。なぜ一貫性を重んじるのか。恣意的な例外をつくらないですむからだ。

　4・8からわかるように、Aは、不可能が可能になるけどやはり不可能だ、という捩れを導入する。それは形式論理に例外をつくることである。例外は例外であるがゆえに、どこに例外を認めるかも恣意的になる。恣意的になれば、外部から根拠を積極的に呼び込むことになる。学問的な権威(例えばルーマン！)や政治的な権威を。

J・ラカンが「カントとサド」であざやかに示したように、「カント的な問い」には答えが複数ありうる（佐藤2004b参照）。そこまで考えて、はじめて「カント的な問いの技法」になるのだと思う。その点でいえば、長岡氏が(4)節で、

もともと佐藤氏は、〈kontingent〉という概念についてルーマンとは一点（〈あるものが現に事実的にあたえられている〉）において違った理解から出発されていた　(p.481)

とされたのは、一面では的を射ている。「現に事実的にあたえられている」ことの可能性の条件として、私は複数の可能性を考えた上で、そのうちの一つを採ったからだ。

ここでは論理的整合性を論じているので、理論的な面だけをとりあげるが、これはコミュニケーションシステムとは何かにも関わってくる。コミュニケーションシステムについてコミュニケーションできるのであれば、コミュニケーションを一般的に不可能にする事態があり、それを暫定的にか部分的にか、可能にする何かがコミュニケーションシステムであるとはいえない。そして、コミュニケーションが一般的に可能ならば、「コミュニケーションがある」といえば十分だ。

もちろんすでに述べたように、局所的になら、二重の不確定性を減少させるしくみがあってもよい。「減少させる」ことで何が可能／不可能になるかをある程度特定できれば、それをコミュニケーションシステムとみなすこともできる。だが、あらゆるコミュニケーションにコミュニケーショ

ンシステムが見出されるわけではない。

別の言い方をすれば、二重の不確定性が非対称化されたとか、脱パラドクス化された（／した）といった形で、コミュニケーションシステムを抽象的に立てることはできない。非対称化や「脱《エント》～Ent…化」と関連づけるなら、具体的なあり方を特定する必要がある。そういう形で、すなわち特定の制度をあつかう上では、不可視化という意味での脱パラドクス化や脱トートロジー化も、示唆にとむ着想であり、特にその挙動の部分的な説明には有効に使える。実際、この本の後半部分の、具体的な制度の分析では、私も何度も使っている。

しかし、ルーマンのシステム論にかぎらず、理論社会学全てにいえることだが、観察者が当事者でもある一般理論の水準では、「隠されたメカニズム」的な論法はほとんど成立しない。その種の「原理論」が何かを解き明かすことはない。

なお一つつけ加えておくと、個別的な制度でも、観察の観察が特定の形でくり込まれ、観察者が同時に当事者になるコミュニケーション形態はありうる。第四章で述べるが、ルーマンは近代社会の機能システムにそういう事態を見出している（「近代社会の固有値としての不確定性」V節、Luhmann 1992：119–128＝2003：83–90）。ただし、観察の観察のくり込み自体は特に近代固有なものではなく、「原始的な」とされる財の交換儀礼にも見出される（山本・山本 1996）。

そういう意味でも、不確定性はコミュニケーションで広く見出されている。近代社会はそれを利用した制度をいくつももっているが（第四章、第五章参照）、例えば近代社会や近代社会科学でそういう不確定性が初めて反省的に発見されたと考えるのは、西欧近代中心主義だと思う。

5　システムの根本概念としての意味

5・1　行為システム論との距離

以上、長岡氏の反論に対して二つの主要な論点、Ⅰの相互作用／組織／全体社会の各システム類型の定義と、Ⅱのコミュニケーションシステムの存立可能性にわけて、私の考えを述べてきた。

2節～4節で述べた理由から、私は『革命』第一四章補論Ⅲの⑴～⑽は、長岡氏の誤解によるものか、長岡氏自身の議論が誤っていると考えている。だから⑾節にあるように、「『都合のいいところだけをとって』きているのは、むしろすべて佐藤氏の方であった」（p.491）とは思わない。したがって「佐藤氏は不当前提に基づいて、ルーマンの社会システム理論を『システムの実在を不当前提している』と批判している」（同）とも考えていない。

なお、内田隆三『社会学を学ぶ』（内田 2005）にも長岡氏は批判を加えられているが、その正否はここでは論じない。ただ一つだけ述べておく。この種の不当前提の問題を最初に指摘したのは、内田氏の「〈構造主義〉以後の社会学的課題」論文（内田 1980）である。だから、内田氏が私の主張を「おうむ返しに復唱している」（『革命』p.491）わけではない。

これは佐藤（2000）で参照文献に挙げ忘れた私のミスであり、佐藤（2005a）では修正しておいたが、内田氏自身の論文を参照せずに「おうむ返しに復唱」と断定されたのは、正しくないと思う。1節で述べたように、私に対する長岡氏の批判は、内容的な正否はともかく、その姿勢において十分公平で誠実であり、だからこそ、とりあげられてとても嬉しく感じた。それだけに、この点だけは残念である。

さて、あらためてふり返ってみると、2節～4節を通じて、長岡氏と私のすれ違い、つまり私からみれば誤解や不十分な理解には、一つの大きな共通性があるように思う。

長岡氏が反論を提起されているのは、主に、社会の実体視やコミュニケーションの相互到達性、秩序問題の扱い方など、パーソンズの行為システム論を根底的から否定する論点に対してである。長岡氏と私の根本的な不一致は、ルーマンのシステム論をパーソンズにどれだけ近づけて解釈するかにあるのではないか。私の解釈は佐藤（2000）で述べたように、パーソンズの行為システム論を根底的に否定するのに対して、長岡氏の解釈はパーソンズの行為システム論の延長上にある。少なくとも私にはそう見える。

学説研究の上でどちらがより正しいのかは、今後の学説研究の進展に委ねたい。その結果、私の解釈がテクスト読解としてまちがっているのがはっきりすれば、率直に誤りを認めたい。

けれども、もし「批判的な研究」（『革命』p.665）として受け取ってもらえるのであれば、最も重要な論点は私自身の議論が論理的に正しいかどうかである。その点にかぎれば、長岡氏の反論は誤っている。例えば、Iには行為やコミュニケーションの接続をどうとらえるか、IIには内部観察としての社会科学をどう位置づけるかが深く関わっているが、それらもたんなる見方や立ち位置のちがいではない。社会科学者が行為しコミュニケーションし続けることを事実と認めるならば、たとえ従来のシステム論や社会科学の議論とどれほどかけ離れていても、今のところ最も無理が少ない（＝理論負荷が小さい）とらえ方や考え方がある（⇒4・11）。だから、そうでないとらえ方や考え方の方に飛躍や不整合がより多く見つかる。

私はそう考えているが、もちろんこちらの正否も最終的には、今後の理論社会学的研究の進展に委ねるしかない。

5・2 システム境界の同一性

その材料として、最後にもう一度、佐藤（2000）の議論を簡単に整理しておこう。

まずIについていえば、システムの同一性を立てる操作が経験的に同定できるのは、組織と機能システムの二つである。この二つに関しては、ルーマンのシステム論は程度のちがいはあれ、かなり良い近似をあたえる。

それに対して、相互作用の定義βでは「人（の集まり）Personen」という形の区別を使って、行為やコミュニケーションが接続されていくが、それぞれの行為やコミュニケーションでの区別の間に、強い同一性は成り立たない。裏返せば、おしゃべりを続けていく上で、そこに強い同一性は必要ない。例えば、各参加者ごとに「人」の範囲（内／外境界）がちがっていてもあまり支障はない。だから、それは一つのシステムである必要がない。

対照的に、全体社会のように、「全てのコミュニケーション」という形で境界が設定されていれば、「総体」という語によって、つまり定義によって同一性は保たれる。だが、それぞれの行為やコミュニケーションは「全てのコミュニケーション」という区別を前提にしているわけではない。つまり、この区別＝境界はコミュニケーションの接続のあり方を何も規定しない。どう規定しているかを全く記述できない。それゆえ、コミュニケーションの接続においては実質的に意味がない。だから、全体社会は一つのシステムではない。

別の言い方をすれば、コミュニケーションの接続《つな》（継起《がり》）はその都度、区別を前提にする。少なくとも、そのコミュニケーションにとって意味ある範囲＝「内」の区別は欠かせないが、それぞれの「内」の間に同一性をおく必要はない。後続するコミュニケーションと先行するコミュニケーションが互いに互いを「内」にしていれば、コミュニケーションが接続したといえる。

コミュニケーションが接続するという事態においては、それぞれのコミュニケーションが区別を前提にするがゆえに、区別（正確には区別を前提とするコミュニケーション）が区別がうむとはいえても、それらの区別が一つのシステムという強い同一性、いわば超《ハイパー》同一性（詳しくは第四章参照）をなす必然性はない。どんな「内」に定位しているかが、二つのコミュニケーションの間でくいちがってもかまわない。二重の不確定性が解消されなければ、コミュニケーションが続かないわけではない。

すでに何度も述べたように、コミュニケーションは日常的にも不確定でかまわない。

5・3「内」の意味論

より一般的な術語でさらに言い換えると、次のようになるだろう。

(1)全てのコミュニケーションは最低一つの区別を必ず前提にする。それは自らがコンテクスト（文脈）とする過去および未来のコミュニケーション群を指し示すものである。その意味で、原初的な内／外区別を必ずともなう。これは行為が関係的に定義されることによる。

(2)コミュニケーション c_1 が原初的な内／外区別 d_1 をともなって成立し、つづいて、コミュニケーション c_2 が原初的な内／外区別 d_2 をともなって成立したとする（その程度のコミュニケーションの経験的な観察可能性はあるとする）。d_1 が c_2 を「内」としかつ d_2 が c_1 を「内」とする場合に、コミュニケーション c_1 と c_2 は接続したといえる。このとき、コミュニケーションがコミュニケーションを産出するという意味で、コミュニケーションが自己産出している。だが、それは二つの内／外区別 d_1 と d_2 における「内」が同一であることを必ずしも意味しない。

(3)二つの区別 d_1 と d_2 における「内」が同じものだとする作用が働く場合に、この同じである

「内」を「システム」と呼べる。このとき、c_1やc_2は同じ「内」というコミュニケーション群を前提にして成立しつつ、自らもその「内」を構成する形になる。すなわち、c_1とc_2はシステムの要素となり、要素としての自己産出が起こっている。つまり、c_2の接続を通じて、一つの同じ「内」＝システムが自己産出している（⇒2・7）。

ただし、同じものとする作用にはいろんなあり方が考えられる。比較的わかりやすいのは、c_2の担い手がc_1におけるd_1を想定して、自らの区別d_2がd_1と同じであろうとすることで、c_2がなんらかの特定性をもつような場合である。

Iの議論でいえば、相互作用システムの定義βは(2)にあたる（⇒2・6、2・11）。全体社会の定義である「全てのコミュニケーション」という区別は、それぞれのコミュニケーションで前提にされていない。正確にいえば、たとえこの区別があるとしても、それは全てのコミュニケーションにおいて同一であり、かつ具体的な内容を特定できない。つまり、c_1もc_2はこの区別を通じて特定性をもたないので、「前提にしている」ことにならない。だから(1)ですらない。組織や機能システムは(3)にあたる。ルーマン自身の言葉を借りれば、「［全体社会以外の］全てのシステム……は、どんな意味統一体 Sinneinheit が内的にシステムの自己再生産を可能にするか、それゆえつねに再生産されなければならないかを規制できるために、その特定の作動のあり方を定義するか、反省を通じて自らの同一性を規定しなければならない」（Luhmann 1984 : 61 = 1993 : 53-54、

［　］は佐藤による補足）

IIの議論でいえば、もし(3)で述べたd_1とd_2における「内」が同じものにするような作用があれば、意味的に同じ「内」に定位するがゆえに、d_1上でとd_2上でとの間の意味の斉一性は強まる。二重の不確定性、すなわちコミュニケーションの意味の不定性（非規定性）も、より確定された形で出現してくる。(1)〜(3)が意味の個別性を前提にした定式化であることを考えると、「内」を同じものにする作用によって、c_1やc_2の意味の非規定性それ自体が規定されて、当事者水準でも主題化できるといった方がいいが。

その意味で、システムがある場合、「複雑性の縮減」と同じ意味で、二重の不確定性は「縮減」されるともいえる（Luhmann 1984：298＝1993：347など参照）。より正確にいえば、「内」が同じであることのゆらぎに変換される。その点にかぎれば、システムは二重の不確定性を減少させている、あるいは部分的に解決しているといってもよいだろう（⇒4・7、4・10〜11）。「固有値 Eigenwerte」のような、作動を通じた定常性が見出されることもあるだろうし、その幅のあり方自体を固有値だと考えることもできる（Luhmann 1997：218、同注43参照、⇒4・7）。

だが、システムがなければコミュニケーションが接続しないわけではない。むしろ(3)は、コミュニケーションの接続のあり方の一つだと考えた方がよい。他にも(3)でない(2)や、(2)でない(1)がありうる。

さらに(3)の場合でも、二つのc_1やc_2が、すなわちd_1上に定位されたc_2およびc_1と、d_2上に定位されたc_1とc_2とが完全に同じ意味になる必要はない。少なくとも組織システムにおいては、完全に同じ意味にならないからこそ、第三者的に「環境に適応した」と観察できる事態が生じうる（佐藤 2006b）。

もし完全に同じ意味になれば、d_1とd_2が想定する「内」の範囲が有限か無限かにもよるが、二つの「内」は意味の上だけでなく、要素の同一性の水準で一致してくる（日常的な言い方をすれば、事実として一致してくる）。全てのコミュニケーションの間でそうなれば、「内」であることのゆらぎは存在しないが、システムも全く変化しようがない。

逆にいえば、d_1とd_2は要素を具体的に一つ一つならべあげる（＝外延的な）形ではなく、ある程度抽象的な、意味的なまとまりSinneinheitという（＝内包的な）形で指し示される。抽象的な分、要素の水準で具体的に何（＝どこからどこまで）をさすかは絶対的には固定できない。固定できないからこそ、システムとして変化しつつ同一でありつづけることができる。例えば、コード化と言及の区別もそうである（⇒3・6、第四章3・6〜7参照）。その意味で、抽象化によってシステムは成立し、システムとして同定される。その意味で、行為―コミュニケーションだけでなく、システムもまた独自の不確定性をもつ。

もちろん、厳密にいえば、c_1やc_2といった行為―コミュニケーションの個体性も、つねに保持されるわけではない（⇒4・7）。したがって、例えばd_1上のc_1とd_2上のc_1がどの視点から同じc_1といえるのかも問題になりうる。これはコミュニケーションの定義に関わっており、第四章であつかうが、個体性を仮定してもd_1やd_2は抽象的であらざるをえない。

5・4「内」のゆらぎとシステム

言い換えれば、システムでは行為―コミュニケーションの二重の不確定性が同じ「内」であることのゆらぎに変換される。そういう、いわば意味のゆらぎの形でシステムは二重の不確定性を保持しつづけ、それを通じて、システムとして変化しつつ同一でありつづける。

したがって、システムをシステムたらしめているのが「内」を同じにする作用だとすれば、システムは意味論的同一性にもとづくことになる。それがどんな「内」であるのかという、「内」の意味論 Semantik がそのシステムの挙動を規定するといってもいい。システムの「自己 auto」は意味作用を通じて出現するのである。

「最も一般的な媒質 Medium、心理システムと社会システムを可能にし、それらにとってそれ以上遡りえない媒質は、『意味』という概念によって指し示すことができる」(Luhmann 1995：173＝2004: 175) というルーマンの直観も、その方向で解釈した方がよいのではないか。実際、特定のシステムの挙動を具体的に記述する際にも、必ずしも個々の行為の連鎖という形をとる必要はないし、できない場合も多い (第三章7節、第五章参照)。もし必要があるとすれば、むしろ「全体社会システム」のように、挙動を特定的に記述できないものを、外延的に指し示そうとする場合だろう。

「内」のあり方はシステムの種類や個々のシステムによってもちがう。

例えば組織であれば、その「内」は組織としての行為である／でないという二分コードによる。そういう簡単で形式的な二分コードですむのは、最終的に「内」を規定する負担を法が負っているからである（⇒3・6）。それが個人的な動機の高度な無関連化や準手続きを相互に可能にする（第五章参照）。

それに対して、機能システムには、組織における法のような外部がない。その分、もっと曖昧な形で「内」を保持せざるをえない。だから、組織のように高度に形式化された二分コードではなく、むしろルーマンのいう「不確定性定式」の意味論が「内」をあたえるのではないか（例えばLuhmann 2002: 183-188＝2004: 251-258参照）。法とそれ以外のちがいも考慮する必要があるが、今のところ、私はそう考えている。

さらに、同じ組織や同じ機能システムでも、「内」＝自己同一性の中身は少しずつちがう。例えば「組織」や「法」の意味する幅がシステムごとにちがいうる。自己産出の考え方からもそうならざるをえないが、裏返せば、「組織」や「法」がある程度抽象的な概念だからこそ、個別的なちがいも可能になる。そうやって、個々のシステムは（それぞれの種類のあり方に応じて）固有の歴史を形成する（⇒第一章6節、2・6）。それをくり込みながら、「この組織」「この法」といった、一見具体的で実は抽象的な自己同一性が生成されつづける（⇒4・7）。

システムの自己産出は神秘化されて語られやすいが、このように理解すれば不思議でもなんでもない。事後的にしか定義できないという「自己」の意味論的特性と、システムという要素-全体関係を組み合わせた場合に必然的にでてくる記述のあり方にすぎない。自己組織という一見逆説的な事態も、「自己」が時間軸上は柔軟に同定される、言い換えれば、つねに暫定的にしか同定できないことによる。

くだけた言い方をすれば、自分が何であるのか、ある程度以上もっともらしく示そうとすれば、「こういうことをしてきた」「ああいうことをしてきた」と過去から現在までの経路を現在の目で整理し、ひきあいにだすしかない。だから、自分については後知恵的に「こうだった」と言っているし、そういう言い方しかできない。この発言もまた未来からみれば、その時点から見た「こういうことをしてきた」の一部に組み込まれ、適当にまとめられるのだろうなあ、と漠然と考えながら。

「自己」とは本来そういうものであり、1・2で述べたように、自己産出をとらえるために特別な論理学が必要なわけではない。コミュニケーションやシステムの挙動を特徴づける上で、重要なのは、これまで述べてきたように、個々の「自己」の意味論的な内容の方である。

一九八〇年代以降のルーマンの著作には、二つの大きな柱がある。一つは『社会システム』から『社会の〜』の連作（『社会の理論』著作群）へ向かうコミュニケーションシステム論の構築であり、もう一つは『社会構造と意味論』の連作で展開された、意味論の歴史的分析である（終章参照）。八〇年代以降のルーマンはシステム論と意味論をコインの裏表のように探求していったわけだが、理論的にもシステムと意味論は裏表になっている（注4参照）。

システムが先か意味が先か。単純な二項対立をこえて、もっと根底的な水準で、その問いは響きつづけている。

5・5 一般理論の自閉

5・3と5・4での定式化はあくまでも私が再構成したものであり、その正否は今後の研究に委ねるしかない。その過程でルーマンがより論理的に整合的な議論をしているとわかれば、喜んで自分の誤りを認めよう。ルーマン語を使わずにあえて定式化したのも、その方が多くの人にとっては、ルーマンの議論とどこが同じでどこがちがうか、そして私の定式化のどこが誤りでどこが誤りでないかが、より判断しやすいからである。

私にとって重要なのは、私が、あるいは私がその著作を読んでいる誰かが、世界を一番良く記述する一般的な枠組みを提示することではない。世界をかなり良く記述する枠組みを使って、言い換えれば、それがどこまであてはまりどこであてはまらなくなるかをつきつめて考えることで、一つ一つの具体的な事象をより良く探ることである。枠組みが完全である必要はない。枠組みの一般性や完全性を主張することで、具体的な事象を一面的にしかとらえられなくなるとしたら、本末転倒だ。

私がルーマンの七〇年代の相互作用システム論に興味をもったのも、それがシステム論の一般的な図式からずれているからである。「人として同定する」という区別はシステムを生成しないが、この形の区別が働くと考えれば、おしゃべりや話しあいをより良くつかまえられる。その着想がとても魅力的だった。高度に理論的な考察を展開しながら、具体的な局面では経験的な事象にそってしまう。そういう風に、二つがきわめて高い水準でせめぎあう。私にとって、ルーマンの面白さや楽しさはそこにある。

ルーマンのシステム論の意義はこれまで、もっぱらその一般理論性に見出されていた。パーソンズとの継承関係やJ・ハーバマスとの対立関係も、一般理論としての優劣の形で議論されてきた。彼自身も自らのシステム論をそう位置づけている。

けれども、コミュニケーションが全てそうであるように、語り手の意図は語られた意味ではない。意味は意図を裏切っていく。ルーマンのシステム論も一般理論を意図していたが、その意味は別のところにあるのではないか。むしろ、一般理論になろうとする地点で、ルーマンの理論は整合性を失う。

それがルーマンを秘教化してきたように思う。ルーマンの議論はたしかに魅力的であり、よく考えられており、不整合を感じても特定するのは容易ではない。ルーマンの専門家でない人間にとっては特にそうだが、不整合だという直感も否定しがたい。一方、ルーマンの専門家は専門家であるがゆえに、一般理論を強く志向し、一般理論としての不整合が見えなくなりやすい。そのすれ違いが秘教に見せてきたのではないか。

一般理論であることだけが理論の意義ではない。机の上で抽象的に考えるだけで世界の全てがわかる必要なんてない。一般理論への自閉を解くことこそが、より良くルーマンを読む途につながるのではないか。この再反論を書いて、あらためてそう思った。

注記

（1）もちろんウェーバーの理解社会学は記述形式の一つにすぎない。別の記述形式に書き換えた方が、より良くルーマンのシステム論を受け継ぐ可能性はある。例えば三谷（2005）、酒井・小宮（2007）参照。以下の議論は、理解社会学の延長として書き換えることが最善だと主張するものではない。

（2）ここで長岡氏が特に「相互作用」と訳された理由はわからなかったが、私はむしろ「相互行為」の方がいいのではないかと考えている（⇒4・2）。

（3）ここに「固有値 Eigenwerte」の問題がでてくるのではないか（⇒5・3）。

（4）したがって、システムの同一性の自己生成には、「要素」としての行為やコミュニケーション—「全体」としてのシステムという意味論的形式が決定的に重要になる。この形式がない場合にシステムがどう同定されるのかは、大変厄介な問題になる（⇒2・11、5・3、5・4）。

（5）現実には、おしゃべりと組織や機能システムの間にはいろんな中間形態がありうる。それらをきちんと議論する上で、ルーマンの概念群は有効に使える。例えばP・ブルデューが乱暴に使い回す「界」ももっと見通しよく整理できるだろうし、日本語の「壇」、文壇や論壇もそういう方向で分析できるだろう。だが、そのためにも、それぞれが理論上、明確に定義できなければならない。

例えば渡會（2006）のように、相互作用における「人格」を社会学でいう行為期待と同一視した場合、パーソンズ的な相互行為と区別できなくなる。そもそも社会学でいう行為期待は「居合わせていること」を前提にしない。だが『社会システム』以降の定義では、こう解釈してもまちがいではない。

(6) 三谷武司氏の指摘による。第三章注6参照。

(7) いわゆる「社会学の根本概念」で、ウェーバーは「行為」と「行為連関」を互換的に用いながら、行為の「思念された意味」を複雑な形で定式化している。ジンメルの「形式／内容」はルーマンの「形式／媒質」を思わせる。ルーマンのシステム論はパーソンズの行為システム論よりも、むしろ第一次大戦前のドイツ社会学の行為論や形式社会学につながるのではなかろうか。ルーマン自身はウェーバーをパーソンズ的に理解しており（Luhmann 1978 など）、「単純な社会システム」注4でフォン・ウィーゼの関係概念を退けているが、関係的にとらえること自体は否定しない（Luhmann 1972 : 33-34 = 1986 : 34）（⇒5・1）。

　歴史的に遡ると、この原子的／関係的という項のとらえ方のちがいは、キリスト教とユダヤ教のテキスト解釈論にすでに見られる。福留・佐藤（1996）、佐藤（2006c）参照。

(8) 私自身は先行コミュニケーションと後続コミュニケーションの間での意味の相互参照が二重の不確定性だと考えている。人間はつねに時間的に非対称な世界を生きており、可能性の条件として、非対称でない原初状態をおく理由はないからだ（⇒4・11）。

(9) 詳しくは第五章5節の準手続き論を参照。

(10) さらに掘り下げるためには、D・デイヴィドソンの「根本的解釈 radical interpretation」の議論なども視野に入れる必要があるだろう。例えば分析哲学の「善意の原則 principles of charity」がコミュニケーションやコミュニケーションシステムとどう重なりどう重ならないかは、charity が他者への働きかけであることもふくめて、きわめて興味深いが、そこまで考察を広げる余力は残念ながらない。

(11) もともと脱パラドクス化とか脱トートロジー化と呼ばれる事象はかなり広い範囲をさす。何を具体的に想定するかで、中身は大きくかわってくる。

　例えば教育システム論では「社会化の内面化」が「パラドクス」とよばれている。もし完全な自律や完全な他律があるとすれば、これは論理的な逆説になりうるが、どちらもないとすれば、当たり前の事態である。ルーマン自身も「社会化は内面化できない」と述べた後にすぐ留保をつけている（Luhmann 2004b：96）。他の論文でも慎重な書き方をしており（：230）、「論理が破綻する」だけでなく、「不明確な立場や決定不能な命題が生じる」ことまで「パラドクス」に含めている（：98、なお今井 2004 参照）。

論理的に対立する二極の間の関係性にはさまざまなものがありうる。つねに全てが決定不能になるわけでもないし、必ず二極の間を循環するわけでもない。全てが決定不能になったり、二極の間を循環するのは、「起源」や「本質」みたいな形で、強い自同性があらかじめ読み込まれている場合が多い。

例えば、反省的な同一性を保持するシステムが具体的に変動する環境に対応する状況では、システムは同一でありながら変化しなければならない。組織システムや機能システムなど、同種のシステムが複数並存するケースでは必ずそうなるが、それは当事者水準での同一性の意味論的特性、つまり「内」の意味論の特性による（⇒5・3〜4）。こういう事態も「脱パラドクス化」と呼べないわけではないが、広く緩く使えば使うほど、術語の分析的な意義は薄くなる。

一般理論の水準での部分的解決の不可能性はこれらとはちがった問題である。

間奏1　システムの世紀末　Niklas Luhmann, *Soziologische Aufklärung 2*

1

「二〇世紀――私の一冊」。そういう題で書いてほしいと依頼されて、私ははたと困ってしまった。

私が専門とする社会学は二〇世紀にできた学問である。E・デュルケームとM・ウェーバーという社会学の古典は、まさに一九世紀から二〇世紀への転換期に書かれた。つまり、社会学自体が二〇世紀の産物なのだから、そのなかから一冊選べというのは、社会学を一冊で要約せよというようなものではないか……。

しかし、私の困惑の本当の源はもう少し別なところにあったようだ。一冊ではなくて四、五冊、というわけではない。「一冊」というまとまりにならないのだ。例えば、二〇世紀の最も優れた社会学者をあげろといえば、私はためらわずにM・ウェーバーとN・ルーマンをあげるだろう。だが、この二人の著作を「一冊」の単位で考えることができないのである。

編纂史的な議論が今も続くウェーバーはともかく、ルーマンについては意外かもしれない。実際ルーマンというのはとても多産な人で、分厚い本を何冊も書いている。特に八〇年代半ば以降は『社会システム』『社会の科学』『社会の芸術』『社会の社会』といった大著を文字通り連発しており、ふつうの意味での「代表作」には事欠かないのだが、なんというか、これらから「一冊」という必然性を感じることができないのだ（おかげで今だに最後まで読めていない……）。

一見体系的《システマティク》なこれらの著作が、私にはどこか空ろに思える。部分部分はとても示唆的で、その思考の苦闘の跡は圧倒的でさえあるのだが、それが同時に、言葉の上に言葉をつみかさねた、言葉の空中楼閣にも見える。たとえていえば、ルーマンのシステム論の重要な知見の一つは「閉じていない」ということだと思うが、「閉じていない」「閉じていない」と抽象的にくり返せばそれ自体閉じてしまう――そんな種類の空虚さをおぼえてしまうのだ。

2

それはおそらく、二〇世紀における「体系《システム》」の宿命なのだろう。一九世紀にその理念型がつくられた体系《システム》は、その外に立つ神の視線があってはじめて完結する。二〇世紀的にはむしろ、体系が信憑されるには神の目を仮設する必要があるというべきなのだろうが、ともかく、(1)世界に単一の秩序があり、(2)その秩序の全体を把持できる特権的な観察者があり、(3)それをそのまま言葉＝概念の体系に写像でき、(4)それゆえ一冊の書物のなかに世界が内在できる――簡単にいえば、体系《システム》とは、聖書を聖典とする西欧キリスト教的な神の影なのである。

この神はいわば体系に外在するがゆえに内在する。その力学を一番よくわかっていたのはやはりヘーゲルだと思うが、逆にいえば、そうした条件がなければ、体系を体系として語ることはできない。世界の全体を一冊の書物にすることができないのである。世界が全体としては語りえないという意味でも、そして書物が「一冊」という完結した体系性をもちえないという意味でも。

そうした一九世紀的な体系《システム》の成立しなさの上に二〇世紀はうかんでいる。ウェーバーの著作群の多くが未完におわっているのは有名だが、それはたんに中途であるというだけでない。むしろ未完さの必然性とでもいうべきものが感じられる。例えば彼の方法論はしばしば本当に唐突に終わるのだが、あたかも方法論がもはや真実性を担保しえない事態を予感しているかのようである。

彼の最も体系的な著作とされる『宗教社会学論集』についても同じことがいえる。この論集の構成は、実はヘーゲルの『歴史哲学講義』とよく似ている。内容もさることながら、中国《シナ》からインド、ユダヤをへてヨーロッパへという、極東から極西への空間序列がそのまま古代から近代への時間序列に置換される——そのパノラマがとてもヘーゲル的なのだ。だが、ウェーバーはもはやヘーゲルにはなりえない。彼のパノラマでは、画面と画面の継ぎ目が目に見えてしまう。というか、どこまで意図的かは知らないが、テキストが書き加えられていくにつれて、ウェーバー自身の手でパノラマ性が壊されていくのだ。むろん、だからこそ、私たちにとって彼は二〇世紀の社会学者なのであるが。

それでもウェーバーの時代であれば、「体系ができない」ということで何かを語りえた。方法論を完結させないことで方法論を示しえた。体系のなさがあまりに自明のこととなった現在、私たちはどうやって語ればいいのだろうか。

ルーマンの著作をつらぬく苦しみというのは、まさにそういう種類のものだと思う。「ルーマンはむずかしい」とよくいわれる。「メタ理論ばかりいって」ともいわれる。それは部分的には誤解だが、部分的には誤解ではない。理論というものがそれ自体で真理性を担保できない空間に私たちはいる。それゆえ、理論の正しさをさらに理論的に言及するという営みを強いられる。理論を語ることが同時にメタ理論を語ることになってしまうのだ。そのちがいはせいぜい、理論への素朴な信頼の量にすぎない。特定の理論に、あるいは理論一般により多くの素朴な信頼をもっている人にとっては、ルーマンは過度にメタ理論的に映る。それが誤解の半面である。

だが、本当に問題なのは、たとえメタ理論的視点を反省的に組み込んでも、それが答えにはならないことだ。メタ理論はメタメタ理論をうみだし、メタメタ理論はメタメタメタ理論をうみだす。そのメタメタ……の果てを見通せる特権的な観察者はもういない。だから本当は、この無限が収束するとも発散するとも、あるいは無限につづく観察をただやりつづけるだけだ、とさえいえないのだ。そこでなお言葉を継ごうとすれば、言葉の自己増殖になってしまう。それが「メタ理論ばかり」が誤解でない半面である。

今の私たちの目の前には体系の影さえない。神の死すら聞こえないその空間では、現実に、いや具体的に、モノと言葉＝論理《ロゴス》が高速度でぶつかった瞬間にのみ、何かが見えるのだろう。その一瞬だけ、世界はその姿を閃かす。それを根拠づけることはもはやできないが、その手応えだけは残る。

だからあえて「一冊」という形にこだわるとしたら、私にとってこの「一冊」といえるのは体系的な著作のどれでもない。手応えというか、現実感《リアリティ》というか、それがちがうのだ。冒頭にあげた『社会学的啓蒙2 *Soziologische Aufklärung 2*』という本、いや短編集は、実はそういう意味での「一冊」なのである。一編一編がより具体的で説得力に富むのもさることながら、それをこえて、短編集としてしか描かれないような私たちの世界をかいま見せてくれる——そういうリアリティがあるのだ。

3

この本のなかであつかわれるのは、おしゃべりのノリや援助《ヘルプ》、世界社会などである。システムがありそうにないところにシステムを見出す——その犀利な経験的分析の冴えがこの短編集の命である。おしゃべりは歴史に本質的に依存するがゆえに根底的に覆される、とか、贈与とはシステムの把持できる時間地平の関数なのである、といったあざやかな切り返しを読むと、背筋がゾクゾクする。

おしゃべりは相互に知覚可能な圏にあるがゆえに、きわめて強い注意と集中を要求する、それによって全ての話題が必ず直前の話題に関係づけられる、だからおしゃべりには現在しかなく、「である」と「べきだ」の区別が、いわば倫理が存在しない……。近代社会は援助を社会問題の解決とすることによって、何が援けられるべきかを、社会内で局所的に、文字通り voluntaristic に定義可能にした、それによって組織による援助を可能にしたが、それはまさにその定義可能性によって限界づけられてしまう、そのため援助には強い個人化と強い組織化が同時に要請されてしまう……。

もとより彼の議論全てに納得できるわけではない。結論ではなく、議論の展開のさせ方、その深度の開き方がどうしようもなく魅力的なのだ。例えば、ルーマンと同じ主題を後追いするA・ギデンズなどと読み比べると、それはよりはっきりする。ギデンズは良識的であり（現代においてそれは決して無視できない次元《ディメンジョン》である）、現在の英語圏では例外的に深い社会学者でさえあるが、思考の密度の差はいかんともしがたい。

しかし、世界をシステムで覆おうとするその情熱《パッション》に圧倒されながらも、そこに本源的な違和を感じるのもまた事実である。「テクノクラート」とか「システム帝国主義」といった批判はどうでもよい。ルーマンにとって最も本質的な困難は、彼がシステム論を展開すればするほど、どこか「システムおたく」に見えてしまうところにある。システム論の限界に誠実にとりくめばとりくむほど、世界をそう見ることの意味、あるいは無意味を想起させてしまう。「コミュニカティヴに相互に到達可能なあらゆる行為の包括的なシステム」という全体社会の定義などを読んでいると、なぜそうまでしてシステムとして描きたいのか、という思いを禁じえないのだ。

おそらくそれは、二〇世紀の終わりに「体系《システム》」を語ることの受苦《パッション》なのだろう。特権的な観察者がいない。それは理論と物語の区別がつかないことを意味する。実際、社会科学の自称「理論」のほとんどは、今や、物語との境界を曖昧にぼかしながら、だらしなく生き延びようとしている。そこにはもはや「越境」の緊張感や高揚感すらない。

そのなかであえてシステム論たろうとするルーマンの力業は傑出している。「閉じていない」にしても、メタ理論や方法論でいっても無意味で、遂行《パフォーマティヴ》的にしか指し示しえない。

ルーマンは具体的な切断面の冴えにおいてそれを示しうる、数少ない人間であった。けれども、そのルーマンにおいてすら、いやそのルーマンだからこそ、なぜシステムと呼ばねばならないのかという疑問を消去できない。「システム」を、あるいは「秩序」を見出すこと自体の閉域を私たちは感受してしまう。

『社会学的啓蒙2』はちょうどその微妙な均衡の上にたっている。そして、その閉域を消去しようとして、八〇年代半ば以降のあの大著の大量生産が始まるように思えるのだ。何かを語るというよりも、語れないがゆえの、饒舌。

その苦しみ、あるいはいらだち。たぶんそれに最も近接しているのは、J・デリダやM・フーコーではなく、もう一人のドイツ語の思索者、F・キトラーだと思うが（⇒序章）、この二人がともに複数形の「システム Systeme」を語りつつ、言葉の堆積のなかに空ろに埋もれていった姿こそ、二〇世紀なのだろう。

だとすれば、そのむこうにしか、今の私たちが語るべき言葉はない。

第三章　コミュニケーションシステムへの探求　社会の秩序とシステムの存在

1　ルーマンのシステム論

システム論の最先端として、「コミュニケーションシステム」や「コミュニケーションシステム論」が語られてひさしい。社会学の解説書や入門書だけでなく、最近は思想や文芸評論でも見かけるようになったが、それ何？　と訊かれると、困惑する人が多いのではないか。

コミュニケーションシステムはドイツの社会学者、N・ルーマンが『社会システム』(Luhmann 1984＝1995,96) で定式化したものだ。その後、いろんな人がこの名を使っているが、ルーマン自身の議論はあまり理解されていない。二次文献に頼った解説や批判も目立つ。

最先端かどうかなどどうでもいいが、ルーマンのコミュニケーションシステム論は真面目に受け取めるべきだと私は考えている。システム論としてだけでなく、社会科学が追いかけてきた「社会とは何か？」という問いへの、答えの一つとしても。その意味では、コミュニケーションシステム論はごく正統的《オーソドクス》なものである。決して完成された理論ではなく、コミュニケーションシステムとは何かですら、さまざまな可能性があるが、なぜこう考えなければならないのかは、はっきりしている。

ここではそういう視点から、『社会システム』とその後に出た『社会の社会』(Luhmann 1997)をもとに、コミュニケーションシステム論を理解する一つの見取り図を描いてみよう。ただし、ルーマンのコミュニケーションシステム論は決して読みやすいものでない。後で述べるように、それ自体もコミュニケーションシステムとは何かを語っているのだが、ここでは大胆に補助線を引いて、読み解いてみる。

2　行為システムとのちがい

よくある誤解から話を始めよう。

コミュニケーションシステムをめぐる素朴な誤解は、これを(A)メッセージの伝達行為の集まりと考えるものだろう。(A)は伝達行為の行為システムであって、コミュニケーションシステムではない。

では(B)「社会は行為ではなくコミュニケーションからできている、だから社会システムはコミュニケーションシステムである」はどうか？　これはコミュニケーションシステムだろうか？　前後の文脈によるが、こういう形で言われるのも行為システムであることが多い。

コミュニケーションシステムと行為システムをわけるのは、要素が行為かコミュニケーションか、ではない。行為にせよコミュニケーションにせよ、要素を原子のように捉えるかどうか、である。システムを原子論的に捉えるかどうか、と言い換えてもいい。

行為システム論は要素―全体のあり方を原子論的に捉えている。例えばT・パーソンズの『社会体系論』(Parsons 1951＝1974) のように、行為という要素（基本単位）が実在し、その組み合わせで全体ができている、とする。こう考えるかぎり、その要素を行為と呼ぼうがコミュニケーションと呼ぼうが、コミュニケーションシステムではない。正確にいうと、要素―全体関係のあり方とは独立に要素があると考えるのが、要素が実在すると考えることであり、行為システム論的なのである。

コミュニケーションシステムか行為システムかは、要素―全体関係のあり方で決まる。(B)が行為システムっぽいのは、そこがぬけているからだ。ルーマンも(B)のように書くので誤解しやすいが、コミュニケーションシステム論は、「社会は〜からできている」の「〜」を行為からコミュニケーションに換えたものではない。要素―全体関係そのもの、つまり「〜」と「社会」の関係を新たに考え直そうとした。そこが一番重要な点である。

3　行為の非原子論：文脈と解釈

最低限これだけ頭にいれておけば、『社会システム』は読める。というか、ここがわかっていないと読めない。『社会システム』を読むことは、なぜ行為システム論的に考えられないのか、なぜコミュニケーションシステムなるものを考えざるをえなかったのか、を考えることなのである。

したがって、それにどう答えるかで読み手の読解力も試されるわけだが、私の解釈をいえば、行為システム論は二つの地点で破綻する。

第一は、要素である個々の行為を具体的にどう同定できるのか、である。行為システム論では行為はその意味で同定され、意味は行為者の意図で同定される。だが実際には、行為の意味、すなわち「これはどういう行為か」は決して自明ではない。自分は好意＝「手助け」でやったのに、相手に悪意＝「攻撃」ととられた経験は多くの人にあるだろう。

日常ではそういう行き違いがたえずおきる。いや、行き違いがおきたかどうかすら、はっきりしない。それがどんな行為なのか確認されないまま、行為に新たな行為がつながっていく。つながっていくことで、前の行為は「こういう行為だ」と事実上（＝遂行的《パフォーマティヴ》に）同定される。裁判のように、どういう行為だったか明示的に争われるのはごく稀なケースにすぎない。

その裁判にしても、厳密にいえば、前の行為が何であるかを明らかにするわけではない。裁判は

　　　　　　　　　　　　　　　　　　　⟶文脈になる
前の行為（列）：…］［　］［　］［　］［　］　⇔　［　］：後の行為
　　　　　　　　　　　　　　　　　　　⟵解釈される

図3.1　行為─コミュニケーションの相互参照

それがどんな行為かを解明するというより、確定する。つまり、いったん空白にした上で、新たに書き換える。

したがって、確認プロセスがあるかどうかも決定的なちがいではない。いずれにせよ、前の行為が何であるかは、後の行為に依存する。そして、その後の行為が何であるかもそのさらに後の行為に依存し、そのさらに後の行為もそのさらにさらに後の行為に……、となる。論理的にはそう考えるしかない。行為はいわば事後的に成立する。

といっても、後の行為が全てを自由に決めているわけではない。後の行為は前の行為（列）につながることで、前の行為がなす文脈のなかにおかれる。その文脈のなかで自らの意味を成立させる。だから、あわせていえば、前の行為がなす文脈のなかにおかれた後の行為が前の行為を解釈していく（図3・1参照、ただし［　］の幅やつながり方も本当は可変的）。単純化すれば、前の行為が後の行為を決め、後の行為が前の行為を決めるわけだ。

「行為」を「言葉」に換えれば、テクスト読解と一見よく似ているが、行為することには、言語学における単語のような、自明な基本単位もない。もちろん「テクスト」や「物語」のような、全体性を裏で保証してくれる観念も持ち込めない。[(1)]

ここから二つのことがいえる。(1)行為（＝私たちがふだん「行為」と呼ぶ何か）は原子みたいなものではない。(2)行為が何かを不確定のまま、私たちは行為できる。

(1)は注意ぶかい観察者には昔から気づかれていた。例えばM・ウェーバーは「行為」と「行為連関」を同義的に使う。パーソンズのように行為を原子論的に捉えるのは、決して自明でもないし、伝統的な考え方でもない。戦前のドイツ社会学では行為連関で考えるのがあたり前だった（⇒第二章注7）。M・ハイデガーの「用在性 Zuhandenheit」やK・レーヴィットの「共存在 Mitsein」もそういう文脈で捉え直す必要があるだろう。

(2)はなかなか気づきにくいようだが、日常生活で行為の意味をいちいち確認していれば、強迫神経症よばわりされる。いやそれ以前に、(1)を認めれば(2)を認めざるをえない。(1)に気づいた観察者、例えば私やあなたもそれで行為できなくなりはしないからだ。行為が何かを確定したり、確定すると思わせたりする一般的なしかけはいらない。第二章4節で詳しく述べたように、つねに行為の背後にあって、行為を成立させる隠れたメカニズムをおく必要はない。

4　コミュニケーションという要素

第二の破綻は、原子論を徹底させるとはっきりする。

物質は原子からできているというのが本来の原子論だが、例えば原子と原子の間には、原子を結びつけるクーロン力が働いている。クーロン力は光子の交換だから、もっと基底的な水準では原子論的に説明できるが、原子の水準では、原子だけで全体ができているわけではない。原子だけでなく、原子と原子を結びつける何かが必要になる。

「社会は行為からできている」でもそうだ。行為が社会を構成する原子であるならば、バラバラな行為と行為を相互に結んでいる力や関係がなくてはならない。行為システム論では、そこに行為者を持ち込んで、行為を結びつける役割をあたえている。つまり、実際には「社会は行為と行為者からできている」になっていて、結局「社会は人間からできている」とあまり変わらない(2)。

行為を原子論的に考えた場合、社会を記述するには、諸行為を結びつける行為外在的な力を新たに導入しなくてはならない。つまり原子論的に考えると、原子論的に考えられなくなるのだ。それをさけるには、G・ライプニッツの「単子《モナド》」のように、要素そのものに相互の関係性を内蔵させるしかない。

ここにシステムの要素を「行為」ではなく、「コミュニケーション」とする必然性がでてくる。

コミュニケーションも行為も本来は無定義語だが、行為がより原子論的であるのに対して、コミュニケーションは自らに関係性を内蔵している。そのため、他の要素がなければ一つの要素もないことだけでなく、要素を他の要素がつくることもより自然に表せる。具体的にいえば、コミュニケーションなら「他のコミュニケーションがなければ一つのコミュニケーションもなく、『コミュニケーションできない』こともコミュニケーションされるしかない」といえるが、行為ではいえない。

それゆえ、行為とちがって、コミュニケーションは行為者という概念を密輸入せずにすむ。そのかわり要素と全体は同時成立になり、素朴な原子論はやはり破綻する。「コミュニケーションは情報と伝達と理解からなる統一体」というルーマンの有名な定義(例えばLuhmann 1984 : 203 = 1995 : 230)は、そういうあり方を表現したものだと私は考えている。情報というモノがあって、それが伝達されたり理解されたりするわけではない。この点については第四章でもう一度ふれよう。

5　システムの存在問題を解く

二つの破綻点は同じ事態を指し示している。私たちが行為していることは、行為システム論的な意味での行為ではないのだ。だとしたら、それは何で、どうやって全体がありえて、さらにいえば、その要素はなぜ原子論的に捉えられたりするのだろうか。

その問いに答えようとするのが、コミュニケーションシステム論なのである。もし非原子論的な意味での行為のシステムがあるのであれば、それは3節で述べた(1)(2)をみたさなければならない。物理学風に喩えれば、(1)(2)は非原子論的なシステムが存在する境界条件をあたえるわけだ。

この「システムの存在問題」にルーマンが出した解がコミュニケーションシステムだ、と言い換えてもいい。二重の不確定性、行為、構造、全体社会といった社会学の基本的な概念や、境界、複雑性、行為システムといった従来のシステム論の概念もその上で再構築される。『社会システム』第四章「コミュニケーションと行為」からいくつか引用しよう。

> コミュニケーションは直接観察されない、ただ推測されうるだけである。観察されうるために、あるいは自分自身を観察しうるために、コミュニケーションシステムは自らを行為システムとして旗づける。(S.226,p.259、傍点部は原文イタリック、以下同じ)

> それぞれの選択が他の選択を導き、かつその導くものと導かれるものがつねに反転しうるかぎり、コミュニケーションは対称的といえる。……コミュニカティヴな出来事のなかに行為という了解を組み入れることで、コミュニケーションははじめて非対称化される。……行為を通じて、はじめてコミュニケーションは単なる事象として、特定の時点に固定化される。(S.227,p.260)

行為は帰責 Zurechnung のプロセスを通じて構成される。(S.228,p.261)

そうした時点化 Punktualisierung と非対称化 Asymmetrisierung の援けをかりて、はじめて自己産出的 autopoietisch なシステムは自らを造りうる。そうすることでのみ、つながりうる Anschlußfähigkeit という問題は認識可能な輪郭をえる。……社会システムはそれゆえ、自らを行為システムとして構成するが、そこでは行為のコミュニカティヴな文脈を必ず前提にする。再生産の要素から再生産を可能にするためには、行為とコミュニケーションはお互いに不可欠であり、お互いにともに働きあっていなければならない。(S.233,p.267-268)

社会システムは何からできているかという問いには、それゆえ、二重の答えがあたえられる。コミュニケーションから、そして行為としてのその帰責から、である。(S.240,p.276)

ルーマンはここで非原子論的な行為のシステムを、①システムを構成するが直接観察できないコミュニケーションと、②システム内で事後的に描かれる描像(＝自己記述)としての行為、という二重性で捉えている。コミュニケーションは①「対称的」な、すなわち互いに互いを決めあうという非原子論的性格をもち、それゆえ特定時点に帰属しえないが、「帰責(帰属)のプロセス」を通じて、②行為という特定時点の事象として観察可能になる。——まるで量子力学の「電子の波の観測問題」みたいな話だ。ルーマンがどこまで意識していたかはわからないが、「対称性」や「不可逆性」の注記ではI・プリゴジンも引用されている（S.71,p.460)。

言い換えれば、『社会システム』のコミュニケーションシステム論は、行為システム論を包摂する形になっている。原子論的な捉え方は本当はまちがいだが、システムの観察の必然的な結果でもある。裁判のような「帰責のプロセス」がすべてのシステムで働いていて、原子論的な行為や行為システムがあるかのように見せているわけだ。システムの自己産出もその働きを介して進んでいくと考えられている。

おそらくルーマンは、事後的にせよ行為として強く特定化されないと、コミュニケーションも「つながりえ anschlußfähig」にくいと考えたのだろう（S.192-193,p.216-217)。また、そう考えることで、行為システム論を近似的な描像として包摂できる。『社会システム』を読み解く鍵はこの二重性にある。コミュニケーションシステム論というより、コミュニケーション／行為システム論といった方がいいくらいだ。

6　行為することの不確定性

『社会システム』は行為システム論を退けて、コミュニケーションシステム論を立てたが、同時に、コミュニケーションシステムにとって原子論的な行為記述は不可欠だとした。——やはり物理学風に喩えれば、コミュニケーション（≠非原子論的な意味での行為すること）には、Δ伝達$\times\Delta$情報$\geq k$みたいな不確定性があるが、[3]「つながりうる」ために、原子論的な行為として確定されていく。

社会学の術語系でいえば、kは二重の不確定性の大きさにあたる（これはルーマン自身の「二重の不確定性 doppelte Kontingenz」と必ずしも同じでないので、小文字のkで表しておく。⇓第二章4節、および第四章参照）。馬場靖雄によれば、「DK［= doppelte Kontingenz］における抹消しがたい差異と、その結果生じる規定不能性のゆえに、そこに社会的確実さが無媒介に接続される……そして一度設定された社会的確実さは、以後の作動がそれに接続され続けている限り……後続の諸作動の「根拠」として現れてくる」（馬場 1995：76、［ ］内は佐藤による補足）。

ルーマンが再定式化した二重の不確定性はパーソンズの「鏡像」モデルとはちがい、決して解消されないものだが、『社会システム』の議論では、その許容される度合いkは観察できないくらい小さい。それゆえ、二重の不確定性は①「コミュニケーションできない」という形でさらなるコミュニケーションへ促すとともに（⇓4節）、②確定的な行為や行為システムという輪郭をよび寄せる、というやはり二重性をもつ。だから、二重の不確定性を解消したとする（つまり$k=0$とおく）パーソンズの行為システム論とも接続できる。

この不確定性をどう位置づけるか、言い換えれば境界条件(2)をどうあつかうかは、大きな争点になると思う。私自身は第二章で詳しく述べたように、不確定性に気づいた観察者も行為している以上、kはかなり大きいと考えている。3節で述べたような行為の描き方は常識を覆すものだが、それで発狂するわけではない。例えば、馬場の言葉を借りれば、「設定された……確実さ」が無根拠だとシステム論やシステム論者はわかっているはずだが、それで行為できなくなるわけではない(4)。原子論的な行為や行為システムの形で自己記述するのは、法や組織といった特定のシステムの挙動で、コミュニケーションそのものの成り立ちとは関係ない(5)と考えている。

この立場を徹底させると、システムの存在問題は「一般解なし」になる。つまり、コミュニケーションシステムを一般的に立てる必要はない。むしろ、つねにシステムがあると考えたから、行為することの不確定性も（わずかしか）許容されないと考えざるをえなかっただけだ。kが観察できないくらい小さいとするのは、「つながりうる」ためではなく、行為システム論的な発想から抜け出していないからではないか。

7　「コミュニケーション」定義の変位

もちろん、ルーマンはそうは考えなかった。「システムがある Es gibt Systeme」は彼にとって大前提である。だが、あるいは、だからこそ、彼のいうコミュニケーションシステムはゆれている。

一九九一―九二年の講義録『システム理論入門』(Luhmann 2004a = 2007) でもゆれが見えるが、『社会の社会』(Luhmann 1997) になるとコミュニケーション一元論にかなり近づく。それを表面的に捉えれば(B)になるが、『社会システム』の鍵がコミュニケーション／行為の二重性だったとすれば、根底的な変更が起きたことになる。例えば『社会の社会』ではこう述べてある（S.72-73）。

> コミュニケーションの作用の時点被拘束性は、情報と伝達の差異の観察にもとづく、理解の時点に結びつく。理解はコミュニケーションを事後的 nachträglich にうみだす。……コミュニケーションは（つまり社会は）自らに必要な理解を自ら調達しなければならない。それはコミュニカティヴな出来事のネットワーク化におけるさまざまな非任意性 Nichtbeliebigkeit によって、すなわちコミュニケーションプロセスの自己言及的構造によって生じる。なぜならどんな個々の出来事も、それが他を指示し、他が意味しうることを制約し、まさにそうすることで自分自身を規定する dadurch sich selbst bestimmt ことでのみ、その意味作用（=理解度）を獲得するからだ。そのようにコミュニケーションシステムはその作動においてのみ存る。

『社会の社会』では、コミュニケーションは時点に帰属しうる。それゆえ経験的にも観察可能だが、それが何かは、すなわちその意味は、他のコミュニケーションによって、それゆえ（他のコミュニケーションもそうであるがゆえに）自らによってうみだされる。したがって、新たなコミュニケーションが接続されれば、その意味も変わってくる。いわば、そこにあり、意味が成り立っている（=伝わっている）が、その内容は本源的に不確定でありつづける何かとして、コミュニケーションが考えられている。

その上で、それが特定の選択としてさらに抽象化される水準で、行為への帰責 Zurechnung が起こる。「帰責はそれらのシステムに内在する出来事（自己産出）にではなく、つねにそのふるまいにのみ関わる」（S.333、なお注２５１も参照）。行為の形での原子論的な自己記述は、システムの成立そのものには関わらない。いってみれば、システム境界を事後的に主題化するみたいなことだ。

正直いうと、この辺の解釈はかなり微妙になる。『社会システム』にもっと近い形で読むこともできるだろうが、論理的に考えて、二重の不確定性は解消される必要がなく、さらに『社会の社会』前後から「（システムが）自らうみだす非規定性」といった概念が新たに出てくる（第四章３節参照）。それらを考えあわせれば、『社会システム』とはちがう、新たな定式化がうまれつつあったのではないか。

６節で述べたように、行為システム論は行為することの本源的な不確定性を認めない。『社会システム』は *k* を認めるが、コミュニケーション／行為の二重性をおくことで、観察不能なコミュニケーションの側に封じ込めようとした。

例えば「コミュニケーションはいわば後部から可能にされる」という事態を、予期の予期という形で行為論的に位置づけたのも（⇓第二章４・４）、その中途半端さの表われではないか。予期の予期ならば、従来の行為システム論や経済学のゲーム理論で十分記述できる事態であり、行為とちがう水準でコミュニケーションを考える必要はない。『社会システム』には、そういう不徹底さがあちこちに見られる。コミュニケーションシステム論へ転回したというより、転回途上にあると考えた方が、すっきり理解出来る著作だ。

それに対して、九〇年代のルーマンは、そのコミュニケーション／行為の二重性をすて、*k*にもっと正面から向きあおうとしたのかもしれない。(6)『社会の社会』でのコミュニケーションは原子的な行為でもないし、『社会システム』でのような、観察不能であるがゆえに直接ふれずにすむものでもない。不確定でありながら観察可能な何かである。そういうものを具体的にどう定式化すればいいかは、第二章4・7で例を述べておいた。

境界条件(2)のあつかいとしてもこの方が適切だと私は思うが、だとすれば、『社会の社会』は『社会システム』とは別の解を出したことになる。解くというより、別の方向性が見出されたといった方がよいだろうが。

8　コミュニケーションシステム論とは何か

二つの定式化を比べてみよう。

『社会システム』の定式化では、コミュニケーションは本来、観察不能で不確定な何かである。したがって、カントの「もの自体 Ding an sich」のように、「そこにコミュニケーションがあるはずだ」と論理的に推測できても、経験的な属性は記述できないはずだが、『社会システム』のなかでもそれで一貫しているわけではない。

例えば、コミュニケーションシステム論の解説では、よく「『コミュニケーションできない』ともコミュニケーションされる」とされる。ルーマン自身はかなり慎重に書いているが、それでも「コミュニケーションについてもコミュニケーションされうる」(S.210,p.239) と述べている。このコミュニケーションされる「コミュニケーション」は行為 (=コミュニケーション的行為) なのだろうかコミュニケーションなのだろうか。もしコミュニケーションならば、どうして対象として同定できるのだろう?

ルーマンは「反射的 reflexiv なコミュニケーションではコミュニケーションそのものが情報としてあつかわれる」というが (S.210,p.240)、なぜそこで情報ではなくコミュニケーションがあつかわれているといえるのか。もし行為として確定しているのならば、なぜ「コミュニケーション」と呼びつづけるのか。『社会システム』ではコミュニケーション／行為が本質的に区別されるので、これは深刻な問題になる。

それに対して『社会の社会』の定式化は、コミュニケーションも経験的に観察できるとすることで、この問題を消している。正確にいえば、消したというより、不確定なコミュニケーションがどう特定のシステムへ同定されていくのかという新たな問題に変換した。

例えば先の引用で、ルーマンはあっさり「非任意性」というが、自が他を規定し他が自を規定する循環はどのくらい収束する (=自と他を特定する) といえるのか。あるいは収束するとしても、循環は新たなコミュニケーションが接続すればその都度成立するわけで、それらがなぜ同じ一つだといえるのか。

「システムだ」というためには、本当はそれらの疑問にきちんと答える必要がある。『社会の社会』でも、そこはまだごまかされているように思う（S.74-78)。そのため、不確定なコミュニケーションがいつのまにか特定のシステムにすりかわっていく。

問題を消したというより変換した、というのはそういう意味だ。コミュニケーションシステム論というが、『社会の社会』でも「コミュニケーションがある」と「システムがある」の間には、まだ考えつめられていない空白がある。それが彼のシステム論を読みにくくしてきたが、逆にその空白をめぐる試行錯誤と考えれば、『社会システム』も『社会の社会』もずっと読みやすくなる。5節の言い方を使えば、それに「システム」という語をあてる十分な理由はまだ提示されておらず、空白として開かれている。そう考えた方が面白いし、論理的にもはるかに明確になる。

コミュニケーションシステムが何かは、今も一つに決まったわけではない。ルーマンの著作のなかでもゆれている。したがって、現時点でコミュニケーションシステム論とは何かといえば、境界条件(1)(2)の下でシステムの存在問題を解くことだというのが一番的確だろう。ルーマン的にいえば、この問題を解くという機能的等価性で定義される。解のなかにはもちろん「解なし」もふくまれる。

別の言い方をすると、要素と全体が同時成立するコミュニケーションシステム論には、要素からいかに全体がつくられるかという「社会の秩序問題」は存在しない。その代わり、それがどうやって一つの要素―全体として特定されるかという「システムの存在問題」あるいは「システムの同定問題」が出現するのである。

従来のルーマン理解の多くは、この点に鈍感だったと思う。例えば第一章と第二章で見てきたように、具体的な個々のシステム同定がはたして可能かどうかはあまり厳密に考えられていない。けれども、コミュニケーションシステム論が「社会の秩序問題」を「システムの存在問題」に変換するとしたら、個々のシステムの識別可能性は一般理論の水準でも決定的《クリティカル》な意義をもつ。

9　組織システムとコミュニケーションシステム

経験的分析に応用する場合でも、ここをどう考えるのかは一番面白い問題になる。

7節と8節で述べたように、行為システム論からコミュニケーションシステム論への転回も、『社会システム』から『社会の社会』への展開も、問題を解いたというより、変換したものだ。空白は依然残っている。だから、経験的な分析で使う場合には、その変換で何が開かれ／閉じられたか、言い換えれば、それぞれの定式化でどこが見えやすくなり見えにくくなるかを比較検討する必要がある。ルーマン的な言い方をすれば、どれが真理かではなく、等価機能分析の形でそれぞれの機能を捉える必要がある。

簡単な例を一つあげておこう。

組織システムも法システムも行為を確定的なものとしてあつかう(⇒第二章4・7)。明確に誰(個人にせよ法人にせよ)の行為かが同定できるとされているが、第五章で詳しく述べるように、組織では法に比べて、行為帰責が事後的に変更される度合いがはるかに強い。組織では行為の意味が事後的に変動しやすく、それが組織独自の「合理性」(ウェーバー的な意味での)をつくりだしている。

『社会の社会』の定式化では、コミュニケーション自体は不確定のままでかまわない。必ずしも行為として原子論的に同定されなくてもよい。裏返せば、行為としてどのように同定するか、その同定のあり方自体がシステムそれぞれの特徴であり、システム形成を通じて操作される変数と見なせる。そう考えれば、法と組織それぞれでの行為帰責での確定性の強さ弱さは、それぞれの「システム合理性Systemrationalität」のあり方、すなわちシステム境界を保持していく等価な戦略として位置づけられる。

それに対して、『社会システム』の定式化では、行為帰責はシステムそのものの存立要件なので、行為帰責の確定性の強さ弱さは持ち込みにくい。全てが同じくコミュニケーションシステムである以上、全てで同じく行為帰責されると考えざるをえない。

その点では『社会の社会』の定式化は新たな記述可能性を開くが、反面、この定式化ではコミュニケーション／行為の区別が二次的になって、システムの存在問題が見落とされやすい。特に、組織システムは行為帰責の事後的な変更可能性を制度的に組み込んでいる(⇒第二章3節、第五章参照)。その点で、組織システムの行為はコミュニケーションシステムのコミュニケーションとよく似た作動をする。だから、うっかりすると組織システムがコミュニケーションシステムそのものに見えてくる。

もともとルーマンは経験的な記述では、コミュニケーションシステムに近い発想をとっていた。例えば相互作用システム Interaktionssystem は、七〇年代初めから自己産出的な形になっている(⇒第一章、第二章)。「コミュニケーションはいわば後部から可能にされる」という着想は、H・マトゥラーナたちの「オートポイエーシス」だけでなく、ルーマンが積み重ねてきた組織の実証的な分析にも由来する可能性はある(奥山 1986,1987 参照)。

だが、理論上は、組織システムはあくまでもコミュニケーションシステムの一つにすぎない。組織での行為の不確定性とコミュニケーションシステムでのコミュニケーションの不確定性は明確に区別する必要がある。コミュニケーションの不確定性とは、法での行為の強い確定性と組織での行為の弱い確定性をともに可能にする何かにあたる。

経験的な分析を進める上では、ここはかなり複雑な論点になる。三つの間の関係をどう考えるかは、いくつかの可能性があるからだ。

例えば、やはり第五章と第六章で詳しく述べるが、近代では会社から「社会」がつくられたように、社会的な事象が組織の形で主題化される。それゆえ組織以外の、例えば法のような機能システムも組織に近い形で理解されやすい。そして組織がその同一性を法から借りているとすれば、機能システムは本当は法と組織という具体的な制度の合成体《キメラ》なのかもしれない。

経験的な分析だけならば、機能システム論は「機能分化」とよばれる事態をそういう形で主題化したものだと考えることもできる。これはこれで興味深い視点だが、一般理論には使えない。システム論として一般性を主張するためには、コミュニケーションシステムを安易に組織システムで代補せず、システムの存在問題にある程度答えなければならない。わかりやすくいえば、不確定なコミュニケーションがどんな形で・どの程度特定できるようになるかに、ある程度見通しをつけておく必要がある。第二章5節で述べておいたのは、私なりのその素描でもある。

『社会の社会』の定式化では、『社会システム』の定式化よりもシステムの存在問題が見えにくい。それが『社会システム』に比べて論理的にはより整合的であるにもかかわらず、どこか底浅く、どこか空虚に感じられる理由であり、(A)や(B)のようなゆるい「コミュニケーションシステム論」が濫造される理由でもあるのではないか[7]。

この点は第二章3節で述べたように、ルーマンのシステム理論の根幹に関わってくる。次の第四章であらためて詳しく論じよう。

10　システム／環境図式をこえて

というわけで、コミュニケーションシステム論は未完成どころか、本格的に考えられ始めたばかりだといっていいが、行為システム論が破綻しており、それに代わる新たなシステム論がもしあるとすれば、コミュニケーションシステム論である。そのことだけはまちがいない。ルーマンはその着想をH・マトゥラーナたちの「オートポイエーシス autopoiesis」から得たとされる。

これはやはり幸運な出会いだったと思う。ルーマンの「オートポイエーシス」理解がどこまで妥当かは別にして、この語に出会わなければ、コミュニケーションシステム論は生まれなかったのではなかろうか。『社会学的啓蒙1〜3』では、システムの「自律 Autonomie」はよく出てくるが、システムの「自己 Selbst」はほとんど語られない。

序章で述べたように、ルーマンは経験的な直観にすぐれた人で、行為システム論の破綻はよくわかっていたが、[8] システムの自己を別様に考えるのは苦手だったのではないか。コミュニケーションシステム論へ転回した後も、かなり中途半端だった。『システム理論入門』の編者、D・ベッカーは「ウムベルト・マトゥラーナのオートポイエーシス概念からジョージ・スペンサー-ブラウンの区別の算法への、ゆっくりした強調点の移動」があったというが（Luhmann 2004: 8 = 2007）、むしろスペンサー-ブラウンの助けを借りて、ようやくマトゥラーナたちのオートポイエーシス概念を本格的に取り込めたといった方が適切だと思う。[9]

河本英夫が『メタモルフォーゼ』で指摘しているように、ルーマンにとって一番自然なシステムの捉え方はシステム／環境図式だったのだろう（河本 2002: 68、第四章注4参照）。システム境界は繊細にあつかうが、システム自体はかなり実体的に捉える。[10] それが『社会システム』でのコミュニケーション／行為の二重性や、『社会の社会』での特定のシステムへのすり換わりにつながっている。

ただ、これも単純にルーマンの限界だとはいいがたい。序章で述べたように、自己産出《オートポイエーシス》自体は本来かなり自然な考え方である。それだけに、それだけをとりあげても、「自己が自己をつくる」みたいな自明な言明に終わりやすい（Luhmann 1995：86＝2004：78）。『社会システム』以降もルーマンはシステム／環境図式にしばしばずれこむが、彼の実証の冴えもこの図式から来る。ルーマンのシステム論が何をどう説明しているのかには、複数の焦点があるようだ。

だから、経験的な分析では、システム／環境図式の歪みをその都度解除しながら考えていくのも有効なやり方になる。例えば、観察者にとっても不確定だという意味で、システムという捉え方自体を近似的なものとしてあつかう。社会科学に自己産出論をあてはめる場合、システムの同一性を安易に想定してしまうと、社会的事象を実体化しすぎる（⇒第二章2節〜3節）。その点を考えると、こういうやり方の方が「二分コード」や「複雑性」などの着想をうまく活かせる場面も多いのではないか[11]。

近似解だとすれば、当然、複数の解がありうる。量子力学が好き（？）な人なら、システムの存在問題は虚数《イマジナリー》をふくむ複素空間でしか解けなくて、その観測可能な面だけを実数《リアル》空間で経験しているのだ、といいたくなるかもしれない。気持ちはわかるが、この水準ではもはやよい喩えにはならない。数学風にいえば、境界条件(2)は数学と超《メタ》数学の区別をむずかしくするからだ。それは有限の立場を強くとらせる。言い換えれば、境界条件(2)を認めると、私たちの経験が実数になぞらえられるかがそもそもあやしくなる[12]。

11　道標として

くり返すが、コミュニケーションシステム論は始まったばかりである。どこに行きつくかもよくわからないが、なぜこう考えざるをえないかでいえば、これはごく正統的な議論である。

要素—全体の捉え方としては、ライプニッツにまで遡る。communication, operation, contingence, function などは、ライプニッツの術語でもある。社会学の基本概念としては、「社会システム」を最初に提唱したパーソンズをこえて、ウェーバーの着想に直接つながる。旧くて新しい主題を、あらためて正面から考えていくものだ。

コミュニケーションシステム論が最先端だとすれば、何よりもそういう意味においてである。だから、コミュニケーションシステム論を妙にもちあげるのも、私は肯定できない。空白があることは致命的な欠陥ではないが、空白があるのを見ないことは致命的である。

『社会システム』や『社会の社会』で出された解は、完全なものではないし、十分なものでさえない。だが、そんなことでルーマンのシステム論の意義は失われない。コミュニケーションシステムとは、何よりも、何を考えるべきかを指し示す道標なのである。

注記

（1）佐藤（2006）参照。「テクスト」や「物語」はかなり素朴なシステム境界の一つである。

（2）「行為という概念はその背後に人間がいるとか、人間が行為の原因や担い手や主体等々であるといった観念をほとんど強制的に示唆する」（Luhmann 2004a：250＝2007）。行為の非原子性に関するより精密な分析は、北田（2003）第一章など参照。

（3）kはもちろんプランク定数hの類比だが、喩えなので、「コミュニケーションの波動方程式」や「華厳経的システム論」なんて考えないでほしい。解析力学のような厳密な定式化なしに、表面的な類似性を追ってもむだだ。序章注4、および山下（1980）参照。

（4）馬場による「二重の不確定性」の解釈は馬場（1995）参照。私自身は第二章で述べたように、これは通常は解決する必要がないと考えている。したがって、ルーマンの議論がどうであれ、二重の不確定性が確実性をうみだすとは考えていない。

（5）詳しくは⇒第一章。組織と法に関しては第五章参照。

（6）三谷武司氏から、ルーマン自身はKontingenzをもっぱら「偶然性」の意味で使っており、ここでいう「確定性／不確定性」に近い術語はBestimmtheit／Unbestimmtheitではないか、という指摘をうけた。Kontingenzだけで考えた場合、これは妥当な理解だが、Kontingenzやdoppelte KontingenzとBestimmtheit／Unbestimmtheitの関係は、『社会システム』以降、特に『社会の社会』以降で大きく変化する。第四章参照。

（7）八〇年代までの学説史的展開は、長岡克行「コミュニケーションと行為」（佐藤勉編 1997に所収）が簡潔にまとめている。

(8) 理論的にも Luhmann (1978) ですでに「時点化 Zeitbindung」がでてくる。これからもわかるように、コミュニケーションシステム論では時間（時間の制度や意味論ではなく！）が一つの焦点になる。だから、(C)「二〇〇六年の社会」「二〇〇六年のシステム」といった表現もコミュニケーションシステムではない。「ルーマンの『コミュニケーション』は空間だけでなく時間にも開かれており、それゆえ語り手＝観察者を最初からまきこむ。その点で〝交通〟と決定的にちがう」（佐藤 2005c : 215）。

(9) 日本語訳では「ジョージ・スペンサー-ブラウンの区別の算法からウムベルト・マトゥラーナのオートポイエーシス概念へいたる緩やかな重点の移動」(p.7, 第一版第一刷) だが、原文では "eine allmähliche Verschiebung des Akzents vom Autopoiesisbegriff Humberto R. Maturanas auf George Spencer-Browns Unterscheidungskalkül" なので、こう訳しておく。

(10) ルーマンにとっての「システムがある」がどんな論理操作に等しいかは、三谷 (2005) も参照。

(11) 複システム記述の問題もこの方向で解消すべきかもしれない。この点は第八章でも少しふれたが、本格的には考えたことがないので、はっきりした見通しはない。

(12) スペンサー-ブラウン代数の「再参入 re-entry」は無限を密輸入している（⇒序章注1）。ルーマンの「再参入」はかなり独自なもので（村上 2000 参照）、「環境」イメージの生成ならば無限はいらないが、「解決できない不定性」などもふくめて、どこまで本当にスペンサー-ブラウン代数を前提にしているかは慎重に検討する必要がある。第四章参照。

第四章　システムの公理系　作動の閉鎖性と「他でもありうること《コンティンゲンツ》」

1　閉じているから開いている？

1・1　社会的なることへの問い

ニクラス・ルーマンの魅力の一つは、心をくすぐる奇抜な表現にある。機能-構造主義から意味システム、構造と過程、自己参照、反射《レフレクシヴィテート》と反省《レフレクシオン》、分離《アウスディフェレンツィールンク》（分出）、コミュニケーションシステム、さらには自己産出《オートポイエーシス》や媒質《メディウム》などもとり込んで、多くの魅力的な術語と警句を送り出した。とりわけ有名なのが「閉じているから開いている」である。「自己参照的閉鎖性 Geschlossenheit

が開放性 Offenheit をつくる」(『社会システム』S.25,p.13) や「システムはその閉鎖性を根拠にして環境開放的 umweltoffen に作動する」(『社会の社会』S.97) など、システムは作動的に閉じている、だからこそ環境に対して開いているという議論だ。

これはシステム論だけでなく、社会学一般、さらに広く視野をとれば、例えば、公共性をめぐる理論にとっても重要な問いになる。公共性が何らかの形で社会的なることと Das Soziale にとって決定的な意義をもつとすれば、公共性への問いは社会的なることの自己観察という性格を必ずもつからだ (Luhmann 1987a など参照)。いうまでもなく、ここでの「社会的 sozial」は広く曖昧な意味でしかなく、その「自己」こそを厳密に考えつめる必要があり、この二重の問いが正当かどうかもそれ次第で変わってくるが(1)。

だから、社会的なるものの閉じと開けをめぐる問いは、理論社会学の課題であるだけでなく、公共性とは何かにも直接つながってくる。それこそ公共と近代的な社会概念の相容れなさを指摘したH・アーレントの思考にしても例外ではない (Arendt 1958＝1973)。むしろ、以下の議論を読んでいただければおわかりのように、コミュニケーションシステムをめぐる問いは、公共性をめぐる彼女の思考にも近づくことになる。第五章の官僚制論にも当然関わってくる。

もちろん、コミュニケーションシステム論それ自体にとっても、閉じと開けをどう考えるは決定的な鍵をにぎる。事実、この「閉じているから開いている」はルーマンのコミュニケーションシステム論の最も重要な主張であり、おそらく最も難解な主張の一つだろう。ここにつまづいて、ルーマンのシステム論を理解するのをあきらめた人も少なくないのではなかろうか。
この章では次の二つのことを示す。

i：閉じているから開いているとはいえない

ii：それでもルーマンのシステム論は面白い

コミュニケーションの自己産出、つまり［このシステムの］コミュニケーションは［このシステムの］コミュニケーションからのみ生成し、接続し接続されていく。なお、以下ではコミュニケーションの自己産出とシステムの自己産出を論理的に区別するため、［システム……］という表記を使う（⇓第二章3節、2・6参照）。

1・2　公理系として

「作動の閉鎖性 operative Geschlossenheit」（「作動の継起 operative Schließung」ともいう）は、コミュニケーションシステムの大きな特徴である。

以前は、いわゆる開放系／閉鎖系の話と混同されることもあった。最近ではさすがに素朴な誤解は少なくなったが、十分に理解されているとはいいがたい。難解な抽象論として敬遠される一方で、変に神秘化されてもちあげられたりする状況が続いている。

作動の閉鎖性は、本来、きわめて単純な事態である。それゆえ、いろいろな命題と両立する。「開いている」すなわち「環境開放性 Umweltoffenheit」（『社会システム』S.64,p.58など）もその一つだ。作動の閉鎖性は環境開放性と矛盾しないが、作動の閉鎖性から環境開放性を導き出すこともできない。二つは独立の命題なのである。

作動の閉鎖性が難解だとされたり、神秘化されてきた理由もそこにある。二つは独立なのに、ルーマンは「閉じているから開いている」、すなわち作動の開放性から環境開放性が論理的に導かれるとした。そのため、作動の閉鎖性とは何かが、かえってわかりにくくなってしまった。

章の前半では、その点を緒《いとぐち》にして、コミュニケーションシステム論がどんな理論でありうるかをメタ理論的に明らかにする。ここでいう「メタ」は上位理論ではなく、「メタ数学」の「メタ」である。作動の閉鎖性、すなわちコミュニケーションやシステムの自己産出は、さまざまなコミュニケーションやシステムの定義と両立しうる。作動の閉鎖性に、コミュニケーションやシステムの定義を公理として付け加えることで、コミュニケーションシステム論はできあがっている。

だから、コミュニケーションシステム論は一つの真理ではない。いくつかの公理を組み合わせた公理系 system of axioms（axiomatic system）なのである。後でみるように、どういう公理系を採るかで、どんな事態がコミュニケーションであるか、そしてシステムであるかまで変わってくる。

逆にいえば、そういうメタ理論ができるくらいには、ルーマンのシステム論は論理的で体系的である。ドイツ語という現在ではかなり辺境化された言語で書かれ、独自の術語で見通しにくくなっているが、彼固有の言葉遣いでなければ理解できないわけではない。

もちろん、物理学モデルを下敷きにしていないので（⇒第一章）、橋爪・志田・常松（1984）がパーソンズの構造‐機能主義にあたえたような数理化はできないし、数理化すべきだとも思わないが、[2]例えば「コミュニケーション」も「システム」も、ルーマンのシステム論では、少なくとも日本語や英語の社会科学、特に社会学での通常の使われ方より、はるかに厳密に定義されている。その意味で、公理系として再構成できる、つまり論理的な定式化 formalizaton に十分耐えうる内容をもつことを、最初に強調しておきたい。序章で述べたように、私自身は、ルーマン本人が主張したよりももっと形式的に論理化できるとすら考えている。

「閉じているから開いている」にかぎらず、もしコミュニケーションシステム論にパラドクスがあるとすれば、それは作動の閉鎖性からではなく、付加された公理から来る。その公理を採らなければパラドクスは生じないし、採り続ければパラドクスがあり続ける。第二章でも述べたし、この章でも公理系の形で再度定式化するが、一般理論の水準では、脱パラドクス化はそういう単純な事態でしかありえない。

章の後半では、それをふまえて、どのようなコミュニケーションシステム論が展開できるかを、具体的に考える。自己産出はさまざまなコミュニケーションやシステムの定義と両立しうる。それゆえ、論理的に問題が少なく、経験的に妥当性が高い公理と組み合わせればよい。そうすることで、理論的にもより一貫性が高く、経験的にもより妥当なコミュニケーションシステム論を再構築できる。残念ながら私のあつかえる範囲をこえるが、その方向に進めることで、数理的なシステム論との接点もさぐれるのではないかろうか。

ここでは一つの例として、システムの再参入によらない形で機能システム論を書き換えてみる。ここで提示するのが最良のコミュニケーションシステム論だとはいえないし、いうつもりもない。私が主張したいのはただ一つ。コミュニケーションシステム論はさまざまなものがありうる。そのうちどれが良いかを理論的に決めることはできない。

だからこそ、コミュニケーションシステム論は経験に開かれている。これはむしろ具体的な分析において真価を発揮する理論なのである。

2　システムの内と外

2・1　二つの差異

システムは「閉じているから開いている」。内しかないからこそ、外を感知できる。この不思議な事態は、例えば『社会システム』(Luhmann 1984) では次のように述べられている。

社会システムはその環境についてコミュニケーションできるだけでなく、環境に対するその差異（例えばその境界やその要素の特別な構成的特徴の表象）を内的なコミュニケーションにおいて利用できる。言い換えれば、社会システムは、システム／環境差異をシステムへと再導入しwiedereinzuführen、その助けによって、自己観察と自己記述と反省の過程を情報的に遂行する状態にある。（S.640,p.863-864)

この再導入はスペンサー-ブラウンの術語をかりて「再参入 re-entry」とも呼ばれる。内だけでつながるシステムが外を感知するには、内でない＝外を（再び）内にする必要がある。そう考えれば、この呼び方も少し納得できるが、どうやってそんなことができるのかは、少なくとも一見したかぎりでは、かなり謎めいている。

謎解きに入る前に、語られている内容を暫定的に確認しておこう。ここでは、二種類の差異（境界）がいわれている。最初の「環境への差異」は、「境界や要素の特別な構成的特徴の表象」という表現からもわかるように、システムあるいはそれに相当する観察者が抱いているシステム／環境差異のイメージである。それに対して、第二の「システム／環境差異」は「再導入」という語からわかるように、実在するシステム／環境差異である。

つまり、「境界」と呼ばれるものには二種類ある。内部イメージと実在の境界だ。後者の成立には前者が関わることが多いが、イメージがそのまま境界になるわけではない。もちろん、ルーマンのシステム論でもこの二つはちがう。

境界というと、国境などの空間的な境界線を想像しやすいが、コミュニケーションシステム論は境界を空間的な形では考えない。システムの自己産出の考え方では、システムの要素がシステムの要素をつくる。システムの要素はシステムにとって内だから、要素が産出される、すなわち要素として接続し接続されるまさにそのことによって、内と内でない＝外との区別が成立する。システムの要素の産出によって内／外境界も産出される。つまり、システムはその作動の継起によって境界をつくっていく。

作動の継起によって境界すなわちシステム／環境差異ができる。それが作動の閉鎖性だが、だとすればなおさら、その差異がシステムの内部に再び入る＝「内的なコミュニケーションにおいて利用できる」というのは不思議に思える。実在のシステム／環境差異が内部イメージの「システム／環境差異」（以下、イメージの方を「　」つきで表記する）にどうやって転化するのだろうか。

2・2　自己産出における内／外

このシステムの再参入を長岡克行は次のように解説している（長岡 2006：454-455）。なお「作動 Operation」は長岡（2006）では「操作」と訳されている（⇒第二章2・1）。

コミュニケーションは伝達と情報とが区別され、この区別が理解されることによって成立するのであり、コミュニケーションの接続と続行にあたっては、つねに伝達と情報という区別を使う観察がおこなわれなければならなかった。この観察においてコミュニケーションの再帰的な結合の選択性が気づかれ、そしてそのことでもってコミュニケーションに属するのではなくて環境に属するものにも気づかれる。それ自体はコミュニケーションではないものについての情報が、コミュニケーションにおいて顕在化され、処理される(4)。こうした次第で、コミュニケーションのネットワークのなかで何にどのように接続していくのかを探すにあたって、外部言及がつねに随伴する。(p.454、なお原文の「コミュニケーションおいて」を「コミュニケーションにおいて」に変更した)

私なりに言い換えると、コミュニケーションの自己産出では、接続し接続されることが最も基底的な事態である。接続し接続されることでコミュニケーションはコミュニケーションになる。そして接続し接続されることで、コミュニケーションのなかで接続そのものとは関わらないこと＝「それ自体はコミュニケーションではないもの」が区別される。だから、コミュニケーションの接続は、接続そのものに関わる／関わらないことという区別をともなう。それが伝達(自己言及)と情報(外部言及)の区別である。コミュニケーションの接続には、接続そのものに関わらないことという区別とそれへの指し示し、すなわち外部言及が随伴する。

それが環境への開けを用意する。

コミュニケーションは自己（コミュニケーション、すなわち操作）を観察できるし、観察できなければならない。この観察を使いつつ接続コミュニケーションが重ねられていくことで、操作的に閉じた社会システムが形成される。そしてコミュニケーションの続行の結果としてこの社会システムに一定の複合性が構築されていくと、もともと伝達（システム自身の操作への言及）と情報（環境への言及）の区別が使えた社会システムは、システム自身の操作への言及だけではなくてシステムそのものへの言及を含めた意味での自己言及（システムという単位体への言及）と外部言及（環境への言及）という区別をも使えるようになる。というのも、外部言及によってシステム自身ではないもの（環境）への言及を重ねていくうちに、システムはやがて環境に対する距離を獲得し、環境の反対の側である自己（システム）への関心を、さらに自己同一性への関心を抱くようになるからである。（p.455）

接続し接続されることで、接続そのものに関わる／関わらないという区別が成立する。その区別が重なっていくと、接続そのものの全体／そうでないという区別が生まれる。それがシステムそのものへの自己言及につながる。

このことに加うるに、システムへの明白な関心が生まれることによって、**自己に言及**（**システムに言及**）する**コミュニケーション**と**外部に言及**（**環境に言及**）する**コミュニケーション**との差

> 異が、そしてそのことでもってコミュニケーションにおいてシステムとその環境との境界が判然と、浮かび上がってくる。そのときには、どのコミュニケーションにおいても境界が現前している。（p.455）

自己言及／外部言及、つまりシステム内部の「システム／環境」イメージに、システムと環境の境界、つまりシステム／環境差異が引き写されるというわけだ。これがシステムの再参入である。

> 情報はシステムのなかでのみ、システムの自己言及のおかげでのみ、システムの把握図式のおかげでのみ可能でありながら、それにもかかわらずシステムは情報を環境に帰属させることの最終的な理由は、ここにあたえられている。システムは操作的に閉じているのであって、操作によって環境に直接接触することはできず、環境に直接に介入することはできない。システムはその代わりとして、システムが内部でおこなう外部言及操作によって、外部世界に言及している。（p.457-458）

2・3　コミュニケーションの定義

とても明快な、良い解説だと思う。それだけに、作動の閉鎖性からシステムの再参入を導き出すために、何がつけ加えられているかがよくわかる。「〜ようになる」「〜でもって」など、ここで時間的展開のように語られていることは、全て前提の追加だと私は考えている。

最初の文では、コミュニケーションは外部の情報を知りうるとされている。これはコミュニケーションの定義から来ている。ルーマンはコミュニケーションを「情報、伝達、理解の三つの構成要素からなる」とした上で、伝達／情報／理解が並列する、すなわち「相互に前提しており循環的に結びついている」とする（『社会の社会』S.72）。

この三つの関係は、作動の閉鎖性（＝「操作的な閉じ」）から導かれるものではない。作動の閉鎖性とは、［このシステムの］コミュニケーションは［このシステムの］コミュニケーションにのみ接続し接続されてコミュニケーションになっていくことである。ルーマン自身の言い方では、「システム……を構成する諸要素がこれら諸要素自体のネットワークにおいてうみだされる」（同 S.65）にあたる。

そのためには、コミュニケーションにおいて「［このシステムの］コミュニケーションである」という同一性が何らかの形で成立していなければならない。この同一性は内部イメージとしての「内」、先の言い方を使えば、「接続そのものに関わる」という形での区別と指し示しにあたるが、あるコミュニケーションが接続し接続されるという、一つの事態において成立していればよい。コミュニケーションに関して作動の閉鎖性から導けるのは、このこと、すなわちコミュニケーションが同一性をもち、それを識別できることだけだ。

伝達、情報、理解が関わるのは、作動の閉鎖性そのものではなく、この「コミュニケーションである」という同一性の区別がどこで成立するかである。この同一性の区別は必ずしもそのコミュニケーションの内部で成立しなくてもよい。この区別は接続し接続されることにおいて成立すればよいからだ。そのどこで成立するかは、作動の閉鎖性からは特定できない。

具体的にいえば、少なくとも三つの可能性がある。①接続されるそのコミュニケーションの内部で成立する。②それに接続するコミュニケーションの理解の内部で成立する。③接続されるコミュニケーションの全てが接続に関わる。論理的にはどれもありうる。そして、そのどれであるかによって、伝達、情報、理解が互いにどんな関係にあるかが変わってくる。

①と②のちがいは、あるコミュニケーションでの情報／伝達の区別が、後続するコミュニケーションの理解によって変更できるかと同義である。例えば、ある会社組織Aのコミュニケーションでライバル会社Bに関して「B社の意思決定は素早い」と言われたとしよう。この情報（の区別）が後続するコミュニケーションのいかんにかかわらず、事実性を保つなら①になる。それに対して、例えば「あの発言は企画室が組織改革を進めるためのもので」とか「あの人は知ったかぶりだから」といった形で、［システムや人格 Person の］文脈すなわち伝達に結びつけて非事実化できるなら②になる。つまり、あるコミュニケーションのどこが情報でどこが伝達かの区別が後続するコミュニケーションの理解に依存しないのが①、依存するのが②である。

さらに、コミュニケーションが接続としての意味しかもたない、つまり全てが文脈に結びつけられるというあり方も考えられる。この場合、伝達と情報は区別できない。それが③である。やや旧い言い方だが、すべてのコミュニケーションが「ためにする発言」であるような事態にあたる。

②や③でも、コミュニケーションが作動的に閉じた状態は定式化できる。つまり作動の閉鎖性と両立するが、②や③では、そのコミュニケーションの内部で「それ自体はコミュニケーションである／ではないもの」が成立するわけではない。それゆえ、伝達／情報／理解という形にはならない。②では伝達／情報の区別が理解に依存するので、三つは同水準ではなく、(伝達／情報)／理解の形になる。③では伝達／情報の区別自体が成立せず、おそらく全てが伝達かつ理解になる。

ルーマン自身は、定義①を採っていると考えられる。あるいは、試行錯誤を重ねながらも、定義①を公理として主題化することはなく、伝達と情報と理解の関係を明示的に定義できなかった、といった方がいいかもしれない(図4・1参照)。

定義①では、後続するコミュニケーションの理解非依存的に伝達／情報の区別が成立する。その意味で、当該コミュニケーションの内部に「それ自体はコミュニケーションではないもの」という区別が成立する。言い換えると、①は定義によって、それぞれのコミュニケーション内部での「それ自体はコミュニケーションではないもの」の存在と取り出し可能性をあたえており、それがコミュニケーションの外部を参照できることを保証している。「伝達については、システムは自らを自らに関係づける。伝達は、再帰的にさらなるコミュニケーションをシステムに関係づける可能性を現実化する。それに対して、情報については、システムは典型的にはその環境に言及する」(『社会の社会』S.97)。

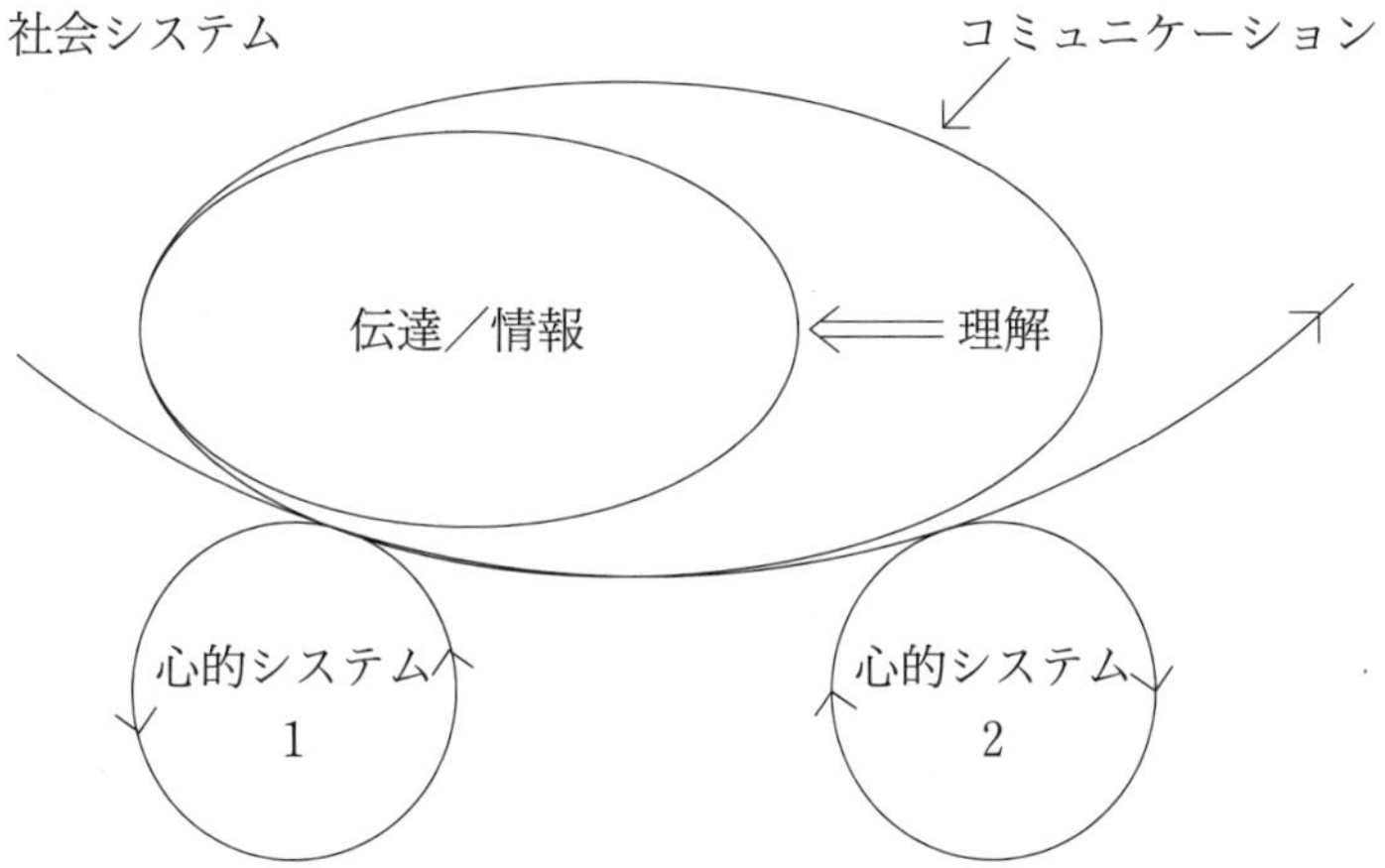

図4・1　長岡による「ルーマンのコミュニケーション」概念（『革命』p.288の図9）

この、コミュニケーション内部での「それ自体はコミュニケーションではないもの」という区別は、システムの再参入という作動《オペレーション》（操作）と論理的に同型である。そのコミュニケーションのなかに「コミュニケーションである／でない」という区別が成立することになるからだ（同S.98）。実際、これから見ていくように、この定義①にさまざまな公理が付加されて、システムの再参入が導き出される。逆にいえば、定義①にいくつかの公理を付加しないと、システムの再参入は導けない。また定義①ではなく、定義②にさまざまな公理を付加すれば、システムの再参入をともなわないコミュニケーションシステム論が構成できる。

2・4　二つの公理の比較

あたりまえだが、コミュニケーションをどう定義するかはコミュニケーションシステム論にとって、きわめて重要な論点になる。①か②か③か、どの定義を採るかで、コミュニケーションやシステムのあり方は大きく変わってくるからだ。第二章をすでに読まれた方はお気づきだろうが、これらはそのまま、コミュニケーションの事後成立性＝「コミュニケーションはいわば後部から可能にされる」とは何かへの、三つの答えになっている（⇒第二章4・4〜6）。

②や③と対比すればよくわかるが、定義①はコミュニケーションの内部に情報の実在を認めている。伝達／情報の区別が理解をきっかけに現実化するとすることで、その実在性を一段間接化しただけだ。「コミュニケーションはいわば後部から可能にされる」や「コミュニケーションは伝達と情報の間で区別され、その区別が理解されることを通じてのみ成立する」（『社会の社会』S.97）といった表現は、①②③のどれにも解釈できるが、システムの再参入を導き出せるのは①しかない。

①は一段ずらした伝送モデルともいえる。ルーマンは情報の実体視を「伝送のメタファー Übertragungsmetapher」として退け、コミュニケーションという事態は「客観的でも主観的でもない」と述べるが（同 S.72）、定義①はむしろどちらでもある。情報の文脈非依存的な取り出し可能性をおいた上で、その取り出しは理解によるとすることで、コミュニケーションを客観的かつ主観的なものにしている。

だからこそ、外を感知できるわけだが、これは言説分析における「「客観性」の一段ずらし」（遠藤 2006：37）と同じことになる。その点でいえば、①は共同主観性（間主観性）intersubjectivity のちょうど裏返しになっている。共同主観性は複数の主体を置いた上で、その間の共通了解＝合意がなりたつとすることで、主観的かつ客観的な事態をつくりだしているからだ。

また、定義の経験的妥当性の点でも、後で述べるコミュニケーション＝「システム」の公理ほどではないが、①には問題がある。伝達と情報の区別が後続する理解によって変更されることはめずらしくないからだ。したがって、①は何らかの形で緩める必要があるが、緩めれば緩めるほど、コミュニケーション［やシステム］が実在する外部あるいは内部を観察するとはいえなくなる。

これに対して、定義②は前提負荷が小さい分、経験的な妥当性は高いが、伝達／情報の区別が後続の理解に依存するので、情報の内容が後続するコミュニケーションの内部イメージになる。正確にいえば、内部イメージではないとはいえない。したがって、どんなに「情報」を積み重ね、外部言及と自己言及を重ねていっても、例えば「コミュニケーションにおいてシステムとその環境との境界が、判然と浮かび上がってくる」（長岡 2006：455）とはいえない。実在する外と内部イメージの「外」がたまたま一致することはあっても、両者の間に論理的な関連性はないからだ。

したがって、定義②からは環境開放性やシステムの再参入を導出できない。②でも伝達／情報の区別は成立しているので、観察という事態は成立する。だから、例えば外部観察者が特定のコミュニケーションでの外部言及と実際の外部を比較して、一致するかどうかを経験的に同定することや、コミュニケーションを個別的に同定することはできるが、その観察の事実性もそれに接続するコミュニケーションに依存する。また、情報と同じく伝達の内容も後続の理解に依存するので、システムの同一性を保持したまま、その具体的な内容が変動しうる。これは後で述べる「解決できない不定性unresolvable indeterminacy」の問題と密接に関わってくる。

一方、定義①ではコミュニケーションが自己自身を同定する形になるので、やはり間接的にではあるが、コミュニケーションは実体的なものになる。その点で、伝送モデルに近いだけでなく、帰責を通じてコミュニケーション一般が行為として確定されるという。コミュニケーション／行為の二重性の考え方にも近い。(⇒第三章)。逆に定義③では、社会科学という営みとの整合性が問題になるだろう。

なお「重ねていくうちに……浮かび上がってくる」と考えた場合、①の伝達／情報の区別の非依存性は確率的なものでもよい。わかりやすくいえば、接続される理解によっては伝達に結びつけられることもあるが、多くの場合は、否定しがたい事実性として保存される何かがある、としてもよい。非事実化の程度を確率的な誤差とみれば、中心極限定理のように、平均化でその程度が漸近的に小さくなるとも考えられる。先に述べたように、こう考えた方が経験的にもより妥当だが、その場合②とのちがいは広い意味では程度問題になる。

2・5　接続の選択性と「内」への感応性

定義①と②の比較からもわかるように、作動的に閉じていることと外部の情報を知りうることは論理的には独立なのである。ルーマンは、伝達と情報という形式の差異は、システムにとって、自己産出的再生産の不可避な条件の一つである。もしそれがみたされなければ、もはやコミュニケーションしていないこと Nicht-Mehr-Kommunizieren になり、システムの作動の終わりになる。（『社会の社会』S.97）

と述べているが、コミュニケーションの定義に伝達／情報の区別の理解非依存性を持ち込んでいるとすれば、これは単純な同義反復である。

この点でのルーマンの説明は、率直にいってあやしげだと私は考えている。例えば『社会システム』では次のように述べられている。

そういうシステムでは、この固有な機能作用 *Funktionieren* の水準では、環境との接触 *Umweltkontakt* はない。全体社会はその環境と mit ihrer Umwelt コミュニケーションできない。

……

環境への固有な作動様式の拡張を棄てることで、けれども同時に、システムはその本来の遂行の強化をおこなう。全体社会は環境 über die Umwelt についてコミュニケーションするだけだが、ただそれゆえに、全体社会は環境についてコミュニケーションできる。それに必要な距離を、もしかりに全体社会が環境とコミュニケーションできたとしたら、全体社会は失っていただろう。（『社会システム』S.557,p.745–746）

実在の環境「と mit」接触しないからこそ、それ「について über」コミュニケーションするのに必要な距離がとれるという議論だが、システムが環境と接触しないのであれば、そもそも距離をとる必要もない。環境と接触するシステムであれば、接触の程度が弱まるにつれて、「環境についての」コミュニケーションの密度があがることもありうるが、接触しないシステムでは、「もしかりに全体社会が環境とコミュニケーションできたとしたら……失っていただろう」という命題自体が意味をもたない。もし環境とコミュニケーションできたら、システム／環境の区別自体がない、つまりシステムなどどこにもないだけだ。

「環境とコミュニケーションする mit der Umwelt kommunizieren」という表現自体が無意味なのに、あたかも距離をとる必要があるように描くことで、二つの「コミュニケーション」に内在的な関連性があるかのようにいう。ルーマンはこうした「できないからできる」的な、いわゆる否定神学的な言明が好きらしく、ときどき目にするが、この種の言明はそもそも何もいっていない[(3)]。

作動の閉鎖性から何らかの傾向性を導けるとしたら、むしろ「内」への感応性だろう。作動の閉鎖性は特定の同一性＝「内」のコミュニケーションが「内」のコミュニケーションに接続することを要求する。それは「内」という同一性へ優先的に関心が向く、つまり自己言及操作へ感応的になることを意味する。

接続に選択性がある場合を考えればよい。例えば、「内」＝［このシステムの］コミュニケーシヨンとして、「内」＝［このシステムの］コミュニケーションに接続できるかが自明でなければ、「内」の同一性に敏感になるだろう。また、接続できるのは自明でも、どう接続するかに自由度がある場合には、「内」という同一性を保持しやすい接続の仕方が選ばれるであろう。つまり、接続に何らかの選択性すなわち複雑性（複合性）があれば、むしろ「内」により感応的になると考えられる。

接続の選択性は作動の閉鎖性からは導き出せないが、この何かからこの何かが産出されるのが自明な場合、自己産出的《オートポイエティシュ》な機制が特にとりあげられることはない。産出に自明でないところがあるからこそ、すなわち接続が選択的だからこそ、どのように接続しているかに関心が向けられる。したがって、作動の閉鎖性が問題になる状況を考えれば、接続の選択性は自然に想定できる。

これはコミュニケーションの定義①②③のどれでも成立する。つまり、コミュニケーションの自己産出では、「内」の同一性に感応的になる。これは「内でない＝外」の同一性に感応的であることと同義ではない。同義になるには、各「内／内でない」がつねに同じ全体を共有している必要があるが、第二章5節で述べたように、それぞれのコミュニケーションの接続において「内」という同一性があるとすれば、それぞれの「内／内でない」がつねに同じ全体をさすとはかぎらない。それには別の公理が必要である。

2・6 システムの定義と環境への感応性

くり返すと、接続に選択性があれば、「内」に感応的になる。つまり、「内」の同一性に関心が向くとはいえるが、その「内」はあくまでも個々のコミュニケーションの接続における同一性である。それをこえて、他の接続での「内」とも共通する一般性という意味での超《ハイパー》同一性が必ず見出されるとはいえない。例えば、第二章2節で述べたように、相互作用の定義βがコミュニケーションならば、「人として」という、各「内」間の同一性が保証されない形でも、その都度その都度の「人（の集まり）」を「内」としながらコミュニケーションが継起していく、と考えざるをえない。

裏返せば、個々の「内」をこえる超同一性が必ず見出されるというためには、それを公理にする必要がある。これはコミュニケーション群としての強い同一性をあらかじめ想定することにひとしい。つまり、超同一性が必ず見出されるとすることは、「システム」としての自己言及が必ずなされるという公理を立てることにつながる。厳密にいえば、システムは超同一性であるが、超同一性がシステムであるかは、ここで使っている術語の検出限界に近すぎて、明確にはわからないが。

したがって、「システム論では」という限定をつけておくが、これは「コミュニケーションがあればシステムである」と定義することにほぼひとしい。正確にいえば、このコミュニケーション＝「システム」という公理を立てれば、それぞれの接続での「内」の間に超同一性がすでにあることになる。この公理の下ではつねに超同一性、すなわちシステムとしての同一性が成立しているから、その否定形として、「システムでない＝環境」という超同一性への外部言及も同時に成立する。したがって、「内」への感応性は「内でない＝外」への感応性と同義になる。

長岡の定式化ではこれを、「外部言及によってシステム自身でないもの（環境）への言及を重ねていくうちに、システムはやがて環境に対する距離を獲得し、環境の反対の側である自己（システム）への関心を、さらに自己同一性への関心を抱くようになる」という形で説明している。ルーマンのシステム論は実際にそう語っていると私も考えているが、ここにはコミュニケーション＝「システム」という公理が使われている。それはシステムという超同一性が先取られ、そのシステムでない外部として、環境が想定されていることにひとしい[4]。

いうまでもなく、これはきわめて強い公理である。どんなコミュニケーションもシステムであり、かつシステムとして自己言及されていることになるからだ。第二章で述べたように、相互作用の「たいていの場合」（長岡 2006:485）や、全体社会システムの定義をルーマンの独創《オリジナル》だとした場合、少なくとも経験的には、この公理はみたされない。

コミュニケーションの定義①にこの公理を加えれば、システムの再参入が成立する。伝達／情報の区別が保たれ、「外」への強い感応性もあるので、システムは実在する外部を部分的に知ることができ、できるだけ「システム／環境差異」という内部イメージに転写しようとする。「システムは自らを観察する」といえる事態（例えば『社会の社会』S.86、前出『社会システム』S.640,p.863-864）は、ここでようやく成立する。転写すること自体がシステムの作動なので、転写することで「システム」は実在のシステムと必ずずれてしまうが、そのずれがさらによりよい転写を促すことになる。

　この、いかなるコミュニケーションにおいてシステムがあるのかにも、コミュニケーションの定義と同じく、複数の可能性がある。例えば、全てのコミュニケーションにシステムとしての同一性があるとはかぎらないとした上で、システムにあたるような超同一性が「自己」として言及（参照）されることでコミュニケーションが継起する場合にかぎって、システムがあると定義することもできる。具体的にいえば、組織ならば協働のような形で、制度ならば行為連関のような形で、相互依存的な要素の統一体《アインハイト》が当事者水準で見出されており、それを「内」としてコミュニケーションされていく場合である。

　これはコミュニケーション＝「システム」の公理よりもかなり弱く、経験的にも妥当性が高い（⇒第二章3節）。適当な名前がないので、システムの弱公理と呼んでおこう。この公理はシステムとしての同一性をあらかじめ置かないので、個々の同一性がどうやって成立してくるか／こないかを記述するのには向いているが、システムのような超同一性の成立を理論の内部では説明できない。

　なお、コミュニケーションの定義①を採れば、システムの弱公理の下でもシステムの再参入を導ける。また、コミュニケーションの定義②とシステムの弱公理の組み合わせでは、再参入を定理としては導き出せないが、再参入と同じ事態がたまたま出現することはありうる。その場合には、「システムは自己観察する」といえる状態が経験的に成立しうる。第六章ではこれにあたる事例をとりあげる。

2・7 内在する不定性

以上のように、作動の閉鎖性と両立するコミュニケーションの定義も、システムの定義も、それぞれ複数ある。だから、コミュニケーションシステムの公理系も複数あるが、もう一つ考慮すべき点がある。

作動的に閉じたシステムは自らから自らをうみだす。したがって、このシステムが変わっていくとしたら、自ら自らを変えていくしかない。そのためにはシステム内部にたえず不定性をつくりだす何かが必要になる。これは作動の閉鎖性から導かれる数少ない命題の一つだ。環境開放的であってもなくても、作動的に閉じたシステムが変動するには、「解決できない不定性」が欠かせないのである。

ルーマン自身はこの解決できない不定性をシステムの再参入から導き出している。そもそもこの語自体がスペンサー-ブラウンの『形式の法則』に由来する（長岡の定式化は、スペンサー-ブラウン代数に直接よらない形になっていて、この点でも明快な解説になっている）。システムの再参入、すなわちシステム／環境差異の内部転写はそれ自体が作動なので、ずれを決して解消できない。文字通り、解決できない unresolvable 不定性をつくりだす。(5) その点で、ルーマンのシステム論はたしかにきれいな構成になっている。

しかし、だからといって、システムの再参入が不可欠だとはいえない。コミュニケーションの接続には、もう一つ、不定性を導き出す途がある。コミュニケーションの相互到達性だ（⇒第一章、第二章）。

コミュニケーションの定義のところで述べたように、コミュニケーションは接続し接続されることで、コミュニケーションになっていく。それは先行するコミュニケーションの意味が後続するコミュニケーションによって、また後続するコミュニケーションの意味が先行するコミュニケーションによって規定されるということである。つまり、コミュニケーションの接続はそれ自体が循環的な非規定性 Unbestimmtheit、つまり不定性をもつ。

この循環的非規定性がどの程度の大きさになるかは、第三章で述べたように、コミュニケーションの定義による。もし定義①で伝達／情報の区別を非確率的なものだとすれば、情報の内容は後続するコミュニケーションに全く依存せずに固定される。コミュニケーションやシステムの挙動を左右するほどの循環的な非規定性は生じない。第三章の言い方でいえば、kはごく小さい。第二章で述べたように、私はこれは経験的にも論理的にも妥当でないと考えている。

それに対して、①を確率的なものだとすれば、伝達／情報の区別は確率的なゆらぎを必ずともなう。たとえ平均化すれば一定の幅におさまるとしても（より正確にいえば、分散の期待値がある値以下になるとしても）、ときには大きなずれが発生する。もちろん、平均化で確率的に収束するためには、一定の前提条件をみたす必要がある。

定義②においては、伝達／情報の区別は後続するコミュニケーションに依存するから、事後的にたえず書き換えられる可能性をもつ。それゆえ、循環的な非規定性kは大きい。定義③では、おそらく非規定性という形にそもそもならないだろう。

要するに、定義①を非確率的なものだとすれば、コミュニケーションの相互到達性による意味の不定性は小さい。だからこそ、これは一段ずらした伝送モデルになっている。それ以外の定義であれば、相互到達性による意味の不確定性は解決できない不定性になりうる。ただし、その大きさは伝達／情報の区別がどのくらい後続する理解に依存するかによる。定義①を確率的なものとすると、②とのちがいが程度問題になるというのはそういう意味でもある（⇒2・4）。

なお、この点に関わるように見える公理はもう一つある。コミュニケーション＝「システム」の公理だ。もしシステムが意味の不確定性を暫定的にせよ縮減するのであれば、この公理の下では、全てのコミュニケーションはすでにシステムなので、コミュニケーションの不確定性はすでに縮減されている。それゆえ、相互到達性がシステムを自己変化させていく不定性になるとは考えにくい。

第二章4節で述べたように、意味の不確定性を暫定的にせよ縮減しなければコミュニケーションが成立しないという議論は、論理的に誤っているといえる。それゆえ、ここではこの点は考慮しなかったが、もしシステムがこうした形で不確定性を縮減していると思っていれば、コミュニケーション＝「システム」の公理を採れば、相互到達性から不定性を導き出せなくなる。

2・8 コミュニケーションシステム論の複数性とパラドクス

もっと厳密に議論を追っていけば、他にも公理があるかもしれないが、少なくとも作動の閉鎖性をみたすコミュニケーションとシステムの定義は、複数ある。言い換えれば、コミュニケーションシステム論は作動の閉鎖性そのものではなく、それにどんな公理を付加するかによって特徴づけられる。コミュニケーションやシステムの定義によるちがいによって、複数のシステム論がありうるし、ちがった公理の組み合わせから同じ特性を導き出すこともできる。数学でいえば、選択公理ではなく、決定公理をもつ公理系からも微積分の操作が導き出せるように。

例えばシステムの「双安定性 bistability」を自己言及と外部言及の同時成立とその間の振動だとすれば、これは、システムの再参入を導き出せる公理系だけでなく、コミュニケーションの定義②とシステムの弱公理の組み合わせの下でも成り立つ。弱公理から、システムと環境という超同一性がありうることが、定義②から、その区別が解決されざる不定性をともなうことが、導けるからだ。ただし、この場合の双安定性は、実在する外部を内部転写するものではない。定義②では外部言及が実在の外部を反映しているとはいえないからだ。

簡単にまとめれば、以下のようになる。

(1) 作動の閉鎖性自体はきわめて単純な事態である。

(2) (1)より、「閉じている」と両立可能な命題は多い。それゆえ、環境開放性を「実在の外部に対して情報的に開いている」と定義し、それを「開いている」というならば、「閉じているから開いている」とも「閉じているから開いていない」ともいえない。

(3) (2)より、作動に閉じたシステムの理論が特徴をもつとすれば、作動の閉鎖性に何らかの命題が公理として付加されているからである。

(4) (2)と(3)より、それらの理論の妥当性はほとんどの場合、付加された公理の妥当性によって決まる。

すでに述べたように、ルーマン自身のシステム論は作動の閉鎖性に、コミュニケーションの定義①とコミュニケーション＝「システム」の公理を加えたものだと考えられる。この二つが「システムは自らを観察する」という形で表現されていて、そこからシステムの再参入や環境開放性が導き出される（『社会の社会』S.97など）。これはかなり強い公理系で、転回前のシステム／環境図式をオートポイエーシスにいわば再参入させた形になっている。

例えば、節の最初に引用した「自己観察と自己記述と反省の過程を情報的に遂行する状態にある」も、作動の閉鎖性以外から、つまり「閉じている」こと以外から導き出されている。だから「閉じているから開いている」とはいえないが、「開いていない」ともいえない。閉じていることからは、開いているとも開いていないともいえない。

そして、公理系が複数あるとすれば、脱パラドクス化の意味も大きく変わってくる。もし「閉じているから開いている」に何らかのパラドクスがあるとすれば、それはコミュニケーションの定義①やコミュニケーション＝「システム」の公理から来ている。だから、パラドクスを解消したければ、それらを公理としなければよい。

コミュニケーションシステムにパラドクスがあるのではない。強い公理を採ってシステムの再参入や環境開放性を理論的に証明しようとするから、パラドクスが生じるのである。数学のZ《ツェルメロ・》F《フランケル》公理系に選択公理を加えれば、さまざまな定理が証明できるが、いろいろなパラドクスも生じる。それと同じことだ。神秘めかして語る必要はない。

コミュニケーションシステム論は複数ある。そのうちのどれが妥当かは、理論の問題というより、実証の課題なのである。

3　コミュニケーションシステム論の再構築

3・1　環境開放性とシステム合理性

では、これらの点をふまえて、ルーマンのコミュニケーションシステム論をもう一度見直してみよう。

まず環境開放性に関していえば、例えば『社会の社会』では、

自己産出的システムは直接には、消極的な、すなわち規格化できない刺激に反応する。……その刺激可能性においてもシステムは、意識システムでも全体社会というコミュニケーションでも、完全に自律的である。……刺激はシステムの環境にあるのではなく、また、環境からシステムへ刺激が転移することもない。問題になるのはつねにそのシステム固有の構築であり、つねに自己刺激である――もちろん環境の影響をきっかけにしているが。（S.118）

と述べられている。システムの刺激は自己刺激であり、システムは環境に対して選択的にふるまうのではなく、刺激に対して選択的にふるまう。つまり環境を積極的に知るわけではないが、環境の影響をきっかけにした刺激はうける。ただし、そのシステム自身も自己刺激ができるので、刺激が全て環境によるものではない。

網羅的に調べたわけではないが、他の著作でも大体そう考えているようだ。

あらゆる自己産出的システム、それは自らを分離させ、そうすることでシステムと環境の区別の助けをかりて、自らを観察するものだが、このシステムは内在的な非規定性をうみだす erzeugt interne Unbestimmtheit。この非規定性は、環境がどうやって自らを変動させていくかや

それらの変動が当該システムにどう影響するのかについて、そのシステムは知らないし知りえないということによるものではない。そうではなくて、内的な非規定性 inneren Unbestimmtheit の根拠はむしろシステムそれ自身にある。……内在的な非規定性とは、システムの作動の継起 operative Schließung の相関項である。なぜなら、システムは作動的にはその環境に全く接することないがゆえに、自己限定 Selbstbeschränkung に頼っており、そしてそれゆえ全ての固有な構造を、その固有な作動、他の可能性の、捉えがたい領域では他でもありえたかもしれない作動の帰結として、提示しなければならない。（『社会の政治』(Luhmann 2000) S.170）

システムが二重の不確定性 doppelte Kontingenz というしくみの下にあるとすれば、それはシステムが自らうみだした非規定性と、それに対応する不確かさという様式で作動していることになる。……自らうみだした非規定性は何よりも、環境をより良く知ること bessere Kenntnis der Umwelt では問題が取り除かれえないことを意味する。……なぜなら、それがコミュニケーションという形式において生じるとすれば、むしろそれを通じて、……他でもありうること Kontingenz はつねに更新され、他の可能性との絡まりあいは際限ない形へ追いやられるからだ。そこから抜け出す途は、より多くの情報にではなく、システムそれ自体の作動にある。その作動がそのコミュニケーションをその都度その都度特定化し、それによって主題を限定化し、さらなるコミュニケーションがそこに関係づけられるだろうと想定されるような枠（『参照枠

frame』『定式 scheme』）を創出する、――たとえそれがさらなるコミュニケーションを拒絶する形であっても。（『社会の教育システム』S.33,p.28-29）

システムが自己刺激することだけであれば、どの公理系でも成り立つが、先の『社会の社会』からの引用文の直前には、「システムは完全に自らを固有に決めているが、それでも大まかにまとめてみれば、環境が許容する方向へ発展していく」とある。自己刺激だけならば、環境から影響された刺激に結果的に反応せず、環境が許容しない方向に進むシステムがある程度出てくることを排除できない。

したがって、ルーマンはやはり、システムの再参入によって実在する環境が内部転写されると考えていたのだろう。『社会の教育システム』でも「なぜ環境を見えず、作動的な接触ももたない自己産出的システムが、規定された環境に対応し、そうやって自らを特定化して、その自己産出にそれ自体備わっていたかもしれない自由度を制限する構造を形成するのか」（S.24,p.17）とあり、この程度の感応性は見積もっていたようだ。

システムの公理系の上では、もっと実在の環境に反応するとすることもできるし、一律には決まらないとすることもできる。2・6で述べたように、再参入が定理としては導けなくても、同じ事態がたまたま成立することもありうる（第六章10節参照）。

私自身は、ルーマンの見積もりは過大だと考えている。組織システムには、環境が許容しない方向へ進んで消滅した実例がたくさんある。機能システムには明らかな消滅例はないが、はっきりした機能システムが見られるのは全ていわゆる先進国である。先進国の制度が安定的な理由は、第六章や第七章でふれるように、いくつか考えられる。機能システム自体が環境の許容する方向に進んでいるかどうかは判断しづらい。

これは「システム合理性 Systemrationalität」とも関わってくる。システム合理性とは「システムと環境の区別を実在にさらし auszusetzen、実在においてテストする testen ことである」(『社会の社会』S.184)。つまり、システム内部の「システム／環境差異」イメージが実在のシステム／環境差異と不適合でないかどうかを示す概念だ。

2節で述べたように、作動的に閉じたシステムでは「システム／環境」イメージと実在のシステム／環境とは一致しない。したがって、どんな公理系をとっても、そのずれを示すシステム合理性という概念を立てることはできるが、「システムと環境の差異の統一をシステムにおいて反省する」(Luhmann 1992 : 77 = 2003 : 51) のように、システム自身がシステム合理性を実現するように動くのか、それとも観察者がシステムの挙動を評価する尺度でしかないのかは、どの公理を採るか、特に環境開放性をどんな形でどの程度おくかによる。

3・2　不確定性を内在させたシステム

次に、解決できない不定性についてみると、先の『社会の政治』や『社会の教育システム』の引用に「(システムが) 自らうみだした非規定性 selbsterzeugte Unbestimmtheit」とあるのが、それにあたる。これはシステム内で規定可能だったものが何らかの形で規定不能になり、再び規定可能になる「しくみ Regime」をさす。なお『社会の社会』の索引で「非規定性、システム内在的な」として記載された10箇所のうち、5箇所 (S.136、S.745、S.830、S.877、S.1146) は本文では「自らうみだした非規定性」であり、「システム内在的な」と「自らうみだした」は同義で使われている。

『社会の芸術』以降、ルーマンは「他でもありうること《コンティンゲンツ》」、特に「二重に他でもありうること」をこういう意味でも使い始める。九〇年代半ばの著作、『社会の芸術』や『社会の社会』、さらには『社会の教育システム』や『教育学論集』(Luhmann 2004b) 所収のいくつかの論文では、これを軸に経験的な分析が展開されていく。

ルーマンの使う公理系では「自らうみだした非規定性」はシステムの再参入から導き出されるが、具体的なシステムの挙動を定式化する上では、何らかの形でシステム内在的な非規定性があればよい。2節で述べたように、コミュニケーションの定義①を非確率的に考えなければ、相互到達性による意味の不確定性からも不定性を導き出せる。システムの要素であるコミュニケーションの意味は、他の要素との関係をふくめて事後的に読み換えられる。その再帰的なネットワークによって、規定されていた要素とその関係が規定不能になり再び規定可能になると考えられる。

この不確定性はコミュニケーションに必然的にともなうもので、システムがあってもなくても生じるが (⇒第二章3節)、コミュニケーションを要素とするコミュニケーションシステムでは、要素の不定性（非決定性）indeterminacy として、システムが自己変化していくしくみになる。したがって、「他でもありうること《コンティンゲンツ》」や特に「二重に他でもありうること」を相互到達性による意味の不確定性だと読み換えれば、コミュニケーションの定義②の下でも、『社会の芸術』以降の経験的な分析はほとんどそのまま活かせる。

3・3　機能システム論での展開

実際に、ルーマンの機能システム論をそういう形に書き換えてみよう。

ルーマン自身の理論構成では、機能システムに他でもありうること《コンティンゲンツ》、すなわちシステム内在的な不定性を組み込んでいるのは、二階の観察すなわち観察の観察である。「近代社会の機能システムは二階の観察の水準で成立しているのが通常である」（『社会の芸術』S.105,p.100）「二階の観察は所与に見えるもの全てを様相化し、それらに不確定性 Kontingenz という形式を、他でもありうるもの Auch-anders-möglich-Sein という形式をあたえる」（同 S.112,p.107）

ルーマンのあげた例をみると、科学システムの出版、経済の市場、芸術の作品、教育の子どもなど、各システムのコミュニケーション形態に二階の観察がくり込まれた形になっている。『近代の観察』や『社会の芸術』ではこれを他の観察の観察としているが、コミュニケーションの相互到達性による意味の不確定性と読み換えれば、それが解決できない不定性をうみだすだけでなく、制度の一部として組み込まれていると考えられる。

例えば科学システムは出版をメディアとしている。それゆえ、近代の科学では、自分が科学として考えたことも、他人から無視されれば科学ではない。自分のもの以外にも、科学である／でない（真理である／でない）という区別があって、それ次第では科学でなくなるかもしれないのである。例えば、投稿論文の匿名審査で「これは社会学じゃない」とされれば、社会学の研究ではなくなる。出版というメディアを介するものであることで、そういう形で、科学である／でないの区別に科学である／でないという区別が接続される可能性が制度化されている。言い換えれば、コード化問題と言及問題を明確に区別してあつかえる（Luhmann 1990：307-309、3・6参照）。

他のシステムも同じ形になっている。経済システムは市場を通じて営まれる。つまり、自分以外の売り買いがあって、それ次第で自分の売り買いは成立しないかもしれない。政治システムは世論をメディアとする。つまり、自分以外の政治的主張があって、それ次第で自分の主張は世論ではないかもしれない。芸術システムにおける作品は、「作品だ」と他人から評価されなければ作品ではない。他人次第で、作品ではなくトイレになる。教育システムは「子ども」をあつかう。そうやって、子どもの観察からすればただの強制かもしれない可能性を制度に組み込んでいる。

まとめていえば、近代の機能システムでは当事者水準で「（他からみれば）これは科学でないかもしれない」「教育でないかもしれない」ことをくり込んで、コミュニケーションが続けられる。ただし、くり込む具体的な形態や程度はそれぞれのシステムでちがう（第五章参照）。ルーマンがあげた例のなかでも、法システムは法／不法の区別を二分コードとして強く形式化する一方で、利益法学のような、外部言及を部分的に取り込んだ形の自己言及をもつなど、他とかなり性格がちがっている。

この場合、機能システムの他でもありうること《コンティンゲンス》は、二重の不確定性と同じ事態になる。第二章4節で述べたように、一般理論のような全域的な事態でなくても、観察者水準（＝二階の観察）が当事者水準（＝一階の観察）でもある場合は、二重の不確定性と同じ非規定性が発生する。つまり、機能システムの他でもありうること《コンティンゲンス》はコミュニケーションの自己産出一般の不確定性と論理的に同型で、制度化されたメディア、例えばマスメディアを介してそれを制度化したものになる。

意味の不確定性をたんに主題化するだけでなく（⇒第二章5・3）、その不定性を内部で積極的に制度化するしくみをもつ。そこに進化の機能システムの大きな特徴がある（⇒第二章4・11）。それを通じて機能システムは自己制限と自己否定をつくりだし、自律性を保持する。その点で、第五章であつかう組織システムとよく似た特性をもつ。二分コードや自己記述のあり方もふくめて、機能システムと組織との異同は理論的にもっと考えをつめる必要があるだろう。

3・4　教育システムの不確定性

教育システムの媒質（メディア）やコードの問題も、こうした方向で捉えられるのではないか。

媒質とは大まかにいえば、システムのコミュニケーションの主題にあたるものだ。ルーマンの教育システム論では当初、教育固有の媒質はないとされ、選抜や、テクノロジーの欠如が主に論じられていた。それが九〇年代になって「子ども Kind」が媒質だとされ、最晩年の論文や『社会の教育システム』では、「子ども」から「軌跡 Lebenslauf」へ媒質が変わりつつあるとされる。

この変移とともに、教育システムは次第に内在的な非規定性をもってくる。例えば、選抜には成功／不成功のコードが単純にあてはめられるが、「子ども」はそうではない（Luhmann 2004b : 183）。つまり、単純なコードに回収されない非規定性をもつが、もう一方で、「子ども」は子ども／大人の二分法で定義される概念でもある。たとえ子どもには大人にない良さがあるといわれても、子ども状態が大人状態より一般的に優れているとされることはない。

したがって、子ども／大人は留保つきながら負値／正値を帯びている。先ほど述べた二階の観察のくり込みの例でも、教育システムはきれいに対称化できない。子どもの観察は大人の観察と同じ水準におかれていないからだ。

裏返せば、「子ども」を媒質にする教育は、単純な成功／不成功のコードには収まりきらないが、まさにそれゆえ、成功／不成功にあてはめにくい事態を、さらに上位の成功／不成功の水準を設定して回収できる。「子ども」はそういう独特な作動を可能にする。これにはさまざまな形態が考えられるが、例えば「学歴獲得という選抜で成功しなかったからこそ、「本物の大人」になれた（＝本当の成功を収められた）」、あるいは「学歴獲得での完全な成功者は子どもっぽい秀才になって、社会人としては成功しない」といった評価のしかたもその一つである。

これは学歴社会論でいう冷却―再加熱の論理にほかならない（竹内 1995）。冷却―再加熱とは、正／負をいったん宙吊りにした上で上位水準で再回収するものであり、非対称なコードを反射的 reflexiv にしてより柔軟に使えるようにしたものだ。つまり、冷却―再加熱は「子ども」と同じ論理形式をもつ。したがって、もし冷却―再加熱によってメリトクラシーが安定的に駆動できるのだとすれば、「子ども」という媒質はメリトクラシーの制度とも連動している。

それに対して、「軌跡」は、子どもに対する大人のような正値の対概念をもたないし、成功／不成功にも直結しにくい。Lebenslauf は英語でいえば life course で、ふつうは「経歴」「履歴」と訳せるが、ルーマンは「軌跡」に自己産出的な意味構成作用に近いものを見出している（『社会の教育システム』S.93-94,p.121-122)。

> 軌跡とは一人一人において糸でつなぎ通せるような、有限で他でもありうる kontingent 出来事の連鎖 Verkettung である。……軌跡に形式をあたえるものは全て、軌跡自身を通じて（少なくとも出生を通じて）条件づけられ、同時に、そこから生じうるものにとって条件として働く。その限りにおいて、軌跡は、閉じたシステムにおいては条件づけられたもののみが条件づけることができる、というサイバネティクス的命題にとって典型例になる。

「軌跡」では、それまでの出来事の連鎖がそれからの出来事の意味を規定し、それからの出来事がそれまでの出来事の連鎖の意味を規定する。つまり、二重の不確定性と同じ形式をもつ。だから

「軌跡は説明することも、根拠づけることもできないが、語ることはできる」（同 S.94,p.122）。

それゆえ、「軌跡」を媒質にするシステムでは、コミュニケーションが自己産出的に営まれるだけでなく、その主題自体が自己産出的なものとされる。「子ども」では、子どもの観察可能性として二階の観察が限定的にくり込まれるので、非規定性も限定的なものにとどまるが、「軌跡」はそれ自体が再帰的ネットワークとして非規定性をうみだす。

この理論構成がどこまで成立するかは慎重に考える必要があるが、「子ども」から「軌跡」に移ることで、不確定性がより根源的にシステムに内在する。あるいは、より根源的に内在した形で教育システムが観察される、とはいえよう。

「子ども」から「軌跡」への移行は、教育の範囲が未成年者だけでなく、成人に拡大した事態に対応するとされてきた。ルーマン自身もそう説明しているが、この移行は他の近代的機能システムにおける二階の観察のくり込みとも絡んでいて、もっと広い関連性がありそうだ(6)。例えば、もしろ、「軌跡」に自己産出的な意味構成作用があるとすれば、特定の二次コードには結びつきにくい。むしろ、組織システムにおける目的手段図式（Luhmann 1973＝1990）や、システムの内／外に対応する二分コードに似たものになる。

「放棄すべきなのは芸術システムの作動の目的論的構造という観念だ」（『社会の芸術』S.313,p.319）というのは、芸術や組織だけでなく、教育にもあてはまるのではないか。著作年代からみても、教育のコードは芸術のコードの問題（同第五章）とあわせて検討した方がよさそうだ。

3・5　システムは自らを観察する?

こう考えていくと、あらためて、ルーマンが使った公理系の特異さがうかびあがる。

コミュニケーションシステム論を展開するのに、システムの再参入、すなわち「システムは自らを観察する」が導き出せるような強い公理系は必ずしも必要ない（⇓2・7、第一章7節）。経験的にはむしろ疑問点の方が多い。

例えば、システムがつねに自己言及をともなうのであれば、コミュニケーション＝「システム」の公理の下では、全てのコミュニケーションでシステムにあたる自己＝超同一性が言及されていなければならない。けれども、相互作用における「人として」はそういう自己ではないし（⇓第二章2節）、そこで全体社会＝「コミュニケーションの総体」が言及されているともいえない（⇓第二章3節）。環境開放性にしても、現実のシステムは環境が許容する方向へ発展するとはかぎらない。

環境の変化とシステムの挙動の特性を結びつける場合も、「システムは自らを観察する」とする必要はない。全体社会みたいなものをシステムとしなければ、外部から観察している観察者がいて、その観察者がシステムの挙動と環境を観察しているとすればいいからだ。(7) 定義①や②のようにコミュニケーションに何らかの形で伝達／情報の区別が成立する場合には、観察はコミュニケーション＝「システム」にも帰属できる（⇓第二章5・3）。観察が必ずシステムに帰属するのは、コミュニケーション＝「システム」の公理を採った場合だけだ。

もちろん、どの公理系をとった場合でも、観察を何かのシステムの作動だと考えることはできる。特に、あらゆる事象がつねにすでに社会的だとする社会学においては、そう考える方がふつうだろう。だが、その場合でも、観察するシステムと観察されたシステムが同一であるかどうかは、慎重にあつかう必要がある。

最も良い事例は社会学それ自体だろう。ルーマンのシステム論や私のこの議論がまさにそうであるように、社会学では「社会学」という「内／外」区別を共有したまま、社会学への観察もしばしば作動的に接続されていく。だからとりあえず同一性があるといえるが、それはこの区別の固有な特性によるところが大きい。

社会学では観察者と観察対象が明確に区別できないので、安定した理論が成立しない。それゆえ、議論の内部で矛盾が積極的に示されないかぎり、多種多様な議論を受け入れられる。その反面、（後から見れば）信仰告白めいた議論がさかんに接続されたり、革新的かつ論理的な研究でも無視されたりする。特に理論的な分野では、匿名審査の学会誌が安定的に存続しにくく、商業出版と区別しがたい[8]。

要するに、社会学は伝達／情報の区別が特に不安定で、システム境界にあたるものがはっきりしない。言い換えれば、「社会学」と名指されるコミュニケーションは定義①をみたす度合いが低く、システムである度合いも低い。社会学ではたしかに「システムは自らを観察する」があてはまるように見えるが、そのあてはまりの良さは厳密に考えていくと、定義①をよくみたさないという観察でなさや、社会学である／でないの区別の不安定さというシステムでなさと相関的に成立している。そういう意味で、社会学では観察するシステムと観察されるシステムの間にあまり強い同一性が成り立たない。だからこそ、自らを観察するともいえる事態が成り立つ。そういう形で成立している事態を「システムは自らを観察する」にしてしまうのは、経験的な事象をとらえそこなっているし、システム論自身にとっても過剰な単純化である。

「システムは自らを観察する」という命題を立てる場合には、システムの同一性に特に注意しなければならない。公理系にまで遡って、そこにどんなコミュニケーションやシステムが成立しているといえるのか、慎重に検討する必要がある。

3・6 同一性問題の射程

社会学以外にももちろん同じことがあてはまる。

例えば全体社会についても、これをシステムだとすることで「到達できない……にもかかわらず社会は社会について記述してきたし、記述している」（長岡 2006：583）といわざるをえないとすれば、むしろそれが本当に記述といえるのか、全体社会はシステムといえるのかを、記述やシステムの定義に戻って考え直すべきだ。この二点において、論理的にも経験的にも大きな問題があるのは、第二章3節で述べた通りである。

ルーマンのシステム論で、「到達できない」にもかかわらず記述できるとされるシステムにはもう一つ、科学システムを観察したとするコミュニケーションシステム論がある。これにも全体社会と同じことがいえる。全体社会をシステムとしているのがルーマン自身の超越的な定義であるように（⇒第二章3節）、ルーマンのコミュニケーションシステム論を科学システムの一部だと主張しているのは、やはりルーマン自身である。

事実、自己推論的《オートロギッシュ》にいえば、私はここでコミュニケーションシステム論の複数性を指摘することで、ルーマンのコミュニケーションシステム論は必ずしも科学システムを観察したものとはいえないと主張している。もし「科学だ」という主張が科学システムである必要十分条件ならば、私の主張とルーマンの主張は同程度に妥当するはずだ。

だからといって、どちらが正しいかが決まらないわけではない。むしろ簡単に決まるだろう。もし私の議論が正しければ、「システムは自らを観察する」が導き出せる公理系のみにもとづくシステム論は、「科学である」コミュニケーションから接続されなくなる。正確にいえば、後続する「科学である」コミュニケーションから「科学でない」というコード値を付与されて、「科学」として接続されなくなる。逆に、もし誰かが私の議論の欠陥を発見すれば、私の議論の方が「科学でない」とされて、「科学である」コミュニケーションから接続されなくなる。

ある主張が科学か科学ではないかは、「科学である」とされるコミュニケーション群にどう接続されるかで事後的に決まってくる。そこではじめて科学であるかどうかがはっきりする。これは第一章や第二章で述べたコミュニケーションの事後成立性そのものであるが、社会学では、学の同一性をあらかじめ不安定にしておかなければならないくらい、それが大きい。少なくとも、他の科学とはちがう形で不確定性が変換されている。

もちろん、経験的にシステムの同一性がかなり良く保持されていて、「システムは自らを観察する」ように見える事例もある。組織システムはそうであるが、組織はその同一性を自らだけで保持しているとはいいがたい（⇓第二章3・6）。

つまり、社会学にせよ、全体社会にせよ、コミュニケーションシステム論にせよ、組織にせよ、「システムは自らを観察する」と見える事態は全て、システムの同一性の不確定性と表裏一体になっている。だとすれば、これはむしろ具体的なシステムの同一性が成立しているしくみと同じものであり、そういう視点から考えた方がよい。それには、システムの弱公理の方が適している（⇓2・6）

「システムは自らを観察する」を導き出せる公理系は、強い公理系であり、他にもさまざまな命題を定理として導けるだろう。わかりやすくいえば、この公理系では理論だけから「システムはこう動く」「ああ動く」といいやすい。だが、それは前提負荷を大きくするだけではなく、経験的な記述や分析の可能性も狭めてしまう。だから、こういう強い公理系をおくのであれば、少なくとも、コミュニケーションで使われているさまざまな区別のうちのどれが、この公理を満たすシステム／環境差異なのか、まず一つ一つ特定すべきである。それがシステムの同一性を厳密に考えることにもなる（⇓第二章3・7）。ルーマンも経験的な分析では、かなり慎重にあつかっている（Luhmann

1987a : 72、Luhmann 1997 : 1136–1137 など)。

3・7 ルーマンの閉じ

コミュニケーション＝「システム」の公理をおくと、コミュニケーションは特定のシステムに自明に属すると思い込みやすい。この公理の下でも本来なら、どの区別にもとづくコミュニケーションがどのシステムなのかを具体的に特定する必要があるのだが、システムにならないコミュニケーションを認めない分、このコミュニケーションがどのシステムかという同一性問題には鈍感になるようだ。

社会学の例に戻っていえば、全てのコミュニケーションは接続し接続されることで、はじめて特定のシステムのコミュニケーションになっていく。それゆえ、ルーマンのシステム論も「科学」として接続されていかなければ、商業出版の一部になるか、彼個人の宗教的信念になるだろう。社会学における理論系の学会誌の成立しがたさは、「社会学の理論」を名乗る言説が科学なのか経済なのか宗教なのかを容易に書き換えられることまでくり込んで、コミュニケーションされていることを意味する。

それゆえ、社会学では否定の作用を自己の内部に完全には回収できず、システム境界を安定的に保持できない。だとすれば、自己観察の徹底さはむしろ自己否定のむずかしさをともなう。あらゆる「科学である」というコード値を反省的に他でもありうるとすることは、「科学である」という自己言及自体を他でもありうることにする。コミュニケーションシステムでは、コード化問題と言及問題を区別できても独立にはできず、二つの「内」、科学でいえば「科学である」というコード値と「科学である」という自己言及の間に意味的な同一性をおかざるをえないのだろう（⇒第二章5・4；なお Luhmann 1992：33＝2003：19 も参照）。

近代の科学システムが「分離（分出）する aufdifferentieren」特性をもつとすれば、このことはむしろ、社会学がルーマンの言う意味での科学システムかどうか、再検討をせまる事例になるが、その点は真剣に考慮されていないようだ。社会学を名乗るコミュニケーションがあるから社会学は科学システムだという形で、既存の大学制度での区分がそのまま持ち込まれているのではないか。今はまだうまく見通せないが、おそらく、この社会学のシステムでなさと全体社会のシステムでなさは対応しており、コミュニケーションシステム論にとって重要な論点になる。コミュニケーション＝「システム」の公理は、そこを見えなくしてしまう。

この公理は例えばそういう風にシステムの同一性を曖昧にさせ、システムの超越的な定義を呼び込みやすい。それだけではない。ルーマンのシステム論へのいわゆる「誤解」も本当はこの公理によるものではなかろうか。

ルーマンのシステム論はきわめて閉鎖的なイメージで受け取られてきた。これまで述べてきたように、作動の閉鎖性は環境開放性とは独立の事態であり、閉じているから開いていないとはいえない。その点では、ルーマンのシステム論はたしかに閉じたものではない。

コミュニケーション＝「システム」の公理がつくる閉じは、これとはちがう。システムはコミュニケーションとは水準のちがう同一性をもつ。その「内」はそれぞれの接続での「内」をこえるきわめて強い同一性、超《ハイパー》同一性である。それがコミュニケーションにおいてつねに言及され続けているとすれば、コミュニケーションはつねにコミュニケーションである以上の「内」であり続けていることになる。そこが閉じとして感覚されるのではないか。

もちろん、だからこそこの公理には簡単に反証がつくれる。「コミュニケーションはシステムだ」という言い方が意味をもつのは、システムであることがコミュニケーション以上の規定性をもつからだ。つまり、コミュニケーションとシステムは区別できる。それゆえ、その区別を使って、全てのコミュニケーションはシステムではないと指し示すことができる。これまであげた疑問点、例えば、全てのコミュニケーションが全体社会だとすればつねに全体社会にあたる自己言及が広く見出されるはずだ、とか、「科学」だと主張することだけでは科学システムであるとはいえない、も実はそうなっている。

メタ理論的に考えれば、わかりやすい。コミュニケーション＝「システム」の公理は、あらゆるコミュニケーションに均しくシステム性を見出す。いわゆる社会秩序と対比させれば、これがどれだけ強い前提かがよくわかるだろう。コミュニケーションに一定の流れ方をあたえるのがシステムだとすれば、広い意味で秩序というべき事象である。つまり、この公理は、コミュニケーションにはつねにすでにある程度以上の秩序性があるとする。それに対して、システムの弱公理の下では、システムの同一性がいつどんな形で成立しているのか／いないのかを一つ一つ具体的に特定する必要がある。だから、秩序性をあらかじめ見込む必要がなく、より精密で経験的な、いわば事象の襞により沿った記述や分析を展開できる。

“Es gibt Systeme”――「システムが存在する」。ルーマンのシステム論では、この“Es”はシステムをさす（村上編訳 2007：75-76）。コミュニケーションがつねにすでにシステムだとすればそうならざるをえないが、それは理論の出発点としては強すぎる。“Es gibt Systeme”という表現に意味があるとすれば、“Es”はコミュニケーションであるしかないと私は思う。

3・8　作動の果て

私はそこに、「他でもありうること《コンティンゲンス》」をめぐるルーマンの思考の癖を感じる。彼は「他でもありうること」の内部に、そうでない何かをつねに捜し求めていたのではないか。

ふり返ってみると、J・ハーバマスは『社会の理論か社会工学か』でその点を的確に指摘していた（Habermas & Luhmann 1971：154＝1987：197）。

> サイバネティクスの基本概念を一般化するルーマンの戦略は、システム／環境関係を前提するのではなく、問題解決として導き出すことを求める。一方、その問題自体は、このシステム／環境関係に参照してしか、定義できない。つまり、ルーマンは、存立しているシステムもしく

はそれにあたるものを、つねにすでに前提せざるをえない。この矛盾が、「構造」と「境界」の概念の適用における兆候的な不明瞭さにつながっている。

ここでいわれているのは、あの、システムの同一性の先取りにほかならない（⇒第一章9節、第二章3・10）。帰結《あたえられる》であるシステムが前提《あたえる》にもある。帰着点と出発点の両方にシステムが見出される。その矛盾をハーバマスは鋭くえぐっている。

まさにこの批判に突き動かされる格好で、ルーマンはコミュニケーションシステム論へ転回していくわけだが、その後も、例えばシステム内在的な不定性のなかに、すなわち内なる「他でもありうること《コンティンゲンス》」のさらに内部に、システムの自己観察や環境開放性を作動原理として求めつづけた。彼が一貫してシステムの変化を「進化」と呼びつづけた理由も、そこにあるのかもしれない。

コミュニケーションシステムの自己変化を「進化」と呼ぶのは不適切ではない。ただ、生物学の喩えを借りれば、これは環境に対して中立的な進化に近い。実際、「システム内在的な」「自らうみだした非規定性」という概念は、遺伝子進化の中立性を強く連想させる。

遺伝子の水準での進化は、ＤＮＡが完全に正確にはコピーされないことで起きる。要するに、転写ミスだ。ＤＮＡの転写を遺伝子の伝達すなわちコミュニケーションだと考えれば、転写ミスである遺伝子変異は、コミュニケーションに内在する解決できない不定性 unresolvable indeterminacy

にあたる。

転写ミスにはさまざまな要因が関わる。紫外線など、生物体外部からの物理的影響もその一つだが、転写ミスによって紫外線を遮断する方向に遺伝子が変異するわけではない。外部から影響を受けうるが、それは転写ミスを起こすさまざまな要因の一つ、いわばエラーの原因の一つであり、ルーマンの言い方を借りれば「刺激」のきっかけでしかない。

生物との類比を細かく追う必要はないが、作動的に閉じたシステムは一般にそういう作動をする。システムはただ作動していく。癌のような病理もDNAの転写ミスであることを考えれば、この解決できない不定性によって自己産出していくシステムがどういうものなのか、生々しく想像できるだろう。第六章の国民国家論で述べるように、たとえシステムの再参入によく似た事態が実際に成立している状況でも、システムの挙動を具体的にみていくと、それがシステムの同一性を脅かすことさえある。

解決できない不定性は自己という同一性を変容させ、ときには崩壊させる。作動的に閉じたシステムでは変容と崩壊の間にきれいな境界線を引くことができない。だからこそ、システムの同一性を特に慎重にあつかう必要があるわけだが、ルーマンはどうしてもそこに境界線を引きたかったのではなかろうか。それもまた自己であるとして、同一性をつねに先取りしていくことで、自己の不死を、あるいは有限でなさを証明したかったのではないか。

ルーマンの死因は癌だったといわれる。死までの道行きが人の生だとすれば、彼自身が作動的に閉じたシステムとして、その生を文字通り生ききったことになる。

「死は、終わりにではなく、始まりにすでにあった」(9)（⇒序章）。その始まりがアメリカ軍の戦車砲の偶然であり、その終わりが彼自身の肉体の不確定性だったとすれば、他でもありうること《コンティンゲンス》とは何かへの答えは、そのままニクラス・ルーマンの生の軌跡 Lebenslauf に重なってくる。だからこそ、キトラーはあんな言葉を書き記したのではないか。

そんな風に私には思える。

注記

（1）ルーマンにおける「公共性」についてはまだ本格的に考えていないが、徳安（2004）が簡潔かつ的確にその見通しをあたえていると思う。徳安（2004）は林（2004）へのコメントで、あわせて読むと、ハーバマスや彼の影響が強い公共性論に対して、ルーマンがどんな位置づけになるかがよくわかる。ルーマンの公理系が見せる閉じの両義性は、おそらく公共性論にもあてはまる（⇒3・7〜8）。

（2）意味に関する数理社会学的アプローチに関しては浜田（2007）の第6章がわかりやすい。

（3）そういう意味でルーマンのシステム論はキリスト教神学に近い。例えば「神は全てをともにいき、コミュニカティヴに到達可能であるが、全体社会に属さない。この唯一の例外は、全体社会システムそれ自体の再帰的な総体性 rekursive Totalität の正確なコピーであり、世界を宗教的に経験可能にする写しである」

（『社会システム』S.556, p.745）というが、むしろ「全体社会システム」の方がキリスト教的な神観念のコピーではないだろうか。「システムと環境の差異の統一」や「脱パラドクス化」も、三位一体論や預定説を思わせる。

（4）その点で、ルーマンの理論は「作動や動きへの直観よりは、概念操作的で概念配置的な直観」で「資質からすればヘーゲルによく似ている」、ルーマンにとって「作動的閉鎖性は、コードにともなって出現する概念的な事態であり、この場面でルーマンはすでにシステムの機構の経験科学的解明よりは、システム的論理学を企てていることになる」（河本 2002：72）という河本英夫の評価はあたっている。

第二章で説明したように、ルーマンは、（a）「全体社会」のように、対象化しえない事態にまでシステム概念を拡張する。（b）システム／環境を二次元平面上の円の内／外のように捉えて、鳥瞰的な視点からシステムを先取りする傾向がある。どちらにもコミュニケーション＝「システム」の公理が関わっており、システムの同一性を厳密にあつかえていない。具体的にいうと、「相互作用」「全体社会」「組織」それぞれの境界定義で示したように、α：システムの反省による当事者水準での同一性措定と、β：外部観察による観察者水準でのシステムの同一性措定と、γ：反省による同一性措定を用いる作動群の同一性が、具体的な記述では混同される。

そして第三章で述べたように、（c）この（a）（b）に注意すれば、ルーマンのシステム／環境図式は経験的な社会科学にとって有力な近似になるし、システム論とは何かを理論的に再検討する材料にもなる。

河本（2002）ではp.56–57で（a）が、p.66–68とp.72で（b）が、p.68で（c）が指摘されている。長岡（2006）は「河本氏が繰り返し主張されてきたことが示唆しかねないこととは違って（45）、ルーマンのオートポイエーシス論においても、オートポイエティック・システム自身の境界を引くのは、そのシステムを外部から観察する外部観察者でなくて、そのシステム自身の操作である」（：132–133）と反論しているが、これは誤解によるものだと思う。

抽象的な理論的言明としては、ルーマンは長岡のいう通りに主張している。しかし、重要なのは、具体的な個々のシステム記述において境界をどう同定できているか、である。第二章の議論が正しければ、相互作用、組織、全体社会それぞれで、ルーマンはシステム自身の作動（操作）として境界を同定することに失敗している。特に「全体社会システム」では超越的な定義を持ち込むことで、外部観察と自己観察の区別自体を失くしている（⇒第二章3節、5・5）。

記述の失敗は経験的な社会科学にはつきものだが、失敗しているのに成功している、あるいはちがうものを同じだと主張しつづけるのであれば、「観察者の位置から、システムと環境との区別を導入している」と判断する方が妥当だ。たとえ理論的に$\alpha\beta\gamma$の間に収束メカニズム（例えば$\alpha\to\beta\to\gamma\to\alpha\to$……という循環参照による収束）を想定しているとしても、具体的に$\alpha\beta\gamma$を区別できていなければ、それは収束するといえたことにはならない（⇒第二章5・3）。$\alpha\beta\gamma$を区別できていることが、「収束」を「混同」から区別するのである。

河本の批判はその点を指摘したもので、ルーマンの抽象的な主張や企図ではなく、具体的な記述実践の特徴に着目している。それを河本は「直観」と呼んでいる。したがって、河本の批判に反論するのであれば、抽象的な言明の引用ではなく、個々の具体的なシステム記述において失敗していないことを示すべきだろう。

河本はオートポイエーシス論を自身で再構築するなかで、コミュニケーションの自己産出とシステムの自己産出を区別する必要に気づいている（⇒第二章3・4）。ルーマンの「システムがある Es git Systeme」ではこの二つが明確に区別されていないことを考えれば、ルーマンのシステム論では外部観察者によってシステム境界が定義されているという指摘は決してまちがいではない。なお、佐藤（2000）は掲載誌の都合で公刊が遅れたが、一九九九年十月に完成していた。それゆえ河本（2000）は参照できなかったが、著作年代から考えても、河本の方が先に、コミュニケーションの自己産出とシステムの自己産出のちがいに気づいていたのは確実である（酒井泰斗氏の指摘による）。したがって、ルーマンの解釈においても、この点は私のオリジナリティではないことをつけ加えておく。

河本自身のオートポイエーシスの定式化に関していえば、その晦渋な文体は、全域的に成立する事態では当事者と観察者が同じ水準にならざるをえないことの帰結であり、その困難に正面から取り組んだものだと思う（⇒第二章4・10）。けれども、経験的な分析でその定式化を使いたい場面はまだ多くない。その一つの例は第八章6節参照。もちろん、これは現時点での私の経験にすぎない。今後変わっていく可能性は十分ある。

（5）システムの再参入と不定性の間には他のつながりがあるかもしれないが、抽象度をあげればおそらく同じことになるだろう。

（6）例えば、馬場（1995）が実質的に指摘していることだが、コミュニケーションシステム論は、特定の機能システムが「社会全体にどんなはたらきを果たしているか」というパーソンズ的な問い（例えば保田 2002：232）を一般的には受け付けない。「社会全体」がルーマンのいう Gesellschaft、すなわち「全てのコミュニケーション」だとすればなおさらだ。

学校関係者や教育社会学の語りでは、こういう形で社会が、いわば一段ずらしで持ち出されることは多い（元森 2006）。そうした語りや問い自体が「子ども」の特徴であり、「子ども」を主な媒質とする教育システム独特の作動であり、おそらくはメリトクラシーの制度の一部だろう。

（7）ルーマンはオートポイエーシスを意味システムに拡張する際には「構造連結の選択性 Selektivität を強調すべきだ」と述べているが（『システム理論入門』S.269-270,p.334-335）、私は「構造連結」は外部観察による状態記述であるべきだと考えている。システムが初期状態において、環境と呼応する特性をあらかじめもつ場合にかぎって使うべきで、システムの挙動を説明する原理とすべきではない。

(8)「内／外」境界が曖昧な分、投稿者からは結果が予測しづらい。審査者も「不可《リジェクト》」する際には、いちいち内在的な矛盾を指摘しなければならない。出来の悪い、つまり投稿者が論理的に考えられていない論文ほど、その手間は大きくなる。また、ある議論の矛盾が積極的に示された時点で、それに密接に関わる議論は事後的に「社会学でない」とされる。そのため、過去の「内／外」判定の結果が明確に記憶される学会誌では、メディア自体の信頼性が失われやすい。

(9) 原文は“Jener Tod, der keine Diagnose zuließ, stand am Anfang, nicht erst am Ende.” (Kittler 2004 : 94)。直訳すれば「診断を容れないあの死は、その始まりにあった。その終わりにおいて初めてではなく」。「診断を容れない」は死因の非公表をふまえた上で、特定の原因へ還元できないことをさすのだろう。キトラーの主著『書き記しのシステム一八〇〇／一九〇〇 *Aufschreibesysteme 1800/1900*』(Kittler 1987→1995) は、二〇世紀の言説接続を雑音《ノイズ》の書記システムとして描いている。

間奏2　つながりは世界を断線する　Connected World was disconnected

1　想像力の閉域

「世界が閉じた」とよく言われる。

科学や技術に無限の可能性を見た二〇世紀とちがい、二一世紀の私たちは、もはや目の前にフロンティアがあるとは信じられなくなっている。空間でいえば、私たちの身体が到達できるのは地球とその周り、最大限ひろげても太陽系の内部にとどまる。そのなかでは地球環境問題がそうであるように、何かが根源的に解決されるというより、ただ先延ばしされていく。未来という時間はなく、引き延ばされた現在だけがある。

それは現実に手が届く範囲だけではない。むしろ想像力の限界として、この閉域 closure は一番深くところで、私たちの世界を規定《ディファイン》している。私たちは『外』をもてなくなっているのだ。

ドイツの社会学者、ニクラス・ルーマンは少し皮肉な口ぶりでこう書いている（Luhmann 1995 : 478–479 = 2004 : 486）。

そして私たちは終わりなく語ることができる、流行が別のものに取って代わられた時に終わるように、語ること自体もその終わりを見出さなければならない、とはどういうことであるかについて。

『終焉』や『外』について、これほど残酷な死亡宣告もあまりないだろう。それらを語ること自体がそれらを根本的に裏切るだけでなく、裏切っているという発見すらもはや衝撃力をもたない、賞味期限切れだというのだから。そんなことはすでにシステムとして折り込みずみであり、『外がない』という『外』さえそこにはない。

その一方で、なつかしく、なじみ深かったはずの『内』はいつのまにか異様で異形のものへ変貌しつつある。私たちが地球の外に出られないと気づいたとき、足元の地球は見知らぬ世界になっていた。

例えば、今日の中東で起きているのは、もはや宗教の衝突でも、植民地主義の遺産でもないのかもしれない。限られた空間のなかで、誰もその外へ出ていけない形でいつづけなければならないとすれば、どこでもありうるシナリオの一つなのかもしれない。憎悪が憎悪を呼ぶだけではない。善意や無関心すら、何を引き起こすか見通せない。悪意と善意と無関心が絡まりあい、連なりあって、さらなる悪意と善意と無関心を生成しつづける。

その中東が二千年前に超越神の観念を、つまり『外』を最も明確に具象化する形象をうみだした土地であることが、ただの偶然の産物なのか、それとも歴史の皮肉なのかはわからない。そういう風に空間と時間を超越して出来事の意味を語る半神半人の視点を、言い換えればヘーゲル的な理性を、私たちはもはやもっていない。

ただ一ついえるのは、テロリズムは二一世紀を代表する暴力だということだ。『外』を想像させることで外部化されていた力が『内』へ転じる。『外』へ噴出する暴力であった戦争が、『内』から来る暴力であるテロリズムへ転じる。『外』を失うことで、二つは区別を失う。テロリズムが戦争となり、戦争がテロリズムとなる。「ユナボマー」と呼ばれたセオドア・カジンスキーが「境界線 Boundary Function」の数学者であったのは、おそらく、偶然の産物でもなければ歴史の皮肉でもない。

2　速度を裏切る視線

それが現実の変容でありかつ想像の変容であるとすれば、現実の世界で起きることは当然、想像の世界でも同じように起きる。実際、極東の日本の地では虚構の上から変貌が始まったように見える。

押井守監督の『Ghost in the Shell／攻殻機動隊』（一九九五年）は、海外では九〇年代の日本アニメJapanimationの代表作として知られるが、原作を描いた士郎正宗はその変容を代表する作家の一人である。彼の作品は地下やドーム、島などの閉じた空間に建設された階層都市を主な舞台にする。エスニックな匂いの溢れるオーサカ（『ドミニオン』一九八五〜八六年）、「バベルの塔」になぞらえた実験都市オリュンポス（『アップルシード』一九八五年〜）、新浜ニューポートシティや択捉《エトロフ》の電脳都市（『攻殻機動隊』一九九一年〜）、惑星ミマナの仙術総本山「暗黒天台」（『仙術超攻殻オリオン』一九九一年）など、作品ごとに時間と空間を自由に横断しながらも、これらの都市は独特の見通しのきかなさを共有する。

閉じた、有限の、全体を鳥瞰できない空間。その内で突発するテロ犯罪と、警察力の終わりなき戦い。そういう舞台装置において、士郎の作品は二一世紀を予言したものといえるが、それ以上に印象的なのは、彼の描く視線である。

二〇〇四年に新たにアニメ化された『攻殻機動隊Stand Alone Complex』と比べれば、その特徴はいっそうきわだつ。原作の『攻殻機動隊』はウィリアム・ギブスンのサイバーパンクＳＦ、『ニューロマンサー』（一九八四年／日本語訳八六年）に色濃く影響された作品で、電脳化された人格や義体化される身体、ネットワーク上の仮想世界といった「接続された世界 connected world」の小道具がふんだんにちりばめられている。『Stand Alone Complex』は十年前の『Ghost in the Shell』より、はるかにうまくそれらを使いこなしているが、ある一点で原作の想像力を決定的に裏切っている。

『Stand Alone Complex』は空中から見下ろす、鳥瞰の場面を頻繁に使う。例えば、第一話そしてシリーズ全体の冒頭場面である草薙素子のダイブ。義体の機動力に任せた高層ビルからの自由落下は、このアニメの速度感を予告する爽快なシーンであるが、士郎のマンガを見慣れた目には違和感がある。原作の同じ場面（p.8）では、草薙素子は中層ビルの壁を忍者よろしく伝わり降りている。

そのちがいはそのまま、鳥瞰 bird-eye と虫瞰 worm-eye という視線のちがいでもある。士郎正宗はむしろ虫瞰の視線から描く作家である。閉じた階層都市を舞台とした作品群はもちろん、彼自身が監督したアニメ『ブラックマジックM―88』（一九八七年）でも、やはり虫瞰的な視線が目立つ。

それはアニメの大きな魅力である速度感を裏切り、小津安二郎の映画のような粘り気さえ感じさせる。士郎正宗の世界には『外』がない。絶対的な外部を代補する、空から見下ろす視座《パースペクティヴ》が出てこない。それが彼の作品の重要な基調になっている。その『外』のなさはルーマンがやわらかく皮肉ったような、主題的に語られる対象ではなく、作品世界そのものに内属する。だから、ときに動く画《アニメーション》の快楽に背いてまでも、鳥瞰ではなく虫瞰に傾くのではないか。

視線のちがいだけではない。原作に比べて、『Stand Alone Complex』の登場人物はやたら「神」について語る。その点でいえば、『Stand Alone Complex』は士郎正宗の『攻殻機動隊』よりも、七〇年代東京への郷愁を背景に、OSに侵入するウィルスを反キリストになぞらえた押井守のアニメ『機動警察パトレイバー the Movie』（一九八九年）の延長線上にある。あるいは、『Stand Alone Complex』は『パトレイバー』よりもさらにだらしなく「神」についてお喋りすることで、「語ることの終わり」を終わりなく語る現代の作品になりえているのかもしれないが。

3　接続の稜線

電脳や義体や仮想世界は、現代の「接続された世界」を語る上で、不可欠な小道具gadgetである。けれども、アニメ『Stand Alone Complex』が後半から続編へ、陳腐な物語に変貌していったように、小道具は小道具、飾りにすぎない。本当に重要なのは電脳や義体や仮想世界といったテクノロジーではなく、電子的な速度感でもなく、この粘りつくような視線の方である。

閉じた有限な世界でありながら、見通しがきかない。いや、閉じた有限な世界だからこそ、見通しがきかない。その見通しのきかなさこそが、世界のあり方としての、あるいはシステムのあり方としての「接続された世界」を特徴づける。『ニューロマンサー』の超越神的なＡＩの世界から『カウント・ゼロ』（一九八六年／日本語訳八七年）のブードゥー教の宇宙へと、W・ギブスンの「マトリックス」も変容していったように。

　全てのものはつながっている。何が新たな要素として出現するとしても、それはすでにあるつながりにつながることでしか、意味をもてない。だからこそ私たちは『外』をもてない。

　しかし、それは全てが既知であることではない。むしろ、新たな要素がつながることで、それ以前のつながりも意味を変えてしまう。つながりだけが意味をもちうるからこそ、つながることで全ては更新されてしまう。既知だったはずの世界が未知なものに転じる。『外』をもてない形で『内』でありつづけることで、世界は文字通り見通しがきかなくなるのだ。

　より正確にいえば、既知から未知へ転じるという表現もおそらく適切ではない。既知と未知という二つの状態値が安定的にあるわけではないからだ（これも正確には、そういう値を同定できる超越的な視点があるわけではない、というべきだろうが）。既知と未知とがそもそも区別できない。「接続された世界」においては、それらは同時に成立する。既知と未知が互いに反転するあやうい稜線やぎりぎりの緊張という形で、私たちはそのことを日々経験している。

　その経験を造形としてどう表現するのか。芸術にとってこれは、『外』でありえないものがいかにして芸術でありうるのかという問いでもあるだろうが、この問いに具体的に答えるのは、この展示『接続される世界』の作品たちに委ねたい。また、その挙動を愛情をこめたやや意地悪い視点で意味づけるのも、先に引用した『社会の芸術』(Luhmann 1995 = 2004) などに任せよう。一人の観客でしかない私が、あれこれ喋るのは遠慮しておく。

4　「システム」の様相

私にいえるのは、この『外』のなさが芸術やテクノロジーだけでなく、思想や社会科学にとっても、探求途上の、開かれた問いであるということである。「接続された世界」をシステムとして捉えれば、自己産出《オートポイエーシス》になる。そこでは『外』のなさは「作動の閉鎖性 operative closure」と名づけられている。これを社会科学に導入したのは、すでに何度も名前をあげたN・ルーマンである。

ご存知の方も多いだろうが、ルーマンのシステム論はもともと複雑性の縮減 reduction of complexity という形で定式化されていた。「世界 (Welt)」の無限に深い複雑性に対抗して、システムが自らの複雑性を高める。それがシステムの作動であった。つきつめれば、「世界 (Welt)」という端的な外部があるからこそ、システムもある。システムの根拠は『外』に求められていた。

自己産出が導入された『社会システム』(Luhmann 1984 = 1995,1996) でも、この図式に大きな変化はない。作動の閉鎖性を唱え、「システムに『外』がない」といいながら、「世界（Welt）」という『外』が語られつづけた。

変わるのは『社会の社会』（Luhmann 1997）あたりからだ。それ以降、ルーマンは「システム内在的な非規定性 indeterminacy inside the system」「自己生成される非規定性 self-generating indeterminacy」を強調するようになる。非決定性や不確実性が、自己生成されるものへと変わっていくのだ。

ノイズは『外』からではなく『内』からやってくる。まるでジョン・ケージの「無響室」のように。

そこから芸術と社会科学の共鳴について語りたくなる人もいるだろうが、私はあまり興味がない。それも決まり文句《クリシェ》に思えるからだ。私がひかれるのは論理のねじれの方である。作動の閉鎖性からすれば「世界（Welt）」を立てる方が不整合なのに、なぜルーマンは抵抗しつづけたのか。なぜ『外』をずっと密輸入しつづけたのか。

理由は推測するほかないが、それはたんにルーマンが中途半端だったからではないと思う。作動的に閉じたシステムは理論的には高度に一貫しているが、それだけに、とてもあやういものでもある。非決定性や不確実性がシステムの内部から来るのだとしたら、なぜそれらはシステムであること自体を非決定にしないのか？　非決定でありながら、なぜシステムだけはそこにあると決定できるのか？

特権的な観察者をおけない社会科学では、その問いを封じることができない。いや社会科学だけでなく、半神になれなくなった私たち全てが、本当はそうなのである。『外』がなくなることで、『内』であることの輪郭もまた失われる。既知であり未知である、というのはそういうことだ。それは限界概念（Grenzbegriff）として、つまり究極の未知として、定義《ディファイン》されることすら拒む。世界は接続されている、そして接続されていることで世界は解除される the world is connected, and being connected makes the world disconnected。少なくとも、世界という言葉が不似合いなくらいには。

それでも私たちは世界やシステムを語ろうとする。薄く引き延ばしながら、薄く引き延ばしていると語りながら。その「世界」や「システム」とは何なのだろう、と私は今ぼんやり考えている。

第五章　官僚制と官僚制化　組織システム論の視界と限界

1　「社会変動」への視線

ありふれた、教科書的な言葉にもそれぞれ表情がある。匂いや手触り、といった方がいいだろうか。

例えば、私にとって「社会変動」という言葉はひどく座りがわるい。これがさかんに使われたのは、マルクス主義と構造-機能主義という二大パラダイムが対峙していた時代である。「資本主義から社会主義へ社会が変動する」とか、「機能要件不充足によって構造が変動する」といった言い方がすぐにうかぶ。社会の外に立つ超越的な観察者として社会学者が社会全体を見渡している——そんなイメージがつきまとう。

私はそういう視線が失効したと考えている（佐藤 1998）。外から、いわば物体を観察するように、変わったとか動いたとはいえない。正確には、いった途端に「それを見ているあなたはどこにいるの？」と反論されて無意味化されてしまう。「社会変動」は主に「社会全体が変わる」という意味で使われてきたが、外から観察する視線が失効すれば、社会の全体なるものも捉えられなくなる。これが理論の衰退なのか、それとも従来が巨大理論すぎたのかについては意見の対立があるが、私自身は後者だと考えている。

学生のころ、私は「社会構造」という言葉が理解できなかった。なぜあるものを社会構造といえるのか、なぜこれが社会構造であれが社会構造でないのか、具体的に識別する根拠がわからなかったのである。今は逆に考えている。何か特定のものだけを構造とよぶのは、社会全体をとらえていると主張するためではないか。私たちは内部にいる観察者として、社会の一部しか見えないのだが、その一部を社会全体を代表する特権的な対象とみなすことで、社会の全体を見ていることにしてきたのではないか。

実際、社会学の外はもちろん、社会学の内でも、ここ二〇年ぐらいで社会の変化を語る語り方は大きく変わっている。私たちは全体が見えないという意味で、社会の一部しか見えない。全体が見えるというのがそもそも幻想だとしたら、それ自体は別に嘆くべきことではない。重要なのはその先である。

「社会変動」といわれると違和感があるが、だからといって、社会が変わったとか、動いたといった感覚がなくなったわけではない。何かが変わった、何かが動いたという感覚をもつ瞬間はたしかにある。そのとき、「社会」と呼ばれてきたものはどう変わったり動いたりしているのか。あるいは、どのように変わったり動いたりして見えるのか。

2　社会と組織の二重性

官僚制と官僚制化というテーマをあつかう上でも、この問いはさけて通れない。それはたんに官僚制化がいわゆる普遍史的叙述や趨勢命題の一つだからだけではない。官僚制にかぎらず、組織の記述と社会の記述の間にはもともと二重性 dualism が見られる。これをどう考えるかで官僚制化のとらえ方は大きく変わってくる。

社会学は「はじめに社会ありき」と考えがちだが、実際には社会は組織を母型《モデル》にしてイメージされてきた。society や Gesellschaft も本来は「社交」「協会」「会社」を意味する（厚東 1991、Riedel 1979＝1990）。日本語の「社会」もよく似た経緯をたどった。近代市民社会の制度は都市の行政体法人を拡大適用したものである（間奏3、佐藤 1993 参照）。

官僚制と官僚制化をめぐってもこの二重性は見られる。社会学で官僚制を最初に本格的に研究したのはM・ウェーバーだが、官僚制化という用語を社会学に導入したのも彼である。ウェーバーは

『支配の社会学』などでは組織の変化を「官僚制化 Bureaukratisierung」、社会の変化を「合理化 Rationalisierung」と呼びわけているが、その一方で「社会の官僚制化 Bureaukratisierung der Gesellschaft」（『古代における農地関係』）や「普遍的官僚制化 universelle Bureaukratisierung」（「新秩序ドイツの議会と政府」）といった表現で、近代社会の変化を考えた。特に後者はよく引用される。

「官僚制は、近代の合理的な生活秩序を歴史的にになってきた他のものに比べて、その逃れられなさにおいてきわだっている。…私的な資本主義が排除されたならば、国家の官僚制だけが支配する。今日では私企業の官僚制と公共機関の官僚制は並存し、少なくとも可能性の上では対抗しながら活動しており、ともかくある程度はお互いに抑制しあっているが、そうなれば、この二つは単一の階層秩序に融合してしまうだろう。古代エジプトのように、しかし、それとは全く比べものにならないほど合理的で、それゆえ逃れられない形で」(Weber 1918 : 462-464 = 1973 : 328-329)。

官僚制化は導入当初から、組織と社会と、二重にあてはめられてきたのである。産業化論や趨勢命題的な用法にもこの二重性は引き継がれている(1)。その多義性を指摘されながら、現在でも便利に使われている。

問題はこれをどう位置づけるかにある。超越的な外部観察ができるのであれば、社会の記述と組織の記述は相互に独立に成立する。したがって、組織と社会の二重性も因果関係と考えてよい。例えば、官僚制的な組織がふえる⇒官僚的な行動パターンを自明視する人間がふえる⇒社会全体の運営も官僚的になる、みたいな因果を想定できる。

それに対して、内部観察、すなわち観察者と当事者が同じ水準で事態を観察する場合には、社会の記述と組織の記述が独立でなくなる。社会学の通常の言い方でいえば、内部観察では、観察者自身も特定の社会の内部にいる（⇒第二章4節）。この場合、観察者は社会そのものを外から観察することができないがゆえに、社会について複数の記述が成立してしまう（⇒第二章3節）。

わかりやすくいえば、社会の内部から社会を観察する場合には、既存の何かをモデルにして、それをメタファーに使ってしか、社会を記述できないのだ。正確にいえば、記述自体がメタファーであることを観察者自身が認めざるをえない。それゆえ、特定のこの記述だけが特に正しい、といえなくなる。

組織、特に官僚制の組織はそういうモデルとして使われてきた。特定の組織をモデルに社会を観察すれば、観察された「社会」はその組織に必ず似てしまう。これは因果以前に、観察の効果である。例えば、社会が国家社会であれば、巨大な行政官僚制は格好のモデルになり、社会も官僚制に似た何かに見える。

つまり、外部観察と考えるか内部観察と考えるかで、官僚制化へのアプローチが全くことなる。内部観察だと考えた場合、かなり複雑な記述戦略が必要になってくる。まず、観察の効果と因果または機能関係をある程度区別しなければならない。その上、組織と社会が同じ平面上にはない（＝同じ存在位格をもたない）ので、因果または機能という形で記述する際にも、関係性のあり方に複数の可能性が出現してしまう。

別の言い方をすれば、内部観察では社会の実定的な記述が組織の記述によってあたえられる。にもかかわらず、社会の記述であるためには、組織でなさを指し示さなければならない。それゆえ、官僚制化論は組織の記述をあたえながら、それからの複数のズレとして社会を指し示し、その上で、両者の間を関係づけなければならない。それは再帰的 recursive に組織の記述をあたえることでもある。

官僚制と官僚制化というのは、そうやってはじめて語りうる何かなのである。官僚制組織とは何かが的確にとらえられて、はじめて官僚制化が何かもとらえられる。それを通じて、官僚制とは何かがさらに的確にとらえられる。

社会と組織の二重性があるとお互いをメタファーにしやすいが、だからこそ曖昧な全体像を語るのではなく、部分的でもいいから、できるだけ厳密な議論を展開することが必要になる。そのためには、自覚的にこの記述ループに入らなければならない。(2) そうすることで、これまで観察対象の属性とされてきた二重性を観察の内部に取り込む可能性も開かれる。その点をふまえて、以下では官僚制と官僚制化を考えていこう。

3　官僚制の定義論

官僚制は歴史的には決して旧いものではない。広まるのは一九世紀以降、いわゆる産業社会以降である。国家の官僚制が起源で、後に私企業にも導入されたとしばしばいわれるが、一八世紀までの西ヨーロッパの国家は君主の所有物、つまり君主が経営する企業の性格が強い。一方、アメリカ合州国では法人企業を読み換える形で国家（州）state ができている（佐藤 1993）。国家と企業のどちらかが先というより、互いに互いを文脈としながら官僚制組織は形成されていった。

その特徴をウェーバーは次のように述べている（Weber 1973：551–552＝1960：60–63）。

（1）制定規則によって定められた「権限」という形で秩序化されている
（2）命令と監視の上下関係がある
（3）組織の職務とメンバー個人の活動が分離され、組織に属する文書と財産をもつ
（4）職務に関して専門的に訓練された人員をもつ
（5）管理に従事する人間の多くがそれに専業している
（6）管理に従事する人間は制定規則をあつかう訓練をうけている

一言でいえば、ホワイトカラーという職種をもつ組織である。行政組織や私企業だけでなく、ヴォランティア団体や一部の宗教団体にも、この種の組織は広く見られる。組織科学（組織論）では「（大規模）公式組織」とも呼ばれる。

ウェーバーの六つの基準は今も社会学の標準的な定義になっているが、さまざまな官僚制論をみ

ていくと、もう一つ重要な特徴に気づく。きわだった二面性、一見矛盾する二つの性格が官僚制に見出されているのである。

ウェーバーはいう。「純粋に官僚制的な行政におけるあらゆる行為の背景には、原理的に、合理的に議論可能な「理由」がある。すなわち規則への包摂もしくは目的と手段の厳密な考量が」(Weber 1973：565＝1960：99)。もちろん、合理性は利点のみではなく、「官僚制の…利点は、多くの状況において、直ちにその反対物に転化してしまう。規則と規律に基礎を置く官僚制は、目的を見失った規則万能主義や秩序への過剰な同調を生み出しやすく、…職務と権限の分化は、硬直した縄張り意識と権威主義に容易に帰結する」(中野 1998)。

ここでは、いわば過剰なまでに規則にしたがう自動機械がイメージされている。ところが全く反対のイメージが語られることもある。例えばH・アーレントは次のように述べている。「官僚制による支配とは政令 decree による支配である。…政令は施行された場合のみ、そして施行されている間だけしか存在しない。それは適用可能性 applicability 以外には、何も正当化を必要としない。…政令の背後にあるのは、誰でも理解できる一般的な原則 general principles ではなく、専門家だけが詳しく知りうる変転たえまない状況 ever-changing circumstances である」(Arendt 1968：243-244＝1981：199-200)。ここではきわめて場当たり的なもの、無原則な、予測不可能な作動をするものとして官僚制が語られている。

この二つのイメージは両方正しいと私は考えている。官僚制は二つの顔をもっている。それも例えば合理化を追求するあまり非合理性におちいるとか、規則性や合理性が過剰になって個人の自由を押しつぶすという二面性ではなく、自動機械的でありかつ場当たり的であるような、あるいは規則的でありかつ無規則的であるような、そういう二面性をもっている。後で述べるようにこの二面性こそが、多数の人間を交代可能なメンバーとして働かせつつ、環境の変化に対応しながら、一定以上のパフォーマンスを安定的に保持するという、官僚制組織の独特の作動を可能にしているのである。

官僚制を考える出発点はそこにある。もしこの二面性（とウェーバーの標準的な定義）に一貫した説明ができれば、より正確にいえば、一貫した記述平面上で官僚制の二つの面が同時に成立していることが示せれば、官僚制とは何かに、一つの答えをあたえたことになる。

4　組織を行為から見る

ここではそれを個人の行為―コミュニケーションという記述平面の上でやってみよう(3)。

官僚制組織を個々人の行為に注目して定式化しえたのは、社会学が最初ではない。組織科学である。これ自体興味ぶかいが、組織科学は「官僚制組織はふるまいの連鎖である」と考えた。「他の人が何をした」⇓「それをうけて自分が何をする」⇓「それをうけて他人が何をすることになるか」という連なりが官僚制だと考えたのである。これはC・バーナードが「協働 cooperative system」という言葉で提示したもので（Barnard 1938＝1968）、ウェーバー的にいえば「行為連関」にあたるが、これだけではまだ必要条件でしかない。

第一に、こうした連鎖はどこにもある。なぜ特定の連鎖だけが官僚制組織となるのか答える必要がある。第二に、連鎖といっても特定の行為内容が指定されているわけではない。「他の人が何をした」⇒「それをうけて自分が何をする」⇒「それをうけて他人が何をすることになるか」という連鎖において、二番目の「何」は一番目の「何」によって特定されてはおらず、三番目の「何」も二番目の「何」から特定されるわけではない。

意外に思えるかもしれないが、もし特定の内容が指定できたら、未来の誰が何をするかまでが確定されてしまう。これは経営的には硬直した状態、病的状態である。環境の新たな変化に柔軟に対応できないからだ。硬直させないためには、どうふるまうかは最終的にはその都度決められなければならない。つまり、個々の行為の時点で、「何」の内容にある程度の自由度がなければならない。

H・A・サイモンはそこに注目した（Simon 1976＝1989、ただし初版は一九四五年）。サイモンは官僚制組織を「決定の連鎖」ではなく、「決定前提の連鎖」だと定義し直した。ウェーバー的にいえば、「行為の前提の連鎖」である。連鎖における前の行為は、後の行為を指定するのではなく、後の行為の前提条件になる。前の人が「した」ことをふまえて後の人は「する」わけだが、「する」内容は後の人がその時点の状況もふまえて決める。前の「した」は後の「する」の前提に組み込まれるが、内容まで特定するわけではない。

一見ささいに見えるが、これは重大な言い換えであった。「行為の連鎖」であれば、行為内容が最初から指定された、時計のような自動機械のように思える。「行為前提の連鎖」とすることで、内部の自由度が見えてくる。サイモンはそれをもとに、官僚制を「集権的分権化」の制度だと考えた。

5　集権的分権化のしかけ

集権的分権化だけであれば、それほどむずかしくない。息が合った仲間同士の協力関係というのは、多くの場合、集権的分権化になっている。

官僚制組織のもう一つの大きな特性は、お互いほとんど面識のない多くの人間をメンバーとする点にある。規模が大きくなれば、面識がなくなる。また、メンバーには参入／離脱の自由があるので、いつ相手が別の人間に入れ替わるかもわからない。つまり、(1)直接面識がなく資質も動機もばらばらな多数の人間を(2)機動的に協働 coordinate させる。言い換えれば、(1)誰がメンバーであっても(2)集権的に分権化できるしかけが必要である。それがわかれば、そのしかけをそなえた連鎖を官僚制組織だと定義すればよい（Luhmann 1964＝1992：1-2章参照）。

ウェーバーの定義を延長すれば、それが「制定規則」や「命令」ということになるが、規則や命令というと行為内容を一義的に指定するように受け取られやすい。そこでN・ルーマンは、官僚制組織が命令の体系や目的の共有で説明できないことをふまえた上で、ウェーバーを修正する形で、「手続き」こそが官僚制組織をつくるしかけだと考えた（Luhmann 1973＝1990、奥山 1991）。

手続きには二つ大きな特徴がある。

第一に、手続きは形式的な要件に注目する。それをみたせば「組織として行為している」と認められる。例えば上司が「こうしてくれ」と言ったとしよう。その言動が一定の要件をみたしているならば、例えば、職場でおおっぴらに要請したとか、上司自身が「上からの指示で」と言ったりすれば、それは「組織の行為」として受け取らなければならないし、受け取ってよい。つまり、上司が個人的に要求しているとして受け流すことはできないが、たとえ本当は上司の個人的な要求であってもその点を確認する責任はない。

自分が他人に働きかける場合も同じである。自分のふるまいが一定の形式的要件をみたしていれば、他の人間はそれを組織の行為と受け取ってよいし、受け取らなければならない。受け取らなければ、その人が組織のメンバーシップを停止されたり剝奪されたりする。

第二に、手続きはそれにしたがう行為内容を一意に指定しない。上司はつねに命令するわけではない。「あなたが考えて処理してくれ」という形で委任や授権することも多い。集権的分権化からすれば、むしろそちらの方が重要である。そうした、権限を付与する操作も手続きにはふくまれる。

要するに、手続きをみたしていれば、ある言動がそのメンバー個人の行為ではなく、「組織の行為」として発効する。そして、組織のメンバーであるかぎり、以前の「組織の行為」を自分がおこなう「組織の行為」の前提としなければならない。そういう形でつくりだされる行為の連鎖体が官僚制組織である。コミュニケーションシステム論的により丁寧に定式化すれば、そういう行為の連鎖体《つながり》としての「組織である／でない」という区別を用いて接続される行為の接続《つな》（継起《がり》）が、官僚制組織である（⇒第二章2・6、第四章2・6）。

標準的な定義、あのウェーバーの六つの基準に対応させれば、（a）手続きは形式的に適用され、変更もできる。つまり、制定規則の性格をもち、その運用に慣れた人間を必要とする。さらに、（b）手続きによって個人の行為とは区別された「組織の行為」が出現する。つまり、職務＝公 office と個人＝私が分離される。そして、（c）「組織の行為」であることによって後につづく「組織の行為」の前提になる。命令や権限の付与も可能になる。

これによって、官僚制は⑴誰がメンバーであっても⑵集権的分権化できる組織になった。すなわち、⑴「組織の行為」という形で公／私を分離し、個人の行為と無関連化することで、個人の水準の資質や動機づけに左右されにくくした。それによって、面識圏をこえて拡大でき、メンバー一人一人は自由に参入／離脱できるようになった。そして、⑵手続きという形を通すことで、さまざまな「組織の行為」をつくりだし、変更できるようにした。それによって、環境の新たな変化に柔軟に対応できるようになった。

例えば、（a）（c）はプログラム的な処理を可能にする（Luhmann 1973＝1990）。つまり、ルーティンだけでなく、例外処理もそなえた課題遂行ができる。官僚制といえばすぐルーティンが連想されるが、官僚制の強みは両方できるところなのである（沼上 2003）。[4]

6　行為連鎖と不確定性

くり返しになるが、ここで重要なのは個々の行為内容には自由度があるということである。「組織の行為」として発効したものは、それに続く「組織の行為」の前提として組み込まれる（と期待してよい）。けれども、前提として組み込まれた結果、どんな「組織の行為」が次になされるかが確定できるわけではない。例えば、どんなにルーティン化されていても、ルーティンか例外処理かの判断はしなければならない。

組織のメンバー一人一人の視点からみれば、先が見えないわけだが、組織にとってはこれこそが集権的分権化の鍵になる。既存の「組織の行為」が前提になることで、それにつづく「組織の行為」には一定の方向づけが生じる。その方向づけのなかでどのような「組織の行為」を実現するかは、個々のメンバーがその時点の状況をふまえて判断する。そういう形で分権と集権のバランスをとっているのである。

なかなかよくできたしくみといえるが、これだけではまだ半面でしかない。不確定といっても、個々の行為者は何も想定しないわけではない。自分が何をするかを決める場合、他人がそれを受けてどうするかをつねに想定する。行為の文脈になるのは過去の行為の連鎖だけでない。未来の行為の連鎖もまた現在の行為の文脈になる。

「組織の行為」にもそれは当然あてはまる。Aが「組織の行為」をするとき、Aは過去の「組織の行為」列だけでなく、自らの「組織の行為」につづくだろう「組織の行為」列を想定している。だが、それは実際におきる「組織の行為」列とは必ずしも一致しない。Aから見れば、その行為は行為時点では、過去の現実の行為列と仮想された『未来の』行為列によって意味づけられているが、その後に、つづいて生起した現実の行為列によって意味づけ直される（⇒第二章4・7）。ある「組織の行為」の意味は、最終的には、その後に接続した他の「組織の行為」によって決まる。

例えば、Aがある行為をした後に、それに現実につづいた行為列によって組織の利害を大きく損ねる事態が発生したとしよう。もしそこで原因究明がなされてAの行為が損害の原因だと帰責されれば、Aのその行為は「組織の行為」ではなく、A個人が組織（例えば会社）に損害をあたえたという個人の行為に意味づけ直される（⇒第二章3・6）。

一従業員から役員にいたるまで、官僚制では原則全てのメンバーがそういう事後的な妥当性のチェック＝「監査」の可能性にさらされている。もし妥当でないと判定されれば、それがAからメンバーシップを剝奪する事由になる。やんわりと辞職をせまるものから、解雇と損害賠償請求、刑事告発までやり方はいくつかあるが、Aの行為も組織の内部では「組織の行為」ではなくなる。

そこまでドラスティックでなくても、あとに続く行為列によってそれぞれの「組織の行為」の意味は変わってしまう。よかれと思ってやった行為が後に接続した行為によって裏目にでるのは、日常茶飯事である。ルーティンか例外処理かも後の行為次第で変わってくる。その意味で、何が「組織の行為」であるか、何をしたことになるのかは、受け取る側によって事後的に決まる。いわば行為自体が「コミュニケーション」なのである。

7　組織と自己産出《オートポイエーシス》

つまり、「組織の行為」は前後の「組織の行為」列によってそれが何であるかが決まると同時に、前後の「組織の行為列」が何であるかをも決めてしまう。(5) その意味で行為はつねに自己組織的である。

ルーマンはこれを組織の自己産出《オートポイエーシス》として描き出した。「組織というシステムは、パーソナリティ・システムとの無関連化をはかるべく、コミュニケーションについての諸々の規則をメンバーシップに結びつけることを中核として成り立っている。組織への参入にあたって、こうしたメンバー役割を引き受けることになり、コミュニケーションの様式が公式化されて規制される。こうしてコミュニケーションの織りなされる場が個々のパーソナリティ……の動機に還元されえない非人格的な場として形成される……、まさにこの点でシステムの境界が形成されているのである」(奥山 1997：151)。

自己産出は組織にかぎらず、およそあらゆる社会的行為、すなわちコミュニケーションにあてはまる（⇒第二章3・4、第四章）。行為は自分が行為したから行為になるのではなく、他人が受け取ることではじめて行為になる。[6] 何が行為か、すなわち行為の意味は後から決まってくる。この本の前半の各章でも詳しく述べたように、行為とは物理的な存在なのではなく、意味論的な存在なのであり、だからこそ本来ならば「行為―コミュニケーション」と呼ぶほうがふさわしい（面倒なのでここでは「行為」と略すが）。

官僚制組織の特徴は、それと同型の事態が制度として組み込まれている点にある（⇒第三章）。日常的な行為でも社会学的にみれば、すなわち観察者から見れば行為の意味は事後的にしか決まらないが、官僚制組織では、当事者たちにおいても「組織の行為」の意味は事後的に変わりうると考えられている。第四章3節で述べた二階の観察のくり込みと同じように、制度的に非規定性（＝解決できない不定性）が組み込まれている。その意味では、組織は近代的な機能システムと似ている。

それだけに組織と法を比べてみるときわめて興味ぶかい。3節で述べたウェーバーの定義が「合法的支配 legal Herrschaft」論の一部であったように、従来、近代法と近代官僚制組織はよく似たものとして考えられてきた。どちらもウェーバーの言い方を借りれば「制定規則」、すなわち手続きにもとづいて構成されている。実際、法においても、法的手続きは「法的行為」を発効させ、その連鎖をつくりだす。一定の手続きにしたがった行為は「法的行為」となり、それにつづく「法的行為」の前提として組み込まれる。

しかし、法的手続きでは行為の意味は強く固定される。一度手続きにしたがって「これは××である」とされた法的行為が後から意味づけ直されることはほとんどない。(7) 実定法的循環の高度な可変性は主に未来に向かって開かれており、一事不再理の原則が示すように、過去に遡った適用はきびしく制限されている。その反面、一つ一つの行為について手続き要件をみたしているか、それはいかなる内容の行為であるかを、各時点各時点で関係者が確認してから、次の行為が接続される。

それに対して、官僚制内の手続きでは行為の意味が強く固定されない。手続きに本当にしたがっているかも、その行為の内容が何であるかも、いちいちチェックしない。とりあえず「こういう意味だろう」と見なして次の行為が接続される。それゆえ、後で「実は××であった」「実は組織の行為でなかった」という読み換えが頻繁に起こる。例えば、上司の指示に関して「あの時あいったではないか」と抗議しても、「知らない」とか「そういう意味ではなかった」と言われてしまう。

8　手続きと準手続き

したがって、官僚制組織の場合、「手続きがある」というより「手続き的見なしがある」といった方がよい。奥山敏雄はこれを「公式の表象」と呼んでいる。職務や権限、責任、命令などは実際にはこうした表象として働く（奥山 1991：164）。とてもうまい表現だが、うっかりすると重要な点を見逃してしまう。手続きと「公式の表象」＝手続き的見なしはちがうものである。

官僚制における「手続き」、以下これを「準手続き」と呼ぶことにするが、準手続きはあくまでも「見なし」「表象」であって、後からその意味を変更できる。というか、変更できることがあらかじめ見込まれている。当事者にとってもそうである。

その点で官僚制と法の間には興味深い対照性が見られる。先に述べたように、法の内部では手続きを通じて行為の意味が行為時点である程度確定される。さらに、「正義」などの観念を通じて、行為内容の間にも一貫性を保持しようと努めている（⇒第二章5・4、Luhmann 2002: 185 = 2004: 254-255参照）。国家と国民という平面《レベル》では、組織とそのメンバーにくらべてはるかに不確定性が抑えられている。

それに対して、官僚制の内部では行為は事後的な意味づけ直しにつねにさらされている。そればかりか、組織それ自体が消滅する可能性が制度化されている。組織の存在というのは「組織の行為」にとって最も基底的な文脈になるものだが、それすらも固定的ではない。行為の内容にも、強い一貫性は要求されない。そういう形で、準手続きは組織における行為の接続のあり方をあたえている。（⇒第二章4・7）

そこには近代産業社会が大きな影を落としている。よく「会社の時間と法廷の時間があまりにもちがう」といわれるが、法と組織ではシステム固有の時間《テンポ》が全くことなる。組織では速さが重要視される。官僚制組織は「管理の反応速度 Reaktionstempo を可能な限り高めるよう、つねに強い圧力をかけられている」（Weber 1973: 562 = 1960: 92）。急激に変化する環境に対応することがめざされているのである。(8)

準手続きでは、法的手続きのように行為内容を確認する時間もないし、労力もかけられない。速く動くから行為の意味づけを固定できないし、行為の意味づけをいちいち確認しないから速く動ける。もちろん、官僚制でも制定規則を否定できるわけではないが、規則を参照する場面自体がかなり限られる。時間がないので、たとえ詳細な規則があっても参照できない。だから、曖昧な規則しかない場合も多いし、「組織の行為」かどうかが後から問題にされる場合も、結果論、すなわち事後的な合目的性でしか判断できないことが多い。また、だからこそ事後的な合目的性で判断できる。

官僚制における組織の合理性とはそういうものである。規則にしたがうという点でいえば、規則が参照される場面はかなり限られている。目的合理的な考量という点でいえば、目的に適っているかどうかは結果をみて事後的に判断される。よくいえば、その場その場の状況にあわせて、悪くいえば、場当たり的に[9]。それが4節で述べたような、一見奇妙な二面性をうみだすと考えられる。

9　法と官僚制の相互依存

ただし、法と官僚制組織は対立するわけではない。むしろ互いに前提にしあっている。

法の運用には官僚制が不可欠である。法が果たす役割が大きくなればなるほど、人的・物的な資源の調達、記録の保持などで大規模な官僚制組織が必要になる。その一方で、法が外部で不確定性を強く抑えているからこそ、官僚制組織の内部では不確定性を強く制度化できる。わかりやすくいえば、個々のメンバーがその負担に耐えられる。

例えば、官僚制組織では参入／離脱の自由が法的に確保されており、不確定性を負担するかどうかは最後は個人で決める形になっている。個々のメンバーからすれば、自分がメンバーになると決めた以上、行為の意味が事後的に決まることも我慢するしかない。あるいは、「本当にひどくなったらやめられる」と思っているからこそ、ずるずると組織にいつづけられる。それがメンバーシップの制度のもう一つの面である。

さらに、「組織の行為」かどうかを最終的に決めるのはその組織自体ではない。業務命令にしたがわなかったとして解雇する場合にせよ、背任に問う場合にしても、最後の決着は法廷でつけるしかない。組織の解散、併合、分離など、組織の同一性にかかわる最終的な判定も法によってなされる。

その意味では、官僚制組織は自己産出ではない。法のように要素（官僚制であれば「組織の行為」）を自己産出する面もあるが、それ自体で要素を確定したり、システムの同一性を保持する程度は法よりずっと弱い。第一章や第二章でも述べたように、官僚制組織はどちらの点でも法に依存しており、厳密にはシステムとして閉じていない。少なくとも、法と同じように自己産出だと考えるのはまちがっている。

官僚制とは何かを考える上で、これは重要な手がかりとなる。法があるからこそ官僚制は不確定性を強く制度化できる。環境の変化に対応して行為の意味を事後的に変更することで、組織の合理性は保たれているわけだが、そういう風に宙吊りにできるのは、組織の外で行為の意味を相対的にせよ確定できるからである。組織も法システムも同じように制度的に他でもありうること《コンティンゲンス》を、すなわちシステム内在的な非規定性（⇓第四章3・2）を組み込んでおり、その点でともに近代的といえる事象だが、組み込み方や程度はちがう。ちがうことを活かしているのである（⇓第三章9節）。

自己産出論はこの辺でずれているように思う。法は自らの手続きだけで行為を接続させ、何が法的行為であるかをほとんど自分だけで決めている。その意味で閉じた自己産出になっているが、現在でも「正義」の観念や個人個人の動機づけから無関連ではない。組織は「正義」や動機づけからかなり無関連化されており、環境に対応して行為の意味を事後的に変えることを制度化している。その点では自己産出をより高度に実現しているともいえるが、何が「組織の行為」であるかを自分だけで決められるわけではない。つまり、組織だけをとりだして、厳密な意味で一つの作動的に閉じたシステムだということはできない（⇓第二章、第四章）。

10　不条理への対抗戦略

この点をふまえた上で、官僚制組織の内部にもう一度視線を戻そう。

官僚制は誰がメンバーであっても集権的分権化ができるしくみである（⇓5節）。多数の人間のふるまいに方向づけをあたえ、環境の変化に対応しつつ、ある程度以上のパフォーマンスを安定的に保持する。あえて鳥瞰的な言い方をすれば、産業社会の出現とともに、そういう協働が優位性をもってしまった。そのしくみとして、さまざまな欠点をはらみながらも、これをこえるものはまだ発明されていない。

これは官僚制を能率的に見せているだけでない。「組織の行為」にはつねに自由度がある（⇓4節）。どうふるまうかはメンバー一人一人に任されているからこそ、その行為の責任が追及される。業績評価や人事査定を通じて、自分の「組織の行為」がどの程度組織に貢献したかを評価される。先に述べたように、それが組織に大きな損失をあたえたと判定された場合には、「組織の行為」であることさえ取り消される。

にもかかわらず、何を選択したことになるのかは、選択した人だけでは確定できない。例えば、もしバブルが崩壊しなければ、旧山一證券の債務飛ばしが背任として、つまり個人の犯罪行為として、告発されることもなかった。むしろ債務飛ばしをしなければ、降格人事の事由になっていただろう。そこまでいかなくても、後の行為列次第で自分の行為の意味はつねにかわってしまう。そのなかで自分の行為の意味を無理に固定しようとすれば、他のメンバーに「不必要な」コストを発生させる。[10]

だから、官僚制組織のメンバーは選択しえないことを選択するという不条理《パラドクス》を引き受けざるをえない。それが組織内部にさまざまな対抗戦略、その意味での脱パラドクス化の戦略（⇓第二章4・11）を発生させる。「官僚制的 bureaucratic」とよばれる組織現象の多くはそこに根ざしている。

例えば、企業でも公共機関でも官僚制の弊害として「先例主義」や「タテ割り」がよくいわれる。これらは自分が選択するという状況をさけるという点で、不条理への対抗戦略になっている。それが複雑にからまりあっているのが「先送り」である。官僚制では「先例主義」や「タテ割り」によってどんどん問題が先送りされていく。これはたんなる怠惰ではない。もし前任者たちが先送りしてきた案件に手をつけたらどうなるか？　失敗すれば自分の評価がさがる。成功すれば、先送りした前任者たちが「無能」や「責任逃れ」になってしまう。前任者の行為の意味が後から変えられてしまう。

「派閥」もそうした対抗戦略の一つである。公式の権限関係と並行して、非公式の人間関係をつくり、その関係によって自分を評価してもらおうとする。派閥に入る動機はコネや保身だけではない。自分の言動を正しく評価してほしいという面も大きい。

大きな組織では、仕事ができるかどうかが同僚や上司次第で左右される。たとえ何か良い企画案をもっていたとしても、上司や同僚が理解しなければおしまいである。だからこそ、本当は何が起きているかを誰かに知ってほしいと切実に思う。派閥は、自分の行為の意味を公式に接続された行為列とは別の文脈で評価してもらいたい、という思いに根ざしている（Luhmann 1964＝1996：242）。

11　責任と無責任の循環

この不確定性《コンティンゲンス》は官僚制における責任のあり方にも深く関連する。

ある意味では、官僚制そのものが責任をとらないしくみともいえる。「組織の行為」というカテゴリーは、「自分の意志でやったことではない」という正当化を許すからだ。だからこそ、制度として組み込まれた不確定性に耐えられるわけだが、その分、個人個人の倫理や資質を問う声にはおどろくほど鈍感になれる。この「非人間性」はつねに批判の対象になってきたが、公／私の分離の帰結の一つであり、規模の大きさと参入／離脱の自由を可能にした条件でもある。あえていえば、官僚制とは高い倫理観や強い目的意識をもたない人間を機動的に協働させるしくみなのである。

それでも一人一人のメンバーからすれば、選択できないことを選択することにかわりはない。他人によって意味を変えられつづけても、自分の「組織の行為」自体は残る。組織そのものが消滅すれば、組織という文脈自体が失効し、自分個人の行為になる可能性さえある。(11) 不確定なのに責任をとらされるだけでなく、とらされ方自体も不確定なのである。だから、どんな形であれ、責任の追及は当事者にはつねに「不当な権力」に映る。組織犯罪が表ざたになるたびに「なぜ自分だけが」「言われたことをやっただけなのに」という弁解がきかれるが、その陳腐さも当事者からすれば真実の叫びである。

もちろん、誰もこの不条理からは逃れられないのだから、不条理自体は本来免責の理由にはならないが、当事者の水準では「不当さ」の方がはるかに強く意識される。それゆえ、官僚制の内部にはつねに責任追及を回避しようとする力が働く。これも先に述べた対抗戦略の一つだと考えられる。誰にも完全な責任はないとすれば、誰が責任をとらされるかもわからない。自分がその「被害者」になるくらいなら、責任追及自体を無力化してしまう方がよい。

その一番単純なやり方は「なあなあ主義」のように責任追及自体をやめることだが、責任追及を全くしないと、今度は追及しない責任が発生する。そこで「みんなに責任がある」という戦術がしばしばとられる。全ての人間に均しく責任があるとして、責任全体を蒸発させてしまう。だが、それで組織のパフォーマンスが大きく低下すれば、外から大きな改革圧力がかかり、それこそ思い出したように責任追及がはじまる。恣意的な責任追及⇓「責任の蒸発」⇓恣意的な責任追及⇓「責任の蒸発」⇓……という形で、過剰な責任と過剰な無責任が発作的に反復されるのである。

まさに「官僚制の病理」といいたくなる事態だが、これは再反転させることもできる。[12] 例えば、組織内の他のメンバーをある方向に動かしたい場合、「こうやってみないか、自分が責任をとるから」と呼びかける戦術がある。そう言われると「そこまでいうなら見込みがありそう」と思うだけでなく、責任追及の恐怖から部分的に解放される。「責任を負う」と言った当人が責任追及の第一候補になるからである。

いわば限定化しえない責任をあえて限定化することで、官僚制組織を特定の方向へ動かす。ルーマンの言い方を借りれば、不確定性を吸収することで権力をうみだす（Luhmann,1964＝1996：12章）。組織においては全てが全てに関係しうるからこそ、それを人工的に断ち切る戦術が有効になる。

12　組織と社会の逆立

以上、官僚制とは何かを通じて、その内部で働く力学とその外部で支える制度的条件をみてきた。ここからさらに記述ループを進めて官僚制化を本格的に論じる余裕はもうないが、重要な論点はすでに出ている。

その一つは、官僚制と近代社会そのものとの関係性である。行為の意味が事後的にしか決まらないという不確定性は、本来、社会的行為全てにあてはまる（⇒第一章、第二章）。官僚制に固有な事態ではない。

それゆえ、社会的行為に「選択」という形式をあてはめる近代社会では、選択できないことを選択するという不条理が必ず経験される。「自由で能率的なはずなのに不自由で非能率的になる」という逆説は、官僚制への批判だけでなく、近代批判でもくり返し言われてきた。

官僚制組織はその不確定性を制度的に組み込んでいる。その意味で、官僚制は近代社会を反省的にモデル化したものになっている。それゆえ、近代社会を反省的に観察する視線は、官僚制を社会の格好のモデルとして発見する。選択できないことを選択せざるをえないという点で、観察者が見出す「近代社会の真の姿」と、官僚制を生きる当事者の感覚は共通する。全ての人が近代の生きにくさをつきつめて考えているわけではないが、その生きにくさを主題化して考える人にとっては、官僚制組織は近代社会そのものに見えてくる。

その意味で、「社会の官僚制化」は観察の効果である。官僚制化というメタファーは全ての人にとって説得力があるわけではない。社会を反省的に観察する人間、すなわち「知識人」に特に強い説得力をもつ。F・カフカの『城』や『審判』がまさにそうだったように、官僚制を生きる人間の姿は近代知識人の自画像なのである。

もう一つは、官僚制と社会内の他の制度との関係性である。官僚制組織は内部に不確定性を組み込む上で、他の制度、とりわけ近代的な法を前提にしている（⇒9節）。言い換えれば、外部に近代的な法制度がなければ、官僚制組織も成立しない。「官僚制化」とは何かを考える上で、この点は特に重要になってくる。

第一に「組織の官僚制化」は組織だけでは決まらない。官僚制組織だけでなく、近代社会内の全ての組織は完全には作動的に閉じていないので、法の影響を直接に受ける。逆にいえば、官僚制組織が変化していくとしても、それは全く固有の論理で自己運動するわけではない。

第二に「社会の官僚制化」は語義矛盾をはらんでいる。ウェーバーは普遍的官僚制化から「『個人主義な』…自由」をいかに救い出せるのかという問いを立てたが（Weber 1918：465＝1973：330）、普遍的官僚制化が完成すれば、近代的な個人の自由はなくなる。自由な個人がなくなれば、個人の行為と「組織の行為」は区別できない（佐藤 1993）。つまり、社会が官僚制化すれば、その社会またはそこでの組織は官僚制組織ではなくなる。R・ベンディクスが指摘しているように、その内部に複数の官僚制が並立する社会と、全体が一つの官僚制のようになっている社会とでは、組織のあり方が全くちがう（Bendix 1974＝1980）。むしろ社会の官僚制化は組織を脱官僚制化させるといった方がいい。

13　官僚制とその外部

5節で述べたように、官僚制組織の標準的な定義は、準手続きにしたがうことと公／私の分離の二つに大きくまとめられるが、この二つも厳密には独立ではない[13]。メンバーシップの制度は準手続きにしたがうことの前提条件になっているが、メンバーシップの制度は公／私の分離を前提にする。公／私の分離は面識圏をこえた大規模組織を可能にしているだけでなく、9節でふれたように、個人が参入／離脱の自由をもつことを通じて、不確定性の負担を吸収するしくみの一つにもなっている[14]。そういう外部があってはじめて官僚制はうまく動くことができる。

法も同じような意味で、官僚制の外部となっている。法がより確定的な形で「組織の行為」の最終的な判定にあたることで、不確定性が吸収される。その意味で、一見意外に感じられるかもしれないが、法は「組織の行為」というカテゴリーや、官僚制内部で非公式に展開される対抗戦略と機能的等価である。

いくつかの帰結がここから導かれる。

第一に、もし社会全体が一つの官僚制組織になれば、法も「組織の行為」というカテゴリーも無意味になる。したがって、制度的に組み込まれた不確定性の負担を吸収するために、メンバー個人個人は対抗戦略をより強固に展開せざるをえない。先例主義や先送り、派閥や責任の蒸発などが頻発する。公／私の分離がなくなれば、制定規則も実質的に骨抜きになるのである。その意味でも「社会の官僚制化」は語義矛盾である。

第二に、法を通じて組織内部の不確定性の負担を適切にコントロールできれば、私企業の経営にも良い効果をうむ。これはいわゆる「社会主義」とは全く別の問題である。過度の柔軟性は対抗戦略を発達させ、企業のガヴァナンスをかえってむずかしくする。

第三に、私企業と公共機関の官僚制の間には無視しえないちがいがある。近代法の維持には行政・司法両方の官僚制組織が欠かせない。そのため、社会全体が官僚制化されていない場合でも、法は公共機関の完全な外部にはなりにくい。

もちろん、コモンロー法系のようにギルド的職業集団が法曹になる場合と、大陸法系のように行政官僚と法曹が重なる場合でははちがうし、特に日本では司法が行政の外部に立たない傾向が強い。けれども、そうした歴史的なちがいをこえて、一般に法制度が多くの処理負担をかかえ、人的物的資源を大量に必要とすればするほど、公共機関の官僚制から自律しにくくなる。

それゆえ、公共機関の官僚制は国家そのものと同じではないが、ある程度似た形で閉じた自己産出に近くなり（第六章8節参照）、独自の硬直化を起こしやすい。法による不確定性の縮減が望めない分、不条理への対抗戦略が強まるからである。個々のメンバーの視点に即していえば、法による救済を望めない分、自己救済を図るしかない。こうして全ての改革や責任追及は骨抜きにされやすい。公共機関の官僚制は法に近いからこそ、法に依存できず、個人の水準で非公式に行為の意味を確定しようとするのである。

その点でいえば「社会の官僚制化」は公共機関の官僚制のメタファーになっている。官僚制化論はマクロな社会変動の記述ではなく、公共機関の官僚制の極限事例、一種の思考実験として意義があるのではなかろうか。

現在のところ、ここにはまだ大きな空白がある。私企業の官僚制は国家官僚制からひろまったと考えられがちだが、少なくとも外部の立ちにくさという点では、公共機関の官僚制が一番定式化しづらい。例えば、8節で官僚制は急激に変化する環境に対応すると述べたが、公共機関と私企業ではその意味あいがちがう。私企業は互いに互いを環境にしあっている。この状況下では、急激に変化する環境に対応するという特性は自己原因的に作用する。例えば、ある企業がイノヴェーションに力をいれれば、同業他社もイノヴェーションに力を入れざるをえず、そうなれば、最初の企業はさらにイノヴェーションに力をいれざるをえない。

公共機関はちがう。第六章でみるように、近代国家の成立には国家間の競争状態が重要な役割をはたしているが、企業と比べれば、国家間の制度競争はやはり限定的である。地方公共団体ならなおさらである。国民や地域住民や私企業が環境だとも考えられるが、その場合、急激な環境変化が自己原因的に成立するとはいえない。

だとすれば、私企業の状況を公共機関に性急にあてはめていることにならないだろうか？　両者は同じような環境にあるというより、あると信じている（ふりをしている）とすれば、それで何がおきているのか？　残念ながら、今の私にはまだこれらに答える用意がないが、私企業と公共機関の官僚制を性急に同一視することで、何かを、とりわけ公共機関の官僚制にかかわる何かを見えなくしているのはたしかである。

14　官僚制を考える意味と責任

官僚制と官僚制化を厳密に考えることで見えてくるのは、そういう見えなさである。官僚制は私たちの身近にある。だからよくわかっているように思えるが、むしろ身近だからこそよくわからない。部分部分はリアルでも、部分間の関連性はつかみにくい。それだけに、「官僚制化」のようなメタファーに走ってしまう。

内部観察者であることからすれば、それはあたりまえだが、あたりまえといって通り過ぎるわけにはいかない。私たちは官僚制とともに生きている。いや、おそらく官僚制組織なしには生きていけない。例えば現代的な自由にとって、貨幣のような一般的な交換手段によって、言い換えれば特定の社会関係に頼らずに、生活に必要な資源やサーヴィスを安定的に入手できることは必須の前提条件といっていい。古代ギリシアのポリス社会では、市民の経済《オイコス》や行政サーヴィスは非自由人の労働に大きく依存していたが、近代社会で経済《エコノミー》や行政サーヴィスを主にになうのは、私企業や公共機関の官僚制組織である。

その意味で、全ての人間が自由であることをめざす普遍的な自由の理念にとって、「人の如何を問わず unpersönlich」（M・ウェーバー）に運営される官僚制組織は不可欠の基盤になっている。これまでみてきたように、官僚制にはさまざまな欠陥があり、ジキルとハイドのような二面性をもつ。それはまぎれもない事実だが、その廃絶をめざした試みは現在までのところ、悲惨な結果に終わっている。それもまた事実である。

だからこそ、私たちは官僚制とは何かを最後まで考えぬいていかなければならない。自分が何を見ていないのかを、何を見えなくしているのかを。本章では官僚制と官僚制化を内部観察として厳密に記述することをめざしてきた。内部観察と厳密性は根源的には相容れないが、それでも二つをともに求める理由もここにある。

官僚制組織はそのメンバーに対して、各人のふるまいが何を帰結するか不確定なまま、各人の行為を強く方向づける。そこでは責任の定義自体が臨界的《クリティカル》になる。通常の意味での責任は、「自らの行為」と「その帰結」の因果を成立条件とするが、官僚制はそういう因果が不確定であることを組み込んだ制度になっている。

官僚制組織の全体像は、事業の巨大さや複雑な分業によって見えなくなるわけではない。「組織の行為」は事後的にその意味や、「組織の行為」であったかどうか自体が書き換えられうる。それゆえ、組織における因果関係は必ず不確定になる。だから全体像が見えなくなるのだ。

そのなかで組織のメンバーは独自の内部観察によって、自分自身の「組織の全体像」を構築しつづけることに強いられる。例えばK・A・アイヒマンはそれを「自己の昇進」という因果関係に収斂させた。その生き方は一見奇異に思えるが、本当は組織で働く全ての人間が自分独自の組織像をつくりあげ、そのなかで生きているのである。その意味でいえば、アイヒマン的な生き方はむしろノーマルであり、実際どこにでも見られる。

これは例えば「戦争犯罪」をどう考えるかという問題でもある。官僚制が個人の倫理や動機から無関連化されたしくみである以上、その倫理性を問うには、無関連化を一度経由した上で何ができるかを考えなければならない。アーレントの言葉を借りるならば、「服従は支持と同じ」と言うためにも、「服従は支持とはちがう」地点から出発しなければならない。

別の言い方をすれば、官僚制に関わる罪はつねに不十分な悪として立ち現われる。誰もが別の誰かのせいにできるからだ。そして、事後的に裁くことはつねに不十分な正義でしかありえない。被告に「あらかじめあなたは警告されていた」と言うことで、その罪から自分を無関連化できる人は誰もいない。この二つの不十分さのなかで、私たちは罪と責任を見出し、語り、決めていかなければばならない。それは官僚制をもったことの対価なのである。

その法廷では実定法に頼ることもできないし、自然法に訴えることもできない。それでも何が「組織の行為」となり、何が個人の責任であるかを事後的に判定しつづける意味はあると私は思う。私たちが官僚制とともに生きざるをえないとすれば、それは生きる条件の一つだからである。

官僚制をめぐる最も根底的な責任のありかはそこにあると私は考えている。組織における見通せなさは免責の条件ではなく、むしろ責任の条件なのである。ウェーバーはそれを「結果責任」と呼んだが、それは政治家だけの義務でもなければ、高度な倫理性の発露でもない。官僚制組織を生き、そして官僚制組織によって生かされている人間の条件なのだ。

一人一人としても、そして他人を裁く／他人に裁かれる者としても。

注記

（1）官僚制論全体の学説史については Albrow（1970＝1974）、山之内（1982）など参照。小説ではカフカの『審判』や『城』、社会学ではウェーバーの『支配の社会学』などがすぐ引きあいにだされるが、どちらも一九二〇年前後に書かれている。

（2）ルーマンはこれをシステムの自己記述の問題としてあつかってきた（Luhmann 1997 など）。日本語の文献では厚東（1991）が主に学説史的な視点で考察している。

（3）組織と社会の二重性をあつかうには、社会を間接的にせよ記述できる必要がある。さらに、マクロな記述はできるだけミクロな記述、つまり個々人の水準での状態記述に接合 linkage させた方がよい。操作的な状態変数に分解してその間の関係性として組織を記述するやり方では、この二条件をみたすのがむずかしい。

(4) 例えば、整備された官僚制はフェイル・セーフになっている。それゆえ「組織の失敗」にはつねに複数の例外処理の失敗がかかわっている。

(5) 意味論的記述としてはこれも不純な文体である。行為の意味が事後的に変わりうるならば、行為という単位そのものが不確定でありつづけるからである。この不純さはおそらく除去できない。論理的には行為は意味論的でしかありえないが、日常的には実在すると思われているからこそ、説明された感じがする。行為論という記述平面はその落差にもとづく。ルーマンの言葉を借りれば、コミュニケーションシステムは観察された瞬間に行為システムになる。⇒第三章、奥山（1997：149）参照。

(6) 詳しくは⇒第三章、第四章。第二章4節でみたように、この事後成立性を解消したり隠蔽したりする一般的なメカニズムは論理的に想定しえない。その意味で、パーソンズが定式化した形での「ホッブス問題」は虚偽問題といっていい。

(7) 例えば、旧東ドイツの国境警備隊員のなかには、西への越境者を射殺して、統一後に殺人罪に問われた人がいる。東ドイツという国家が消滅したために、国家の行為ではなく個人の行為へ、公務から犯罪へと、事後的に意味づけ直されたわけだ。国家はその生成と消滅を外部から定義できないので（第六章3節参照）、こうしたケースが起こりうるが、実際にはかなり稀である。国家の消滅はめったに起きないし、おきた場合でも意味づけが必ず変更されるわけではない。あまり変更すれば、法そのものへの信頼が失われる。第六章8節参照。

(8) 歴史的にみても、官僚制の導入は近代的な時間制度の導入をともなってきた。

(9) 組織の利害は「個人の利害ではないらしい」という否定形でしか同定されない。そのため、組織内部で組織のあり方を変更する場合、組織の合理性をうまく保持するためには特別な制度的用意が必要になる。福留(1997) 参照。

(10) 例えば、より細かな就業規則を要求したり、既存の規則を厳守して自分個人の責任を発生しないようにすれば、業務の処理速度が下がるか、あるいは周囲に膨大なコストが発生する。どちらにせよ、「使えない人間」と判定されて職業キャリアをつぶす。制定規則を参照する場面はその点でも限定されている。

(11) これは組織に関する究極の責任追及だともいえるが、この場合も、選択しえないことを選択している点にかわりはない。清水剛が戦後の東証一部上場会社の寿命を統計的に推計しているが、期待値は百年をこす(清水 2001)。おそらく死に至る過程も十年単位で進行するだろう。その点でも真の原因究明はむずかしい。

(12) 高橋伸夫は企業の管理職へのアンケートとヒアリング調査をもとに、「やり過ごし」が、頼りなく不安定な上司の下で組織行動を安定化させたり、過剰な負荷の下で組織を有効に機能させることを指摘している(高橋 1992)。この種の調査は主観的な評価にならざるをえないが、「やり過ごし」＝上手な先送りがもつ意味は無視できない。失敗した先送りはその失敗ゆえに外部からも観察可能になるが、成功した先送りは当事者以外には観察できない。それゆえ、官僚制組織から遠い人ほど、先送りは失敗しやすいと考えやすい。

(13) 公／私の分離が目的合理的な考量を可能にする点で、この二つはそれぞれ「形式合理性」と「実質合理性」に言い換えることもできる。

(14) こういう考え方は個人実在論に立っており、ルーマンのいう自己産出からは外れるかもしれない。

第六章　国民国家の「臨界」　国民／市民の二重体

1　国家を考える

もしかすると、国家というのは二〇世紀が残した最大の謎かもしれない。

実際、国家には今もなお人を狂おしくさせるものがある。ナショナリズムやパワーポリティクスを標榜するマッチョ志向の政治論だけではない。古くはアナーキズムや世界市民、最近では「国民国家の幻想」論やネットワーク論といった反国家主義的な議論にも、その狂おしさは十分に感じられる。一言でいえば、一種の過剰さである。国家の存在がつねに過大もしくは過小に評価されているのだ。

それこそ法との関係においてもそうである。自然法的な考え方では、法は国家以前に存在するもので、国家はたんなる執行機関にすぎない。国家が存在するのは、たんに、事務の効率化や過去の習慣といった、技術的偶然的な理由からにすぎない。国家以外の、国際機関やヴォランティア団体なども本来、執行機関になりうる。それに対して、国家法的な考え方では、国家は法の根拠となる。法の方が国家意志の実現手段という技術となり、国家はそれ以上遡りえない、自然的必然的な存在になる。

この二つの国家観、いわば技術的偶然的国家観と自然的必然的国家観のどちらも、どこか落ち着きが悪い。実際、私たちは日常的にこの二つの国家観の間をしばしば往復する。例えば、少し前に流行したインターネットの「ネット市民」もその一つである。世界規模のリアルタイムなコミュニケーションという体験は、当初、たしかに国家をこえた市民社会をリアルに感じさせてくれた。けれども、それが次第に広まり、日常生活にとけこむにつれて、かえって「ネット市民」のリアリティは薄らいでいった。例えば、ネット上での利益や権利の侵害が重要な問題になった時、最後の拠りどころとして持ち出されたのは「ネット市民の倫理」ではなく、日本国の法律であった。

おそらく、こうした往復運動自体が私たちに国家の過小／過大を強く感じさせるのだろう。その過剰さは国家について論理的に考えるのを困難にしているだけでない。国家を考えること自体をどこか躊躇させてしまう。だが、それでも、私たちにとって国家がきわめて重要な問題であることにかわりはない。あの狂おしさ、国家を考える困難や躊躇は、その何よりの証拠でもある。

そのなかで私たちは国家をどのように考えていけばいいだろうか。その一つの途は、考えにくさを考えることにあるように思う。私たちが国家をうまく考えられないこと、二つの国家観の間を往復してしまうこと、そのこと自体が私たちにとって国家とは何かを物語っているのではなかろうか。たとえていえば、二つの国家観は本当は一種のループをなしている、あるいは、メビウスの輪のように本当はつながって一つの平面をなしている。だからこそ、私たちは国家についてうまく考えられないのではなかろうか。

そう考えた場合、国家を考えていく鍵はそうしたループに求められる。そこには一種の意味論的なしくみがある。というか、このしくみがあるからこそ、私たちの知る国家、すなわち国民国家は安定的に存在できる。そのしくみを解き明かすのが本章の目的である。

2　国民国家の成立要件

先ほど述べたように、私たちが現在経験している国家形態は「国民国家 nation-state」と呼ばれるものである。そもそも国民国家とはいかなる国家なのだろうか。まずそこから考えてみよう。

厳密な決疑論をおいていえば、国民国家の中心的イメージはやはり「国民」にある。国民国家が成立するためには、まず「国民」が存在していなければならない。ある範囲の空間内の多様な人間たちが同じ「国民」になること――そうした同一性（の想定）の成立が国民国家の第一の要件になる。この同一性の事実的な基盤はさまざまにありうる。言語、文化、宗教だけでなく、歴史的な事件の共有までも「国民」の根拠となってきた。

だが、国民国家というためには、たんにそうした同一性が想定されているだけでは不十分だ。例えば、伝統中国の宋王国はエスニック的にも文化的にも言語的にも強い同一性をもち、科挙にもとづく中央集権的な官僚制までそなえていたが、国民国家というには違和感がある。国民国家といいうるためにはもう一つ重要な要件がある。それは、そうした同一性が「国家」をつくる十分な理由として了解されていることである。これは歴史的にも特異な了解であり、まさに国民国家の最大の特性といえる。つまり、国民国家とは「国民によってつくられる国家」なのである。これが国民国家の第二の要件といえよう。

ややこしいのはその先である。実はこの第二の要件は再帰的に第一の要件をみたす。つまり、ある国家をつくりだしたという歴史的出来事がしばしば国民としての同一性の依り代になるのである。これは一見不思議に思えるかもしれないが、現実的なやり方である。言語にしても宗教にしても、その外延はあまりはっきりしない。国民国家の出現以前は多言語使用はごく一般的に見られるし(「母語」という観念自体が国民国家の出現以後のものである)、宗教についても分派や変異が大きい。文化になると、見方によってそれこそ千差万別である。それに対して、「ある国家をつくりだした」という歴史的出来事であれば、誰が参加し誰が参加していないかが比較的はっきりしている。出来事としてもドラマティックで、「苦難の共有」として感情を喚起する分、心理的にも強い同一性意識を生み出しやすい。

事実、フランス大革命から二〇世紀の植民地解放戦争や社会主義革命まで、国民国家の起源となった「革命」は数多い。そして、その国家のほとんどが「革命」以外の同一性の依り代をもたないのである。そこでは「国民国家をつくった」ということ自体が「国民」をつくり出している。国民国家の創設それ自体が国民国家を創設する国民を創設する。国家であることが国家であることを生成する。その意味で、国民国家は自己原因的である。

さらに、この場合、国民国家の創設は国民という同一性をつくりだしているのだから、国民の存在と国民国家の創設は同義になる。これは国民からみれば、国民の存在が国民国家の創設の十分条件になっているということである。つまり、第二の要件自体がやはり自己原因的にみたされる。わかりやすくいえば、それぞれの国民国家はたんにその国民をつくりだすだけではなく、自らが国民国家として創設されなければならない根拠をもつくりだしていることになる。第二の要件は第一の要件をみたす原因であるだけでなく、自分自身をみたす原因でもある。

3　「国民」のシステム

この自己原因的かつ自己言及的循環において、国民国家は一つのシステムをなしている。意味システム論的にいえば、国民国家はこうした形の再帰的自己生成によって、自らを産出しつづけるシステムになっている。国民国家への一次近似として、これをとりあえず「国民」のシステムと呼んでおこう。

「国民」のシステムでは、国民国家は偶然的かつ必然的なものになる。国民国家の創設という出来事自体は、第三者的に見れば、偶然的である。だが、一度この偶然が起これば、その国家を創設した国民も発見され、その国民の存在が国家を創設する十分条件になるわけだから、その国民国家は必然的に出現してきたように見える。簡単にいえば、国民国家は偶然的にできることによって必然的な存在になるのである。

一度生成してしまえば、国民国家の創設がおきれば、それ以降は国民国家は自存的に存在できる。というか、存続すべき十分な理由を自らつくりだしうる。もちろん、それは一度できた国家は決して消滅しないという意味ではない。フィードバックは環境条件によってポジティヴにもネガティヴにもなりうるが、国民という同一性が出現し、さまざまな統合政策（例えば「国民としての歴史」の創出）や、一つの国家の国民として利害を共有することで、その同一性への信憑がさらに強化されていく可能性が開かれていく。簡単にいえば、国民国家は時間の経過とともにますます自明なものになりうる。

それゆえ、個々の国民国家の正当性は基本的に議論できない。国民国家の根拠とされているのは国民の存在である。けれども、その国民の同一性自体が国民国家の創設から出現したのだから、この根拠づけはトートロジーになってしまう。同一性の程度を基準にすることもできない。その程度自体がしばしば国家の存続の結果であるからだ。例えば、旧ユーゴの「セルビア人国家」が不当でフランス国家が正当だというには、フランス国民という同一性の方がより確からしいというしかないが、その確からしさはフランス国家の方がより長く存続していることによる。例えば一三世紀のアルビジョア十字軍はオック語圏 Languedoc の文字通り「民族浄化」であり、一八世紀末のフランス大革命時でも全人口の四人～三人に一人がフランス語を日常的には話していなかった。一八六〇年代でもその比率は五人に一人にのぼる（田中 1981、桜井 1984）。それらの「浄化」の集積として、現在のフランスという国民国家がある。

国民国家は第三者的には「あるからある」としかいえない。けれども、その内部では、その存在はあくまで必然的なものと信じられている。つまり、国民国家自体がその信憑性をつくっている。それが「国民」のシステムなのである。

そのため、国民国家は偶然的かつ必然的なものになる。「外からは個別的かつ内からは普遍的」(Luhmann 1997 : 1050) ――特定の国民国家に内属した場合にはその国家が自然的必然的に見えるし、第三者的に見た場合には技術的偶然的に見える。組織システムとちがって、近代国家にはその生成と消滅を定義する外部の制度がない。国家間の相互承認という形で、間接的にその国家が自己自身を承認することしかできない。それゆえ、近代国家は組織システムとはちがって、本当に閉じた自己産出的システムになりうるが、裏返せば、この必然と偶然の落差は脱パラドクス化されずに、残りつづける。

ナショナリズムを不条理な感情にしてしまうのはこの落差である。けれども、その意味では国民国家自体がもともと不条理な存在なのである。近代的な法システムも、最終的にはその不条理さから逃れられない。哲学的な議論はどうあれ、現実には近代法システムは国民国家とともに出現する。例えば、基本的人権という理念を支えているのは、「あの人は私と同じ人間だ」という、国民の同一性の信憑にほかならない。その点でいえば、近代法システム自体が、B・アンダーソンの言葉を借りれば、「想像上の共同体 imagined community」なのだ（Anderson 1983＝1987）。

第五章でみたように、近代法システムがつくり出す人権は、たんなる正義ではなく、組織システムの集権的分権化のしくみを支える制度的基盤になっているが、それもまた「国民」のシステムによって支えられている。

4　市民社会モデルの位置価

二〇世紀の国民国家論の多くはここを結論にしてきた。国民国家の虚構性や不条理さをあばいて、「国家の正体見たり！」としてきた。

しかし、もう少しよく考えてみよう。そう結論づけた場合、完全に見落とされている事実が一つ残っている。それは、その虚構性や不条理さを発見している「私たち」自身である。日本という国民国家の虚構性を知ってもなお、ほとんどの人は平然と日本国の一員でありつづけている。とすれば、これは何か新しい発見というより、むしろ公然の秘密なのではなかろうか。そもそもこの種の国民国家論が流行するという事実自体、多くの読者が抵抗なくそれを読んでいること自体、その何よりの証拠である。

つまり、「国民」の虚構性や不条理さは現在の国民国家にとって、すでに折り込み済みなのではないか。想像力という流行語をあえて使えば、現在の国民国家を構成する想像力の水準とは国民国家の実在性ではなく、そちらの方ではなかろうか。現在の国民国家はむしろ「国民国家は虚構である」「不条理《パラドクス》である」と信じることによって成り立っているのではないか。

だとすれば、国民国家の本当の臨界はそこにはない。

私たちが国家を平然と虚構視できるのは、私たちが国家に対して第三者的視点をもてるからである。もっとはっきりいえば、そういう視点がすでに用意されているからである。私たちは「国民」以外の何者かとして自分を定位できる。国家の偶然視と必然視の往復は、この何者かと「国民」との間で私たち自身が往復しているからであり、それ自体、現在の私たちが生きている国民国家のしくみの一部なのである。

では、その視点とは具体的に何なのだろう。「国民」を反省しうる国家観の具体像を探ってみると、アナーキズムのような人工的な思考停止をしないかぎり、最終的には意外なくらい古典的なものにいたりつく。市民としての個人が集まって国家をつくるという社会契約論的国家観、いわば市民社会モデルである。これが、国家の創設それ自体を説明する国家観として、私たちに第三者的視点を提供している。

もともと、国民国家と「民主主義」的政治体制との間には一種の親和性がある。(1)国民が国家をつくるという了解が存在し、かつ(2)国民としての強い同一性意識がある種の平等性を含意するため、国民国家は程度の差こそあれ、「民主主義」的形態をとる。もちろん、ここでいう「民主主義」は議会制民主主義だけでなく、ポピュリズム的独裁制もふくむ。というか、「国民」のシステム上では、ボナパルティズムや開発独裁を見ればわかるように、この二つの間にそれほど大きな差異はない。

市民社会モデルは、いうまでもないが、それ以上のものである。市民社会モデルでは、個人としての市民が先に存在しており、国家はその市民間の契約によって創設される。T・パーソンズが「契約の非契約的基礎」と呼んでいるように、契約が有効なのは、その契約を保持する秩序性がすでに存在しているからである。したがって、市民社会モデルは国民国家の創設以前に、市民および市民社会を置いていることになる。

国民国家をつくる「革命」と市民の「社会契約」はしばしば混同されるが、論理的には決定的な違いがある。「革命」ではそれ以前の国民の存在を想定しても、その国民性は言語や文化や歴史的記憶といった一種のモノによって同定される。その意味で、「国民」とは物理的《フィジカル》身体的な存在である。それに対して、「社会契約」は契約という秩序性をもちこんでおり、そこでの市民はすでにすぐれて社会的な存在である。だからこそ「市民社会モデル」なのである。

この半秩序性ゆえに、市民社会モデルの上でも、国家は半ば必然的で半ば偶然的な存在になる。そのため「国民」のシステムともなじみやすく、私たちは多くの場合、このモデルで国家を反省しようとしている。だが、よく考えてみると、市民社会モデルはある重要な点で国民国家と矛盾する。市民社会モデルにおける「市民」は高度に普遍的な存在であり、自律的な意志をもてる人間は原理的に全て市民になりうる。したがって、市民社会は本来一つしかないし、その国家も一つしかない。それに対して、国民国家は複数存在してきた。市民社会モデルからは国家の複数性は出てこない。市民社会モデルからいえば、それは不当であるか、少なくとも非効率的な事態である。

つまり、「市民」であることと「国民」であることは矛盾をはらんでいる。にもかかわらず、私たちは現実には「市民」でありつつ「国民」となっている。本当は、だからこそ国家の偶然視と必然視の間を往復せざるをえないのだろう。「市民社会」と国民国家の間の関係は、市民社会モデルから想定されるような単純なものではない。ここにはもう一つ、重要なしくみがかくれている。

5　国民国家の形成史

問題の焦点は「市民社会」と国民国家の関係にある。それを解きほぐしていくには、国民国家の成立史をおうのが一番わかりやすい。

国民国家の出発点になるのは西ヨーロッパの「絶対主義国家」である。絶対主義国家とはいかなるものだったか。G・エーストライヒは次のように述べている（Oestreich 1969 : 186 = 1982 : 244）。

もともと自立的な支配領域・法領域の寄せ集めであった大国家を統一へ導いていった指導的理念、ヨーロッパ国家群体系のきわめてきびしい生存競争のなかでの、すなわちさまざまな民族および国家の軍事-外交的あるいは経済的圧力のなかでの自己保持——それらは今後とも、ヨーロッパ絶対主義がなしとげたことを考えていく上で、出発点になるにちがいない。

エーストライヒはここで絶対主義国家形成の二つの契機をあげている。(1)社会的規律化 Sozialdisziplinierung と(2)国家群体系 Staatensystem である。

(1)の社会的規律化とは、個人での厳しい自己規律と日常生活の規則化をさす。これはM・ウェーバーが「プロテスタンティズムの倫理と資本主義の精神」で禁欲的プロテスタンティズムの特徴としてとりあげ、さらにM・フーコーが『知への意志』で「生-権力」と呼んだものにもつながる（Foucault 1976 = 1986）。一言でいえば、自律的な意志を帰属される個人の形成である。そして、そうした主体的個人を管理するものとして、一元的な行政管理機構が生まれる。絶対主義国家はそういう形で自立的な支配領域・法領域の統一化を進めていった。

この動きをエーストライヒは国家間の制度競争としてとらえた。それが(2)の国家群体系である。主体的な個人の形成と一元的な国家機構の成立は、一七〜一八世紀の西ヨーロッパ国家間の覇権争いを背景にしているのである。エーストライヒは、これらが一種の統治技術として西ヨーロッパ全域にひろがっていったと考えている。つまり、国家間の制度競争として個人の規律化が展開された結果、国家間の差異をこえた個人主体の同形性がつくりだされた。いわば、個々の国家の競争が普遍的な「市民」の観念をつくりだしたのである。

概念史的に見ても、この時期以前にはそういう「市民」の観念自体が存在しない。伝統的な意味での「市民」とは、つねに特定の政治体の構成員であった。M・リーデルの言葉を借りれば、「一八世紀半ば以降市民社会の旧い伝統的な概念をおそったあの危機の最も重要な結果は、数百年来妥当性をたもちつづけてきた「国家」(civitas, res publica) と「市民社会」(societas civilis) の同義性が今や明らかに解体したことである」(Riedel 1979 = 1990 : 753)。

6　「市民社会」のリアリティ

その「危機」のなかで、絶対主義国家からさらに国民国家がうまれていく。西ヨーロッパの場合でいえば、「市民革命」を通じて個人と国家の関係が逆転され、個人が国家を創設するという市民社会モデルによって、読み換えられていった。いわゆる近代的な市民概念がそこに誕生する。

だが、そういう「市民」、国家をこえた個人の観念にリアリティをもたせたのは、複数の国家間の制度競争である。絶対主義以降もそれは変わらない。「市民」の観念は抽象的なだけに、その具体的な定義要件にはさまざまなヴァリエーションがありうる。それにある程度の共通性をあたえているのも国民国家間の競争である。女性参政権、子供や狂人などの無能力者の線引きから、それこそ最近の「ネット市民」まで、各時期の「市民」の姿は国家間の模倣によってひろまった。

言い換えれば、そうした「市民」のあり方は国家間の制度競争によって、文字通り国際的にうみだされた。もちろん、そこには環境条件として資本主義経済があり、そのなかのさまざまな試行錯誤で生き残ったものが真の「市民」のあり方として定着したのだろうが、とりあえず、その「市民」の姿は国家秩序の外部、国家をこえた社会的事物である。そこに想定されるのが「市民社会」にほかならない。

逆にいえば、「市民社会」がリアリティをもつのは、実はこういうメカニズムが働いているからである。もし「市民」のあり方が特定の国民国家によって決まるのであれば、それが国家をこえた存在であるとは誰も思わないだろう。個人が国家を創設できると考えるには、個人は国家以前の存在でなければならない。単純にいえば、個人が個人であるためには、個人が国家を選択できる可能性が確保されなければならない。

現実には、ほとんど全ての個人は一つの国家の内部でうまれ、一生そこで生きていく。国家を具体的に選択する機会をもつ人はまれである。ただ、その可能性は開かれていなければならない。それがなければ、個人は国家に最終的には包摂されるしかない。

そのためには国家が複数必要になってくる。現在いる国家とは別の国家が存在するという状況が必要なのである。[1] さらにいえば、その個々の国民国家における「国民」の同一性への強い信憑が「市民」のリアリティをつくりだしている面もある。その信憑があまりに強固なために、その否定形＝「国民でない」が、国家をこえた何か共通な実質をもっているようにも感じられる。

　つまり、市民社会モデルに信憑性をあたえているのは、実は国民国家の個別性なのである。具体的な国家が複数並存しているからこそ、普遍的な「市民社会」というのが想定できる。その意味で、単数の「市民社会」／複数の国家というのは、必然的な組み合わせになっている。各国民国家の制度競争、すなわち個別利害の追求が、普遍的な「市民社会」を信憑させる。「国民」のシステムが複数存在することが「市民」を成立させているのである。

7　個人の外部性

　そうなるとまた新たな疑問がでてくる。

「市民社会」が国民国家の併存に、すなわち個々の国民国家が相互に解消できない形で存在することに依存しているにもかかわらず、正確にいえば、依存していると私たちは反省できるにもかかわらず、なぜ市民社会モデルが信憑されつづけているのだろうか。国民国家による個人主体の形成という筋書きは文化《カルチュラル》・研究《スタディーズ》などでもさかんにいわれてきたが、にもかかわらずなぜ国家以前的な主体が想定されつづけるのかは問われていない。けれども、論理的にはむしろその点こそが問題になる。

これに対する一つの解答は「あるからある」というものだろう。そこに旧いヨーロッパの「市民社会 societas civilis」の残存をつけ加えてもいい。だが、もし本当にそうした歴史的慣性によるものであれば、時間の経過とともに、そして国民国家における「国民」の同一性の強化とともに、希薄化していくはずである。さらに、市民社会モデルでいう市民と旧い伝統的な市民概念は内容的にもちがう（⇒5節）。

そこにはもっと積極的な理由もあるのではないか。国民国家の外部に「市民社会」が仮想されていることは、国家自身にとっても必然的な理由があるのではないか。

私たち自身がまだこのシステムの内部にいるので、その理由を現時点で完全に見通すことはできないが、一つ考えられるのは、国家が個人を包摂することによる不都合である。「市民社会」を想定すれば、個人の自由選択―自己責任という基本原則をもちこんで、それによってさまざまなコスト配分ができる。個人を「市民」として外部におくことで、個人の側に負担を要求できる。

もし国家が個人を包摂する形をとれば、個人にかかわるさまざまな事態についても国家が責任をとらざるをえない。複雑化した社会、とりわけダイナミックに変化する資本主義経済においては、それはきわめて大きな負荷を国家にかける。国家が制度競争へ政策的に誘導するにしても、その全てのコストを引き受けるわけにはいかない。そんなことをすれば財政的に破綻するし、国民経済全体にも大きなデメリットがおよぶ。資本主義市場経済は個人の自発性をひきだす（＝制度的に「強制」する）ことで、企業や産業の活力をうみだすしくみだからである。逆に、国民経済が成長し競争力をませば、国家もより安定的に存続できる。

つまり、複数の国家群のなかで個々の国家が存続しつづけるために、「国民」は「市民」でもある必要があるのである。国家自身に実体的な意志があるわけではないから、ここで「国家が存続しつづける」のを望んでいるのは、本当は国家を構成する人間自身、「国民」自身になる。したがって、国家の外部に「市民社会」を仮想すること、その意味で国民国家を脱パラドクス化せず、あるいは中途半端に「脱パラドクス化」することで（⇒第二章4・10および注11）、不条理のまま生きていることは（⇒3節）、実は「国民」が国家を存続させるための自己パターナリズムだと考えられる。もちろん自己パターナリズムのつねとして、そう完全に自覚されることはないだろうが。(2)

その意味で、「市民社会」と国民国家は相互依存的な関係にある。「市民社会」には複数の国家が必要だというだけでない。国家もまた、その環境 Umwelt として「市民社会」を必要としている。そこに「国民」と「市民」とをともに存立させているさらなる意味論的なしくみ、いわば「国民／市民」の二重体が見出される。

8　「国民／市民」の多重秩序

率直にいってまだまだ粗い近似でしかないが、このような形で近代の国民国家は再帰的な自己同一性とシステム／環境境界を成立させているのではなかろうか。言い換えれば、国民国家というシステムにおける「自己」は、このような意味論的特性をもっているのではなかろうか。そう考えた場合、このシステムの挙動について、さらにいくつかの特性を導き出せる。

この二重体によって、国民国家の世界は特異なダイナミクスをはらむ。国家をこえて普遍的な「市民」が想定される場合、その普遍性自体がある種の秩序の結果と見なされる。「契約」という法的形式をもちこめば、なおさらそうなりやすい。個人が国家を選択するという操作が、具体的に実効的なものとして想定できなければならないからである。そのため、国民国家の世界は多重の秩序空間となる。「国民」にもとづく個々の国民国家の秩序空間があり、さらにその外部に、「市民」による、「市民社会」という秩序空間が想定される。図式的に表せば、複数の法とその外部にある単数の『法』からなる秩序空間ともいえよう（佐藤 1993 参照）。

国民国家はこうした多重秩序空間の形で成立している。その点では、法システムを外部にもつ組織システムと似ている。だからこそ、国家もある程度まで企業組織に見立てて運営できるのだろうが、組織と法の組み合わせとはちがって、国家と『法』の組み合わせでは、『法』に対応する具体的な制度がない。国際法は近代法システムのような強制力をもたない。

この点でいえば、国家は『法』という秩序を外部にもつというより、複数の国家のシステムの作動が並存することで、あたかも『法』という秩序が外部にあるかのように挙動する。そういう意味で、国家のシステム以外に別のシステムがあるのではなく、複数の国家の並存という形で、互いに互いを構造連結しあっているといった方がより正確だろう（⇒第四章注7）。

だから、これ全体を「国民国家のシステム」と呼べる。このことは理論の面でも、システム／環境図式の位置づけ（⇒第三章10節）や、なぜ「相互浸透 Interpenetration」よりも構造連結の方が適切なのかなどを考える上で、重要な示唆をあたえてくれるが、ここではおいておく。経験的な記述に戻れば、国民国家がこういうシステムであることが、国民国家の世界に解決不可能なアポリアをつきつけるのである。

わかりやすい例からあげよう。個々の国民国家の外部にある『法』もまた、一つの秩序と考えられている。そのため、この『法』を法として現実化していこうとする運動が必ず起きる。その一つはいうまでもなく普遍的人権という考え方である。だが、この普遍的人権は自己否定的な契機もはらんでいる。人権が本当に普遍的であるには、複数の国家が並存してはいけないが、複数の国家が並存しなくなれば、国家の外部にある個人という「市民」の信憑性自体も失われる。それゆえ、普遍的人権は最終的には理念上のものにとどまらざるをえない。

9　地球環境問題の困難

もう一つわかりやすい例は地球環境問題である。

国民国家のシステムが地球環境問題を解決困難にすることは、これまでの議論からも容易にわかるだろう。このシステムにおいて実効的な秩序は国家の法であり、その実効的な秩序の外部に出られることが、「市民」の信憑をささえている。したがって、地球環境問題を実効的な秩序によって解決することはできない。個々の国家の枠をこえて強制力をもつ法はつくれないからである。そんな世界秩序がもしあれば、個人はその秩序の外部に出られない。つまり、世界法をになう機構は必然的に全体主義国家になってしまう（全体主義がつねに悪だとはかぎらないが）。

それゆえ、国民国家のシステムにおいては、条約という国家間の善意に依存して地球環境問題を解決するしかない。この善意を合理的に根拠づけるのもむずかしい。過去の既成事実をどこまで認めるかという、国民国家の正当性と同じ問題が出現するからである。

地球環境問題の抜本的な解決策としては、途上国の人口抑制や先進国の経済水準の引き下げがある。これには既成事実の正当性という難問がつきまとう。先進国は一九世紀に人口爆発をすでに経験し、それによって「国力」＝経済力や軍事力を飛躍的に向上させた。途上国と先進国の平等性を追求すれば、途上国にも人口増による「国力」上昇を認めるか、先進国の経済水準を引き下げるべきである。

けれども、このどちらも現実には受け入れられない。第一の解決策である途上国の「国力」上昇は地球環境に大きな打撃をあたえるし、第二の解決策は先進国内で全く支持されない。この解決不可能性は直接には国家の複数性に由来するが、さらにさかのぼれば、国民国家が「革命」という出来事によって成立する時間的な存在であることに起因する。個々の国民国家の成立時点がばらばらなので、適切な資源配分の基準となる時点を普遍的に設定できないのである(3)。

その意味では、国家は法人よりもはるかに厄介な存在である。もし国家の創設や保有資源の継承関係をきちんと定義しようとすれば、世界法が必要になる。それゆえ、国家単位の資源分配は「現実にはこうなっている」という端的な事実に依拠するしかない。それはいわゆる「実力」とあまりに近接しているため、つねに不当な支配として非難される。というか、これについての正当な解決は国民国家のシステムには存在しえない。

さらにもう一つ、環境問題の解決を困難にする要因がある。それは、「市民」としての個人が国家を選ぶ権利の想定である。これは例えば環境汚染型産業の移転問題として出現する。環境汚染型産業では、汚染防止コストが少ないほど競争力がます。したがって、企業としては環境規制のゆるやかな国家に移転した方がよい。途上国からすれば、環境汚染を我慢することで経済的に成長できる。それゆえ、企業という法人は国家を選んで移るわけだが、個人が財産・技術をもって容易に移動できれば、原理的には同じ事態が生じる(4)。

要するに、地球環境負荷のような負の公共財がある場合、国家を選択する権利は社会的ディレンマ＝「共有地の悲劇」の可能性をつねにともなう。他の国家がきびしい環境規制をしくなかで、ぬけがけを図ることもできる。その対処策としては、環境汚染に関する普遍的人権が考えられるが、これもあまり実効的になれば世界法となりかねない。

10　システムの自己写像と覇権国家

覇権国家の出現もこのシステムの挙動にともなうアポリアの一つである。ここにも『法』の想定がからんでくる。『法』に実効性をあたえるという形で、一国家の法が部分的に『法』を代行しうるからだ。多重秩序空間は覇権国家と構造的に親和的なのである。アメリカ合州国という一国家が自己中心的な普遍性を主張できるのには、こういう理由もある。さらに、この国家は移民国家であり、現在でも重要な移民の受け入れ国になっている。その点でも、国家を選ぶ権利という『法』を代行している。

興味ぶかいことに、この国家は国民国家のシステムの縮小自己写像となっている。J・ホイジンガによれば、一九世紀までアメリカ合州国は単数形"she"ではなく、複数形"they"で呼ばれていた(Huizinga 1917＝1989)。いわば合州国自体が国民国家のシステム、より正確には、複数の国民国家を連結させたシステム（図6・1のⒶ）だったのである。したがって、一九世紀までは大西洋をはさんで二つの国民国家群が存在していたともいえる。(5) 二〇世紀にはいって二つのシステムが統合され（図6・1のⒷ）、やがてアメリカ合州国 United States of America は単一の国家となり、国民国家のシステムの内部に国民国家のシステムが折り返されて、一つの国家として存在するという二重構造（図6・1のⒸ）ができあがる。

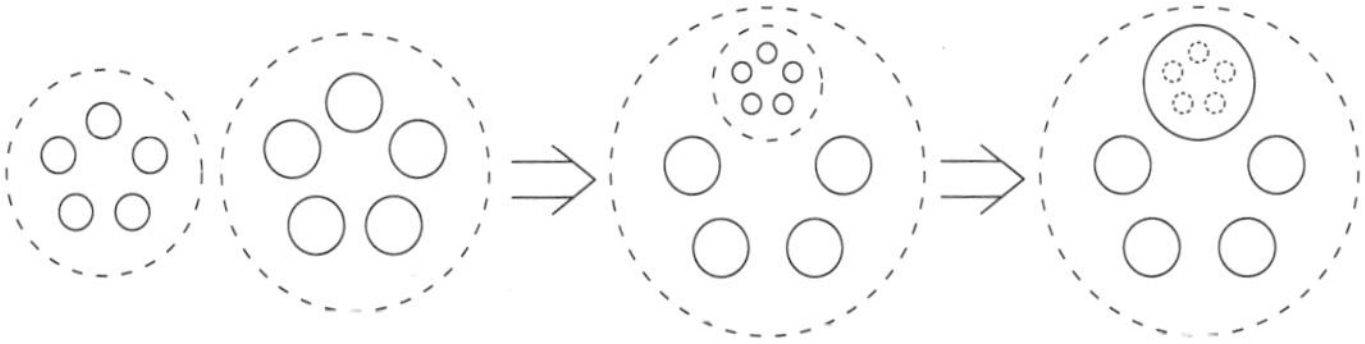

図6.1　国民国家のシステムと縮小自己写像　実線の円は国家、点線の円は『法』を表わす

この折り返しは、システム論から見ても面白い。システムとその外部との関係がシステムの内部で反復されているからだ。つまりシステムの再参入と同じ事態になっている（⇓第四章2・6、3・1）。

第四章で述べたように、コミュニケーションシステム論では必ずしもシステムの再参入が論理的に導出できるわけではない。それにはかなり強い公理が必要だが、そういう公理をおかなくても、たまたまシステム／環境関係と同形の事態が成立することはありうる。言い換えれば、外部観察的に「同型だ」といえる内部イメージをたまたまもつことはありうる。

システムの公理系の上で考えれば、これは外部との関係性をうまく内部転写できる可能性を開く。したがってこの形態は特別な安定性をもちやすい、ルーマンの言葉を借りれば「システム合理性」が高度に成立しやすい（⇓第四章3・1）。その意味で、図6・1の(C)は、これ自体が国民国家を連結させたシステムを成立させている構造連結になっているが（⇓8節、第四章注7）、この安定性は別の面では不安定性でもある。

アメリカ合州国が世界と同型になっている――この事実は合州国単位で成立する事態がそのまま世界単位で成立するという感覚をつくりだす。

アメリカの正義が世界の正義という、「善意の」帝国主義がそこにうまれる。軍事的・経済的覇権からだけでなく、もっと素朴にアメリカの特殊利害が世界全体にもあてはまるように見えるのである。もちろん、ここには意味論的トリックがあって、国民国家のシステムにおける『法』は決して合州国憲法のような法にはなりえないのだが、その点は少なくとも合州国の人間からはよくわからない。

帝国主義だけではない。逆方向に作用すれば、アメリカ連邦政府が世界的な全体主義の手先に見える。一九九五年のオクラホマ市連邦政府ビル爆破事件で注目された、「市民ミリシア Civillian Millitia」の論理である。これもまた合州国と国民国家世界の同型性がうみだすリアリティであり、より先鋭的には、仮想的な「市民」を具現化する病理の一つなのかもしれない。連邦政府が信教と武装の自由を脅かすというその主張は、世界法の下では全体主義しかありえないというアポリアをいいあてている。それが中下層白人男性の被害者意識に強く訴えかけるのではないか。

図6・1のような多重秩序空間の折り返しは、(1)国家に対する「市民」の外在性を二次的に保証し、(2)『法』に具体性を投射するが、それはそのまま非覇権国家の主権侵害、つまり国家の複数性の否定にもつながる。国民国家のシステムにとっては諸刃の剣であるが、そんな両義的な覇権国家がうまれやすいのも、国民国家のシステムの挙動の特性の一つだと考えられる。

11　国民国家の臨界とは

そして、あの二つの国家観の往復運動もまたそうである。

私たちは「国民」でない自分を想像することができる。その時、私たちは自分が所属する国家を虚構の、想像力の産物に感じる。けれども、そうした「市民」としての自分は、実は「国民」であることに支えられている。私たちはそれを直観的に知っているから、その「市民」というリアリティもどこか仮想的なもの、空虚なものに感じられるのだろう。実際、一八世紀の市民社会論にくらべ、二〇世紀後半の市民社会論ははるかに仮想的である。「原始契約は実在しない」というD・ヒュームの懐疑論が衝撃力をもたないほど、そしてその事実こそがもっと衝撃的であるのに気づかないほど、仮想化されている。

その意味でも、国民／市民の二重体は国民国家のシステム（の一部）なのである。1節でふれた「ネット市民」のゆらぎは、それを端的に表現している。「ネット市民」というあり方はたしかに国家をこえた自発的秩序形成を予感させたが、それが普遍的に見えるのは国民国家間の制度競争のおかげである。

例えば「ネット市民」の普及にはさまざまなインフラストラクチャー（社会資本）整備が欠かせない。その経済的負担の理由となったのは国民国家の「国益」であった。日本でいえば、合州国に負けない情報産業を育てるためだった。だから、「ネット市民」を唱える人が同時に日本経済の覇権をうったえもした。そこには『法』の代行を主張するアメリカの国益、それに対抗する日本の国益といった国民経済の力学がうごめいており、その結果、「ネット市民」の普遍性がある程度成立し、あたかも自発的な秩序形成が可能なように見えた。

自己の利益と安全がかかった時には国家法をよびだすという事態は、そうした「世界市民」の国家依存性を端的に示している。「世界市民」には「国民」のような強い同一性が存在しない。むしろ「国民でない」という意味で「同じ市民だ」と考えられている面が強い（⇓6節）。それゆえ、何が不可侵かの具体的な合意は、経験的にも成立しにくい(6)。

だが、ネットワーク上の「世界市民」が完全に「国民」になりきることもない。これは資本主義経済におけるイノヴェーションの実験でもあり、そのコストは個人に負担させる方が都合がいい。いやコスト以前に、そうしたフロンティアの領域を残しておかなければ、個人の自由選択―自己責任の論理自体が働かなくなる（佐藤 1996）。その意味で、国家をこえた「市民」である必要があるのである。

ナショナリズム、地球環境問題、覇権国家、そして「市民」のネットワーク――これらは「国家の危機」が語られるとき、つねにあげられる代表的なテーマである。今まで述べてきたように、これらは「国民／市民」の二重体から派生しており、それゆえ国民国家のシステムでは解決不可能な問題をそれぞれ指し示している。

多くの人がそこに国民国家の臨界を見てきたし、おそらく今後も多くの人がそこに国民国家の臨界を「発見」するだろう。しかし、その解決不可能性の意味についいては、ほとんど考えられていない。例えば、それは国民国家が「世界市民」のなかに解消されることを意味しない。もちろん、そんな事態が将来起こる可能性はあるが、その市民はもはや私たちが想像する「市民」ではない。それはむしろ世界国家の国民であり、それゆえ「市民」には絶対になれない存在である。

「市民」であろうとすれば「国民」でなければならない、そして「国民」であろうとすれば「市民」でなければならない――その往復運動自体が実は「国民」であることを成立させている。「国家の危機」もまた、国民国家のシステムの一部にほかならない。「外からは個別的かつ内からは普遍的」であることこそ、国民国家の本来の姿なのである。

だとすれば、国民国家は、ルーマンがいうような、「世界社会」に移行するまでの「過渡的な意味論」ではない（Luhmann 1997：1055）。むしろ国民国家を「過渡的な意味論」と考えてしまうことこそ、私たちが国民国家のシステムを生きている効果であり、観察の構造的な暗点なのではないか。国民国家のシステムとは最終的にはそういう存在であり、その意味で、私たちの思考の地平線の一つとなっている。

だからこそ、私たちは国家についてうまく考えることができない。おそらくそこに、現時点の国民国家の真の臨界がある。

注記

（1）村上泰亮も「近代の国民国家システムは……複数性を本質とするシステム」だと指摘している（村上 1992a：222）。村上はその理由を「公共財」投資の効率性に求めているが、個々の国民国家の面積や人口のちがい、「公共財」供給の技術的条件の変化などを考慮すると、説得力に欠ける。もっと国民国家内在的な説明が必要だろう。

（2）「国民国家の虚構」論がこの節の冒頭の問いをもてない理由もそこかもしれない。

（3）環境問題にはつねに時間にかかわるアポリアが発生する。社会的費用論も世代間倫理もこのアポリアから実質的に目をそらしている。その解決を考える際にも、やはり国家という問題にぶつからざるをえない。佐藤（1995）参照。

（4）同種の問題として、難民と国際労働力移動がある。現在では、国籍は何よりも不平等な資源配分の実質的 a posteori な根拠となっている。これも「国民／市民」の二重体の力学の一部である。

（5）アメリカ大陸全体でみれば、一九世紀初めに国民国家に近い国家が出現するが、国家群体系というには合州国が強大すぎる。

（6）もし「世界市民」としての同一性が強化されていけば、最終的には新たな国民国家ができるだけである。

間奏3　公共性の原風景をめぐって　社会的装置としての公共性

「きれいは汚い、汚いはきれい」　――W・シェイクスピア『マクベス』

1

公共性とは一体何なのだろうか。

「公共性」という時、私たちはごく自然に「市民」とか「自治」といった言葉を思い浮かべる。自律的な主体としての個人が自分たちの手で社会を運営していく――そうした市民的自治の精神こそが公共性のあるべき姿であり、その理想型 Ideal Typus からはずれた時に、私たちは「公共性が欠如している」と言いたくなる。

しかし、そういった途端、急に「公共性」が薄っぺらい、絵空事に感じられてしまうのはなぜだろうか。それはおそらく、「公共性」というものに、いや正確には、私たちが「公共性」という言葉を使いたくなる時に、そういう精神に回収できない何かがあるからである。「公共性」にはもっと獣じみた臭《ブルータル》いがする。「市民」、とりわけ日本語の「市民」がもつ香りだかさとはちがう何かが、そこにはある。

2

「市民」という言葉からも連想されるように、市民的自治の精神の起源はしばしば西欧中世の自治都市に求められる。自治都市――"municipal corporation"。これはふつう「都市自治体」と訳されているが、"corporation"が会社だとすれば、"municipal corporation"は「都市会社」である。

「会社」と「市民」というと対極的なイメージがあるが、実際、西欧の自治都市は「会社」と考えた方がすっきり理解できる。税金を払う市民が出資者＝株主であり、市議会（市参事会）は役員会、市長はＣＥＯ（最高経営責任役員）である。その役員会が出資金を使ってさまざまなサーヴィスを提供する――それが都市の行政にほかならない。例えば、城壁を修理し、道路を整備する。上下水道を敷設し、公衆衛生にも気を配る。外交も、つまり他の「会社」との交渉も重要なサーヴィスだ。その際には代表権をもった役員が出かけていかなければならない。

自治都市がもつ「非民主的」な制度も、会社だと考えれば納得できる。例えば、納税額による選挙権制限も、会社ならばあたりまえのことだ。株主でない人間は会社の経営に口出しできない。出資していない人間に発言権がないのは当然である。「都市貴族」すなわち都市の名門家系による要職の独占も、一種の創業者利益だと考えられる。会社の設立メンバーが会社の成長とともに大株主となっていき、それが代々受け継がれていく——これも会社にはよくあることである。

先に述べたように、西欧自治都市、とりわけアルプス以北の自治都市は「市民」のゆりかごとされてきた。近代市民社会の原型としての西欧都市論である。もちろん、現在ではこうした素朴な西欧都市論は実証的に反証されている。すべての西欧中世都市が自治都市なわけではなく、また、自治都市の成立過程も実際にはかなり多様である。そういう点から、自治都市の「自治」の内容を問い直す試みはすでにいくつもなされている。

だが、ここで問題にしたいのは、その種の事実的偏差ではなく、むしろ、自治という概念のもう一つの様相である。西欧自治都市は「会社」として見ることもできる。同じ自治でも、その時、都市はまたちがった貌を見せてくれる。「市民」には自由や連帯といった理想の香りがするが、「会社」としての自治都市は、もっとドライな存在である。そこでの市民は、お金を出して公共サーヴィスを買う消費者なのだから。

性にある。

このドライさはどこから来るのだろうか？　それを解く一つの鍵は、都市の生態学的特

3

西欧自治都市の大きな特徴は、その環境の悪さにある。まず都市の地理学的位置が悪い。川沿いの低湿地や中洲に立地していたりする。交通の便からすればたしかにその方が有利だが、少なくとも住みよい場所とはいえない。居住空間としてはむしろ劣悪な環境になっている例が多い。

領主からの独立性が高い、強い自治権をもつ都市の場合には、特にそれが著しくなる。自分たちの手で自分たちの身を守らなければならないからである。戦争に負ければ一般市民まで略奪の対象になる。都市にとって戦争はつねに「全体戦争」になりうる。そのことが環境をさらに悪化させる。都市の防衛を考えれば、狭い空間に多くの人間を詰め込む方がいい。その分、単位面積あたりの戦力が増加するからだ。

それゆえ、西欧自治都市はきわめて劣悪な生活環境に置かれていた。狭い土地に四階だて・五階だてといった、採光性を無視した高層住居が並びたつ。人口が多い分、ゴミや生活排水も多くでる。それが低湿地にあったりするわけだから、病気も発生しやすくなる。

一度ペストなどの伝染病などが発生すれば、人口密度が高い分、壊滅的なダメージを受けてしまう。

自治都市というのはとても「住みにくい」場所だったのである。それを最も鮮烈《ヴィヴィッド》に物語るのはファーの法則だろう。死亡率は人口密度の1／10乗根に比例する――これはもちろん国勢調査（センサス）が整備された後の話だが、それ以前も、「都市は墓場であった」というのが歴史人口学の定説になっている。

劣悪な環境に密集して住まざるをえず、その住み方自体がさらに環境を悪化させる。そのなかで自分たちの生活を守るためには、自分たちの手で自分たちの生活環境を整備するしかなかった。

西欧自治都市には生活のさまざまな面できびしい法的規制がしかれていたが、その背後には生活環境の悪さがあったのだ。密集して住む空間では、生活環境はすぐれて非排除的な公共財となる。食糧供給に問題が生じる、伝染病が発生するといった事態が起これば、その都市の住民全体が生命の危険にさらされる。都市環境の整備は彼らにとって文字通り命がけの課題であった。

それには当然お金がいる。インフラ整備には多額のお金が必要だし、生活規制を実効的なものにするにも、やはりお金がいる。資金はできるだけ多く集め、できるだけ有効に使われなければならない。「都市会社」という制度はそのためのものだったのである。その意味でいえば、資金を出さないで都市に住む人間は、公共財のただ乗りを図るフリーライダーにほかならない。

「会社」というドライな顔は、こうした都市のあり方の相関項なのである。そこには実は都市の住民一人一人の命がかかっていた。西欧都市の高度に「人工の生活」（鯖田豊之）。それは劣悪な環境のなかで自分たちの生命を守る手段であったのだ。

これと対照的なのが日本の近世都市である。城下町がまさにそうであるように、近世都市の多くは領主の手で計画的につくられた。平野部の広い土地《オープン・スペース》に町割りを敷き、邪魔な凸凹をならし、運河や道路、水道まで整備する。戦争をするのは領主だから、城壁もいらない。だから、狭い空間に密集して住む必要もない。おまけに日本の気候は雨が多く河川の流れが速いから、ゴミや排水も自然浄化力をかなり期待できる。

つまり、日本近世都市は環境的に恵まれており、いわば「自然の生活」を営むことができた。歴史人口学の研究でも、日本近世都市は農村にくらべて特に死亡率が高いとはいえない。その上、都市に必要なインフラ整備は都市住民自身ではなく、領主＝「お上」の手で担われていた。住民はあらかじめ整備された都市という容器のなかに、まるでヤドカリのように住みつくことができたのだ。幕末に日本を訪れた西欧人が「庭園都市《ガーデン・シティ》」と称賛した、あの美しい城下町たちはこうしてつくりだされたのである。

4

「だから日本は……」という常套句を言いたいわけではない。

いや、もちろんそれは一つの示唆的な知見ではある。例えば、現在の日本に西欧自治都市とよく似たものをさがすとすれば、マンションの管理組合があげられよう。建物はたえず計画的な改修を必要とし、そのためには共同で資金をプールしていかなければならない。インフラ整備を怠れば、資産価値がどんどん目減りしていく。さらに、居住空間が近接している分、騒音や生活習慣のちがいによる軋轢は深刻であり、かなりきびしい生活規制も不可欠である。密集した生がもたらすそうした問題を、管理組合は自分たちで解決していかなければならない。そのなかでどんな「公」が成立するかは、未来の日本社会を占う道標になるだろう。

しかし、ここで注目したいのは、公共性の存立機制そのものである。西欧自治都市の公共性は、劣悪な環境の下で人為的に生活環境を維持せざるをえないという条件下でうまれた。領主に対して（相対的に）独立性をもったこと、密集して生活するという様式が生態学的に生命を脅かすものであったこと。それらが西欧自治都市の公共性をつくりだしたのではなかろうか。西欧自治都市の公共性は、いわば都市に住む人間の生を営むための装置だったのである。

そう考えると、公共性がもつ、市民的自治の精神とはちがう側面が見えてくる。「都市会社」のドライさはその一つであり、日本近世都市における市民的自治の欠如も、実は機能的に等価なのだ。自分たちの生活環境を自分たちの手で維持する必要がなければ、強い法的規制を自分自身に課す必要もない。日本近世都市にはそもそも西欧自治都市のような公共性の理念も、それを現実化する「会社」制度も必要なかった。必要ないものはいらない――「会社」としてはやはりあたりまえのことである。

それればかりでない。密集した生を営む装置として考えた場合、公共性は自らの〈敵〉を自らの手でつくりだしていることになる。密集した生にとっての最大の〈敵〉は密集した生自身だからである。今も昔も環境問題の元凶は人間なのだ。

言い換えれば、自治都市における住民は二重の意味で公共性の原因になっているのである。公共性の根拠であり、かつ公共性を要請した〈敵〉であるという意味で。そして、この循環は動的なものでもある。例えば、都市の生活環境を良くすることが都市人口の自然増・社会増を引き起こし、さらなる公共性を必要とする。西欧自治都市の公共性はそうした循環のなかにあった。

そこには「乾き」をこえて、一種の「狂おしさ」までただよっている。公共性のあの獣《ブルータル》じみた臭いは、こうした循環がうみだすものではなかろうか。公共性が人間を集めさらなる公共性を必要としていくというポジティヴ・フィードバック——これは、実は、自治都市の生態学的側面だけでなく、異質な人間間の平和領域という法的側面にもあてはまる。いやむしろ、こうした循環があるからこそ、公共性が特別な重みをもつ、固有の理念として成立したのではないだろうか。

近代の国民国家へつながる、公共性のもう一つの系譜がそこに見えてくる。

第七章　世界システムという物語　終わらぬ世界と「歴史」の終わり

1　世界の果てと因果の果て

「世界システム the world-system」というのは、とても魅惑的な言葉だ。

「システム」はしくみをあらわす。「世界」というのはフッサール現象学の「世界 Welt」をもちだすまでもなく、事象の果て、究極である。だから「世界システム」とはいわば究極のしくみにあたる。

事実、I・ウォーラーステインらの世界システム論は、歴史の因果を一国民国家から解き放ち、地球という全体を唯一の単位として語ろうとしてきた。その世界性は、社会科学の因果システム論が到達した究極的な姿といえる。

けれども、世界システム論はもう一つ別の意味でも究極にある。科学としての歴史がそこで終わるのだ。

歴史の科学性を最も強烈に追求してきたのは、いうまでもなくマルクス主義である。世界システム論はそのマルクス主義の最も良心的な後継者の一つだ。いわば最も科学らしい歴史といっていい。実際、マルクス主義の経済決定論が信じられなくなった今でも、世界システム論は歴史科学の最先端にいる。

その世界システム論が科学としての歴史を終わらせる。科学を追い求めた結果、科学と物語が区別をなくし、融けあう。「歴史物語《イストワール》」に別れをつげた歴史科学が世界の果てで出会ったもの――それは「歴史物語《イストワール》」に融けていく自分自身の姿であった。

2　歴史vs.科学？

世界システム論の提唱者、ウォーラーステインは一九世紀型の歴史学と社会科学の対立というテーマがとても好きらしい。「歴史は過去に実際におこった特殊な出来事についての研究であり説明である。社会科学は人間的／社会的行動を説明する普遍的な一連の法則についての叙述である」(Wallerstein 1991＝1993：319)。この二項対立 antinomy の止揚を、彼は世界システム論の重要な課題としてきた。

そもそも科学とは何だろうか。

科学の定義はさまざまありうるが、ウォーラーステイン自身が強調しているように、一九世紀以降の歴史学と社会科学にとって、科学とは法則定立的な学問のことであった。法則とは何かもこれまたやっかいな問題だが、その必要条件が定常的なパターン性であることに異議はないだろう。「条件 a、b、c がみたされれば必ず事象 x が生起する」という命題がなりたつ。それが法則性の一番基本的な要件だ。

言い換えれば、たまたま起きただけでは法則とはいえない。法則性を見出すのには一定の手続きがいる。その理想は自然科学の実験に求められた。いろいろ条件を変えて実験をくり返し、a、b、c があれば事象 x が生じることを確認する。くり返しができることが法則性の必須の要件である。それゆえ、科学の理想は自然科学、とりわけ実験から法則を引きだす物理学であった。物理学にどれだけ近いかで、さまざまな学問の科学性が順番づけられていた。

現在でもこの科学観・学問観は根強く残っていて、時に病的な現象すら引き起こす。例えば、アカデミックジャーナリズムでもてはやされる「社会科学のニューパラダイム」のほとんどは、物理学のモデルを強引に持ち込んでいるか、権威づけに利用している。物理学っぽく見せれば科学に見えるわけだ。

もちろん、本当は、モデルが適用できる限界も明示しなければ、科学とはいえない。だからこそ物理学モデルの持ち込みはただのメタファーにすぎないわけだが、その適用可能性の限界も最終的には実験によって示される。その意味でも、あの法則性の同定手続きは科学の中心である。

それでは歴史とは何だろうか。

これにもさまざまな議論があるが、歴史学が因果の記述であることにはやはり異論がないだろう。ではどうやって因果はつきとめられるのか。さまざまな事象が継起していくなかで、どうやって事象 x の原因が事象 a だといえるのか。

この因果の同定手続きも伝統的によく知られている。ラテン語でいう"ceteris paribus"、すなわち「他のものが等しければ」の手続きである。ある事象 a を事象 x の原因とするには、他のものが等しくて事象 a だけが欠けた場合、事象 x が生起しないことを示せばいい。

M・ウェーバーの有名な議論を借りて説明しよう。「プロテスタンティズムが近代資本主義をうんだ」というためには、たんに近代資本主義とプロテスタンティズムの間に内容上の関連性があるだけでは不十分である。プロテスタンティズム以外の事象が真の原因である可能性を排除できないからだ。それを排除するためには、西欧と同じ社会経済的条件をそなえていて、プロテスタンティズムだけが欠落したところでは、近代資本主義がうまれなかったことを示さなければならない。『宗教社会学論集Ⅰ』(Weber 1920) に収められた「儒教と道教」は、そのために書かれたものだ。西欧によく似た社会経済的条件をもち、プロテスタンティズムだけを欠く社会を、ウェーバーは伝統中国に見出そうとしたのである。社会学者のE・デュルケームは、この手続きを「共変法的因果帰属」と名づけている。

こういう風に形式化するとよくわかるが、この因果の同定手続きと法則の同定手続きは同じものである。事象 a が原因でない可能性を排除するには、事象 a 以外の事象を統制した状況下で、事象 x の生起を調べる必要がある。自然科学の実験と全く同じことだ。法則性のなかに因果の概念がふくまれている以上、自明であるが。

3　比較と因果

この点でいえば、ウォーラーステインがしばしばとりあげる「個性記述的 idiographic な歴史学／法則定立的 nomothetic な社会科学」の対立は、虚偽問題である。実験とは、想定される条件の組み合わせを人工的につくりだして、因果の同定手続きをくり返し適用する作業にほかならない。それによって事象 x の原因となるものを全て尽くそうとする。適用限界をあらかじめ決めた上で、その内部で想定される全ての場合において、事象 x が生起するかどうか、一意に決められるようにするわけだ。

歴史学にとって、これは重大な意味をもつ。因果関係の同定には、最低限、相互に独立した、すなわち相互作用のない二つの分析単位が不可欠になる（相互独立という限定がなぜ必要かというと、一方での変化が他方の不変化の原因になりうるからである）。そういう単位の組み合わせを欠けば、因果関係は同定できない。

二〇世紀の歴史学が一国史という形をとりつづけた、本当の理由はここにある。国民国家イデオロギーがどうこう以前に、もっと方法上の必然性があったのだ。例えばマルクス主義系の歴史学の枠組みでいえば、複数単位を比較することで一定のパターンを、つまり恒常的に関与する原因とそうでないものをより分ける。社会の発展法則を見出す上で、それは不可欠な作業なのである。

いうまでもなく、これは論理的な要件であって、マルクス主義かどうかとは関係ない。実際、先にあげた二〇世紀社会学の創始者、デュルケームとウェーバーはこの問題を十分自覚しており（折原 1981）、その後の実証的な比較社会学の方法論もこれを中心に展開されてきた（Smelser 1976 = 1996, Raigin 1990 = 1993 など）。マルクス主義の歴史学がどこでまちがえたかといえば、法則つまりどのような場合でもどうなるかがいえるほど、十分な数のケースが集められないのに、法則を発見できたと勘違いしたところにある。

その意味では、「個性記述的な歴史学」もありえないし、「法則定立的な社会科学」も実在しない。比較なしに個性も因果も描けないし、どんな場合にも適用できる法則もたてられない。両者の間に本質的なちがいはない。

もしこれと異質な何かがあるとすれば、世界システム論自身である。比較ができなければ因果が同定できない。世界システムはその論理的な要件に正面衝突してしまう。「唯一の社会システムは世界システムだ」（Wallerstein 1974 = 1981a : 9）とすれば、世界システム内部には独立した分析単位は存在しえない。そして、一七世紀以降あるいは一九世紀以降、地球上のほぼ全域を一つの世界システムが覆うようになったのだから、その全なる一つ、すなわち近代世界システム上で発生する事象については、因果関係を同定することはできない。個性も描けないし、法則性の断片も得られない。

4　分割される時空

ウォーラーステインがどこまでこの問題を自覚していたのか、私にはわからない。彼は社会学者だといわれるが、少なくとも、彼の考える「システム」は素朴なもので、T・パーソンズからN・ルーマンへのシステム論の展開とも縁遠い（⇒第一章、第三章）。そればかりか、デュルケームやウェーバーが取り組み、アメリカ社会学でもN・J・スメルサーらによって定式化された因果同定の方法論にも詳しくないようだ。

ウォーラーステインが誰に一番似ているかといえば、やはりF・ブロデルだろう。博学多識で視野は広いが、自分が本当に何をいっているかにはあまり反省的ではない。実際、彼の議論を追っていくと、世界システムの矛盾ならぬ、世界システム論の矛盾にあちこちでぶつかる。

一番わかりやすい例は、覇権の交代をめぐる一連の議論である。覇権国家の出現と衰退は彼の世界システム論の中心的なテーマだが、一七世紀のイギリスとフランスの覇権争いをあつかった『近代世界システムII』では、勝敗の原因を二つの王国における王権の機能のちがいに求めている。ここでは典型的な因果同定手続きが使われているが、イギリスとフランスという、二つの分析単位間の相互作用の有無は検討されていない。従来の「工業化の成功」の説明形式と同じく、国家単位で因果関係が閉じているのである。

それに対して、一八世紀のイギリスとフランスの覇権争いをあつかった『近代世界システム1730〜1840s』では、同じ手法を使って、覇権の有無がそれ以前の覇権の有無から説明されている。より正確にいえば、覇権は二国間の関係性だが、覇権の有／無そのものは一国単位で同定できる。だから、過去の覇権の有無を考慮したからといって、二国間の相互作用をみているとはいいがたいが、ある時点の覇権の有／無が後の時点の覇権の無／有を決めていく具体的な因果関係まで視野に入れれば、二つの国を一つの因果システムとしてみていることになる。

これは世界システム上の事態、やや不正確だがわかりやすくいえば、イギリス―フランス間で起こっている事態なので、もちろん、イギリスとフランスの経過を比較するという手法はとれない。では、この二国間での覇権の交代をめぐる因果経路をウォーラースティンはどのように同定しているのだろうか。『史的システムとしての資本主義』の説明などを読むと、不思議なことに気がつく。ウォーラースティンはここに覇権交代の「周期 cycle」という考え方を持ち込んで、因果の経路を同定しているのだ（Wallerstein 1996＝1997: 72-75）。

周期というのは、ある時間間隔で同じ現象がくり返し起きることである。覇権の交代でいえば、一七世紀のオランダ、一九世紀のイギリス、二〇世紀のアメリカと、覇権国家の生成と消滅が続いていくわけだが、ウォーラーステインは「いずれも」「いずれの」という形でこの三つに共通する要因をとりだすことで、覇権の生成と消滅に本当に関係する事象／関係しない事象を特定している。つまり、時間軸上に三つの分析単位を設定して、それらを比較することで、因果を同定しているのである。

そうすること自体が問題なのではない。覇権の交代のような、複雑な因果の論証には慎重な同定手続きが要求される。それが理論的にも重要な概念となれば、なおさらだ。

しかし、その結果、世界システム論は大きな矛盾を抱え込むことになる。これは論理的には、国民国家単位での比較と同じ考え方だからだ。簡単にいえば、空間を分割するかわりに時間を分割しているのだ。

となると、ただちに疑問がうかぶ。なぜ空間は分割できないのに、時間は分割できるのか。

5　世界システム論の矛盾と破綻

ウォーラーステイン自身、「時空 timespace」という物理学用語をもちだして「時間と空間は……単一のカテゴリーだ」といっている（Wallerstein 1991＝1993：201）。こういう物理学っぽいメタファーにも、マルクス主義歴史学の科学信仰を感じさせるが（⇒3節）、もし本気でそう考えているのであれば、時間と空間のどちらかだけを分割するのは、なおさらおかしい。因果が一方向的か二方向的かのちがいはあるが、空間が連続体ならば、時間も連続体のはずである。

彼の周期性重視の姿勢には強い批判もあるようだ。「人類の進歩を無視している」といった非難はどうでもいいが、周期性をもちだすことへの違和感には十分な根拠がある。世界システム論は、因果があるかぎり一つのシステムとしてあつかうもののはずである。一七世紀のオランダと、一九世紀のイギリスと、二〇世紀のアメリカの間には明らかに因果がある。ならば、これらを別々の分析単位にすることはできないはずだ。世界システム論の論理にしたがえば、これら全てを一つのシステムとしてあつかわなければならない。

あるいは、ウォーラーステインは、周期はあくまで暫定的な単位設定にすぎないと考えているのかもしれない。けれども、それは覇権概念の妥当性を弱めるだけでなく、根本的には何の解決にもなっていない。もしその種の暫定的操作が時間軸上で可能なら、空間軸上でも可能なはずである。具体的にいえば、まず周期をみてから周期をこえた趨勢をみるのと同じように、まず一国単位でみてから国際的な影響をみてもいいはずだ。

実際、経験的な歴史学や考古学では、「世界システム」を国家間システムや社会間システムの意味で使うことが多い。複数の国家をより小さな単位＝「地域」にわけた上で、地域間相互作用（国境をこえる／こえないを区別しないで）を考えるやり方もある。「世界システム」的視点はそういう方向でも活かせるが、これは一九世紀以来の歴史学の延長上である。例えば、国民国家形成を国家群体系 Staatensystem、すなわち国家間システムとして捉える視点であれば、すでにG・エーストライヒ『初期近代国家の精神と形態』（Oestreich 1969 = 1983,1993）が提示している。第六章でみたように、これは国民国家とは何かを考える上で重要な視点になるが、方法的には従来の歴史学や社会科学と同じである。

要するに、ウォーラーステインは一九世紀型の歴史学と社会科学を一見くつがえすようでいて、実はなぞっている。いや、復古しているといった方がいいかもしれない。

素朴に考えても、一回目の覇権国家の消滅は二回目の覇権国家の生成に何らかの影響をあたえるが、それを無視して周期が特定されている。ウェーバーに始まる二〇世紀の比較社会学はこの無視を方法論的な要請として一応反省化しているが、ウォーラーステインは周期を客観的な事実に近い形で位置づけているようだ。そのため、覇権の生成と消滅の周期も歴史の客観的な運動法則になってしまう。社会科学が進めた方法論的洗練の途を、逆方向に走っているのだ。3節でみた覇権交代の因果同定をめぐる混乱も、そう考えれば少し説明がつく(1)。

6　歴史物語への回帰

一言でいえば、ウォーラーステインの描く歴史は、世界システムという概念を裏切っている。彼が語る「世界システム論」は、実際には、時空を複数の単位に分割している。にもかかわらず「脱社会科学 Unthinking Social Science」を唱えるのはそれこそ矛盾しているが、裏切りたい気持ちはわからないでもない。

先に述べたように、世界システムは世界が分割できない、時間的にも空間的にも連続体だということを意味する。それゆえ、地球上にただ一つしか世界システムが存在しない場合、その世界システム上の因果関係を同定することは原理的に不可能になる。

誤解されやすいので断っておくが、因果関係が完全に同定できないからといって、論理的な分析ができないわけではない。仮定をおいて、事情の生起を論理的に説明する作業はつねに可能である。過去の歴史的なデータでは、比較可能な分析単位の数はつねにごく少数しかとれない（詳しくは佐藤1998参照）。だから、因果の同定といっても、それはつねに多くの仮定をふくんでいる。けれども、仮定こみでしか因果が同定できないという経験的事実と、因果同定が原理的に不可能な形で枠組みを設定することは全くちがう。世界システム論の主張は後者の方だ。

二〇世紀の比較社会学が国民国家を分析単位にしてきたのも、この因果の同定可能性を保持したかったからである。比較が有効な、つまり(1)相互に独立しており(2)ある程度似ていて少しちがう二つの分析単位の組み合わせを探した結果なのだ。マヤ古典期のティカルと二〇世紀のシンガポールという組み合わせなら、独立性は高いが、あまりにちがいすぎて、例えばその経済的繁栄の必要条件をうまく同定できない（＝「必要条件でない」として排除できる事象がわずかしかない）。この(1)と(2)はしばしば二律背反 antinomy をおこし、(1)をある程度犠牲にせざるをえない場合も多い。国民国家を分析単位におくやり方はその典型であり、ウォーラーステインがとった、周期性にもとづく因果経路の同定も、すでにみてきた通り、実は同じことをやっている。

世界システムという概念は、その同定可能性を原理的に否定する。地球上の全域を覆う時空の連続体として近代世界システムを考えることは、つきつめれば、事実的な水準で因果がうまく同定できないことではなく、原理的に同定不可能であるとアプリオリに認めてしまうことにほかならない。正確にいえば、歴史上存在した別の世界システムと比較することは可能であるが、近代世界システムは地球上の全域を覆うことで、空間的にその外部が存在しないという特異な環境条件ももつ。それが比較分析の有効性をさらに大きく下げる。それは科学としての歴史学、科学としての社会科学の最終的な否定である。

あの個性記述 idiographic か法則定立 nomothetic かという二項対立が、ここでよみがえる。ウォーラーステインのようにとった場合、すでに述べたように、これは二律背反 antinomy でもなんでもない。

しかし、個性記述か法則定立かという対立は、もっと深い射程をもっている。これは解釈としての歴史か、科学としての歴史かという対立なのだ。(2) ともに因果の解明をめざしながら、それが同定可能かどうか――方法論的にいえば他の可能性を排除する手続きをおくかどうか――が争われているのである。

もし原理的に同定不可能であれば、徹底的に解釈の内部にいることになる。近代世界システムの一部を構成する内部観察者であるという以前に、私たちは近代世界システムの因果について全く検証手段をもたなくなるからだ。その意味で、近代世界システムは私たちの「世界 Welt」になってしまう。それこそが近代世界システムの真の究極性なのである。

近代世界システムの地平には、科学としての歴史記述は存在しえない。そこにあるのは物語としての歴史解釈だけである。そういう世界の果て the end of the world、あるいは世界の果てのなさを、近代世界システムは指し示している。

7　因果システムの意味境界

世界システム論は究極の因果システム論である。冒頭に私はそう述べた。因果システムは因果の全てを一つ Einheit として見る。それを最後までつきつめたとき、因果同定に必要な比較対象は失なわれ、因果そのものがいえなくなる。「事象 a が事象 x を起こした」という言明はそこでは原理的に反証可能性をもてず、語り手自身の物語になってしまう。解釈がふくまれるのではなく、解釈そのものになってしまう。

因果の果てに、意味が見出される。世界システム論はその素朴さゆえに、それを最もあからさまに見せてくれるが、因果同定手続きを方法的に洗練していっても、実は結果はかわらない。空間を分割しようとすれば、連続体のどこに切れ目をいれるかがただちに問題になる。物理的に隔絶した環境であれば、今度は比較可能性自体があやしくなる。比較可能な対象は似たようなもの同士でなければならず、それはほとんどの場合、かなり密な因果関係をもっている。

その連続体のどこに切れ目をいれるかは、結局のところ、観察者の同時代人、つまり当事者たちがどこに境界があると思っているかに依存する。先に、一国史という方法は因果同定から必然的に要請されると述べた。正確にいえば、同定手続きは複数の単位を要求するだけで、どこで切るかを指定しているわけではない。それでも、おそらく空間を分割せよといわれれば、多くの場合、国境か、せいぜい国家連合の境界線になってしまう。みんなが境界だと思っているところに、境界を見出すしかない。もしそういう境界の信憑がなければ、なぜこの分析単位で切ったのかに、つねに議論が差し戻されてしまう。

国民国家のシステムと歴史の語りは、そういう回路でもつながっている。国民国家の自己同一性が歴史の語りによっているだけでなく（⇒第六章）、歴史の語りも国民国家のシステム／環境境界によって意味づけられているのである。

時間を分割するときも同じことになる。時間の連続体のどこに切れ目をいれるかとなれば、当事者たちが境界だと思っている時点におくしかない。「古代／中世／近代」、あるいは「オランダの覇権／イギリスの覇権／アメリカの覇権」。それらは当事者の時代区分であり、結局のところ、その区分にそって時間に切れ目をいれていくしかない。その意味で、世界システム論的な覇権史は奇妙なものになる。「オランダ／イギリス／アメリカの覇権」の成立過程を因果的に同定する、その作業そのものが「オランダ／イギリス／アメリカが覇権をにぎっていた時代」という時代区分、つまり当事者たちのもつ意味境界に再帰する。因果システムという捉え方は、意味システム的な境界作用があって、はじめて成り立つ(3)。

因果の果ての物語。科学であろうとしてもあろうとしなくても、因果の探究は意味の海へ流れ込んでいく。因果から機能《ファンクション》＝関係《ファンクション》へ。意味システム論への途がそこから始まる。

注記

（1）だからこそ彼の世界システム論は魅力的なのかもしれない。革新的に見える保守性、新しい皮袋に入った古いぶどう酒は人々を安心させる。「ネオマルクス主義」という呼び名はいいえて妙である。

（2）ウォーラーステインは『脱＝社会科学』では「解釈」と「説明」を区別しておらず、この点に気づいていないようだ（Wallerstein 1991＝1993：319,351）。

（3）最近の『入門・世界システム分析』（Wallerstein 2004＝2006）では、世界システム論が物語になることを認めているようだが、その場合は世界システム論はルーマンのいう「全体社会システム」の自己記述、それもあまり反省的でない自己記述として位置づけられるのかもしれない。ヘーゲルを介すると、マルクス主義とルーマンはかなり近いところがある（⇒第二章3〜4節）。

第八章　眺める桜と睦む桜　都市と異界をめぐる考察

1　普賢象の春

二〇〇五年の春は、京都で里桜を見てきた。

里桜という言葉には二つの意味がある。一つは山桜に対する里桜、つまり自生種に対する人工的な園芸品種を広くさす。もう一つはより狭く、オオシマザクラの系統の園芸品種をさす。山桜／ヤマザクラがそうであるように、日本語の桜の名にはしばしば多重な意味が織り込まれている。人間の視線と絡まりあってきた歴史がそこからもうかがわれる。

里桜の二重の意味もその一つだ。園芸品種にはオオシマザクラを交配させてつくったものが多い。

その点ではこれはかなり自然な呼び方だが、他方で、明治以来の、日本近代というべき言説圏のなかで、自生種の桜をより優れたものとし、その中心にヤマザクラをおいた起源の形而上学にも引きずられている（佐藤 2005b）。オオシマザクラは南関東に自生していた桜で、花や葉が大きい。それを「優美でない」「清楚でない」「日本の伝統ではない」と貶め、園芸品種をその流れをくむものとして、より劣った花だと見なす。そんな意味もかぶせられてきた。

実際には、オオシマ系の園芸品種も長い時間を生きている。例えば、普賢象という桜がある。八重咲きで、花色は咲き出しが紅で次第に白味をます。花のなかに葉化した雌蘂が二本長く伸びる。この桜の名の歴史は古く、室町時代の文献に「普賢」「普賢堂」がでてくる。現在の普賢象もその桜から来たと考えられている（香山益彦『京都の桜』）。資料的に裏づけられるなかでは最古の品種で、今も里桜の代表的な品種の一つになっている。

「普賢」はもともと鎌倉の寺にあって、それを京都に運んできたものらしい。今の普賢象にもオオシマ系の特徴が見られる。オオシマザクラの系統を引く、東から来た桜なのだろう。

2　八重桜の都《みやこ》

京都の普賢象は引接寺《いんじょうじ》からひろまったといわれる。「千本閻魔堂」として知られるこのお寺は、千本通りと盧山寺の交差点を少し北に上がった辺りにある。当時の文献からは「平安城の西」「千本」ぐらいしかわからないが、ほぼこの付近と考えていいだろう。

千本通り沿いには、今もきれいな里桜を見られる場所が多い。閻魔堂の少し北には上品蓮台寺、南に下がって上立売《かみたちうり》を東に入ると、雨法院（西陣聖天）がある。もっと南、新幹線のガードをこえた辺りには、六孫王神社がある。祇園や東山、嵐山みたいな超有名スポットとはちがって、どこもこじんまりしていて落ち着く。人が少ないだけではない。これらの里桜は独自の咲き方をしている。それが心地よい。

例えば雨宝院。このお寺は西陣の、本当に町中にある。敷地の四方は壁と建屋になっていて、門をくぐった中庭に桜が咲いている。樹の丈はそれほど高くないが、膝上ぐらいから花をつけるので、同じ目線で花と向きあう形になる。それが狭い中庭を埋め尽くして、息が詰まりそうな感じさえする。そんな濃密な桜に出会える。

雨宝院は特に印象的な空間をつくっているが、千本閻魔堂や六孫王神社にも通じるものがある。建物に囲まれたなかに、大きな花を多くつける八重桜が咲いている。どれもあまり背は高くない。等身大で向きあう感じで、同じオオシマ系の里桜でも、東京の八重桜とはだいぶ咲き方がちがう。

東京でもいろんな場所で八重桜は咲いている。江戸の佇まいをひっそり伝える神社も残っているが、昔からあまり姿を変えずにいる名所としては、池袋近くの護国寺がある。三好達治の「甃《いし》のうへ」のモデルの一つともされるお寺だ。

不老門前の坂道をのぼり、門をくぐると、広い境内がひろがる。そこに一本一本点在する形で、ここの桜は咲いている。背の丈もずっと高い。樹の近くでは見上げる感じだ。『江戸名所図会』の挿絵や大田南畝『花見の日記』のスケッチから、江戸時代の様子もわかるが、桜の本数は今とほぼ同じぐらい。樹の正確な高さまではわからないが、現在とさほど変わらないように見える。

あの息が詰まりそうな、濃密な感じはここにはない。人と桜は少し距離をとって、人が桜を眺める形になっている。桜の咲き方はよく「花に包まれる」と喩えられるが、同じ「包まれる」でも京都と東京ではだいぶちがう。東京の八重桜は見渡すもの、見上げるもので、面として人を覆ってくる。京都の千本通り沿いの里桜では、桜と人が同じ目線で交わる。「包む」というより、むしろ花と人が睦んでいる感じだ。

3　都市と異界と桜

そこには京都と東京、二つの都市のあり方が何重にもからんでいる。

地形図と照らし合わせるとわかるが、江戸の桜の名所は丘陵の端《エッジ》、突き出た岬や谷奥の先にあることが多い。江戸の三大名所では上野山と飛鳥山、他にも品川御殿山、道灌山など「山」がつく。これらは岬状の台地にあたる。谷奥の先にあるのは護国寺や白山の白山神社、あるいは今は名所というほどではなくなったが、小石川の伝通院や駒込の吉祥寺もそうだった。

これらの場所は高低差があって、見通しがきく。「月見」「富士見」の坂が近くにあることも多い。

明治にできた東京最初の桜の名所、九段坂上の靖國神社（東京招魂社）もこの立地を踏襲していて、二〇世紀初めに境内が大改造されるまでは、江戸の桜を濃厚に引き継いだ空間だった。三大名所の最後の一つ、隅田川堤の周りは平坦だが、川沿いなので建物に視線がさえぎられず、やはり見晴らしがいい。要するに開放空間《オープン・スペース》で、距離をとって眺望できる。そんな場所が多い。

江戸東京の桜はいわば「眺める桜」である。距離をとって見る桜、景観としての桜。近くに寄れば、花は頭上に退き、天蓋となる。桜の種類もそれにあうものが好まれたようだ。例えば、面状で人に対するその咲き方は、並木になじみやすい。並木用に特にすぐれた染井吉野が江戸東京でうまれたのも、たんなる偶然ではないのだろう。

東京は武蔵野丘陵の東の端に位置する。丘と谷が入り組んでいて、それがそのまま住民の生きる空間にもなっている。例えば、丘の上には中上流層が住み、下の谷には下層の人々が住む。四谷の旧赤坂離宮（現在の迎賓館）や学習院のすぐ隣が鮫河橋谷町で、明治の三大スラムの一つだったように、丘と谷のモザイク模様はこの都市の大きな特徴になってきた。

それが桜のあり方にも色濃く影を落としている。丘と谷が入り組んでいないとそもそも丘の端はできないし、また丘と谷で棲み分けているので、二つの世界の境界地帯にもなる。実際、江戸の花見では「無礼講」や「仮装」といった無縁や異界のイメージがよく語られる。丘の端《はな》＝「ミサキ」に咲く《サク》「ハナ」。そんな民俗学的な読みがぴったりくる。

京都の、千本通り沿いの里桜はそれとはまたちがう。千本の前身は平安京の中心軸《アクシス・ムンディ》、朱雀大路である。右京が早くさびれたため、中世京都では千本が西端になった。千本閻魔堂や千本釈迦堂など、「彼岸」を連想させる地名も多い。蓮台寺にその名を伝える蓮台野は葬送の地であった。

江戸時代にはこの辺りもかなり町屋になったが、境界性のイメージはずっと残りつづけたようだ。かつてある僧が夢であの世にいき、現世の罪業に苦しむ「帝」に出会って、「汝娑婆《しゃば》に帰りて我為に千本の卒塔婆《そとば》を供養すべし」と告げられた。その言葉にしたがって、ここに千本の卒塔婆をたてた、という伝承を『都名所図会』は伝えている。朱雀大路がこの世を支配する生ける王の道だとすれば、千本通りはあの世で罪人《つみびと》とされた死せる王への途であった。

『和漢三才図会』によれば、閻魔堂の普賢象が咲いた後、「十日の間、花鎮融通の念仏踊りを勤める」風習があったという。花が獄舎に届けられていたという逸話も伝えられている。この世とあの世が、罪と救済が交わる場所。ここも一種の境界地帯であり、桜は異界への入り口だったのである。

しかし、千本通りは丘の端《エッジ》ではない。北へ少しずつ高くなっているが、東西の標高差はほとんどなく、眺望がきかない。むしろ閉鎖空間《クローズド・スペース》に近く、等身大の目線で近距離を見るしかない。樹高が低く、大輪の花をいっぱいにまとう睦む桜はそんな空間に咲いている。

4　里と山の生態史

オーギュスタン・ベルクは日本の都市の緑についてこう書いている。「東京では……他の日本の都市と同様に、樹木が居住域における神々の内在性を示している。すぐれて文化的な秩序――都市――の裂け目は自然に向かって開いている」（『風土の日本』ちくま学芸文庫　p.325）。そのなかでも特に桜は「人ならざるもの」の表象でありつづけてきた。実際、桜に「自然」や「裂け目」を見る語りは今も数多いが、眺める桜／睦む桜からはもう少し別の面が見えてくる。

陽樹である桜は森のなかでは成長できない。森の裂け目や端など、日光が射し込む空間で育つ。森から見れば、桜は森の最外縁、いわば森の終わりを示す樹である。それを人間の側から見れば、森の始まりになる。「里」と「山」でいえば、桜は里と山のちょうど境界線上にある。いわば里でも山でもあるわけで、桜という樹木はそれ自体「里桜」でもあり「山桜」でもあった。

だからこそ、桜はすぐれて「自然」の表象になってきたのだろう。桜が農耕、とりわけ稲作と結びついてきたという民俗学の話も、そういう視点から見直す必要がある。戦国時代に河川の下流域で大規模開発が始まるまでは、水田の多くは丘の麓や谷筋に開かれていた。森に近く、それゆえ桜の育つ場所に近い。

森を開いて水田をつくれば、空き地もできる。そこに桜の種子が芽吹けば、やがて樹になり花をつける。桜も人間の営みにそって生育域をひろげてきた。水田の進出と桜の進出は隣り合わせの出来事なのだ。

桜に豊作を祈る風習もそこから生まれてきたものではなかろうか。それは「自然との交流」とか「大地との交感」というより、人間に一番近くかつ馴れあえる接点を媒介者に見立てる試みであった。だから不純だというわけではない。宗教とは良い意味でも悪い意味でもそういうものだし、ましてそれと桜の美しさとは何の関連もない。

江戸東京の眺める桜は、そうした開発の歴史を映している。例えば「桜田門」の「桜田」。これは一〇世紀にまでさかのぼる、東京のなかでも最も旧い地名の一つだが、現在の皇居から霞ヶ関へ続く丘陵の東の縁にあたる。その少し南、虎ノ門から愛宕山の西縁には桜川という川が流れていた。徳川家康の入府以前、この辺りはずっと田畑がつづき、その畦には桜が何本も咲いていた、と『江戸名所図会』は伝えている。

江戸にはそういう桜田的な場所がいくつもあったようだ。それが都市化の進展につれて、丘と谷の両方でさらに周縁へと追いやられ、最後には丘の端と谷の奥が残った。

桜の名所は背後にあった森の厚みが消失し、桜とその周りだけが薄く、境界性の記号として残った姿なのだ。そこに寺社が立てられたのか、寺社があるから桜が残ったのか、たぶん両方あったのだろうが、眺める桜はそういう形で江戸の異界になっていた。そのことが丘と谷の両方に人が棲み分けるようになった後も、ここを境界地帯にしていたのではないか。

5　土地と桜の近代

そう考えていくと、桜に「自然」を見る感性は、いわゆる近代的な自然観からさほど遠いわけではない。近代的な自然観は自然を人間の外部におき、人間を主体、自然を客体とする。それと同じで、桜を接点にしているが、自然を人の外部におき、人が自然に働きかけるという関係にはかわりはない。論理上は桜の方が人間に働きかけてきたとも考えられるのだが（佐藤 2005b）、「自然」さを愛でる「伝統的な」桜語りには、そういう発想は意外なくらい、ない。人は桜を眺め、桜は人に眺められるものとされる。

だから、近代以降の都市開発ともなめらかに接続する。これまで眺める桜／睦む桜を東京／京都に重ねてきたが、実際には京都にも眺める桜はたくさんある。例えば鴨川の堤防や疏水べりに咲く染井吉野。いうまでもなく、これらは明治以降の土木工事の産物だ。

平安神宮や二条城の八重紅枝垂もそうである。八重紅枝垂は「京都らしい桜」と言われるが、実際には染井吉野とよく似た咲き方をする。どちらもエドヒガンの形質を受継いで、単色の花を樹の全面につける。クローンで繁殖させているので、咲く時期も周囲の樹でほとんど差がない。だから、どちらも並木に特に似あう。ちがいといえば、枝垂《しだ》れているかいないかぐらいだ。

そういう意味では、東京生まれ東京育ちの谷崎潤一郎が『細雪』で平安神宮の八重紅枝垂をもちあげたのは、意地が悪い。谷崎は「ここの花を措いて京洛の春を代表するものはない」と書いているが、平安神宮が東京から誘致した内国勧業博覧会にあわせて造られたように、むしろ東京くさい桜で、東京人にとって特に桜らしい桜なのである。東京風の京都というか、京都風の東京というか。谷崎の書く関西言葉と似ている。

ただ、それを東京的な感性の進出とか、近代的な感覚の浸透とかいうのは的外れだと思う。眺める桜は日本列島の開発史からすれば、ごく素直な感覚で、稲の豊作を桜に祈る風習と同じ根をもつ。近代的な自然観は人工／自然を峻別する二分法だとよく批判されるが、自然観を近代的／非近代的に峻別するのも、かなり乱暴な二分法である。

眺める桜が東京で特に目立つのはこの都市の地形にもうまくあうからであるが、西日本の大都市でも、近代以降は大規模な土木工事によって、眺望のとれる開放空間《オープン・スペース》があちこちにできる。そういう空間には眺める桜があっていて、だから江戸東京風の桜が広まったと考えた方がいい。

それはときに自然を偽装さえする。例えば、京都の嵐山の山桜は昭和になってから、景観整備のために計画的に造り直されたものだ（中嶋節子「山並み景観の変容と創造」高橋康夫・中川理編『京・まちづくり史』）。里が眺めるための山である。

眺める桜は近代的な自然観にかなり重なるが、だからといって、そういう自然観がまず観念として伝播し、それから都市の景観や環境がつくりだされたわけではない。もっと具体的な土地の使い方や開発の歴史に根ざしており、そういう文脈によって自然を客体とする自然観も強く抱かれたり、抱かれなかったりするのだろう。

6　閉域とその外　都市のシステムへの問い

そんな眺める桜のありようをふまえると、千本沿いの睦む桜はいっそう興味ぶかい。睦む桜では人と桜が同じ目線をもつ。人が桜を見るというより、人と桜が融けあう。そんな感覚である。人工／自然を峻別する自然観を不自然なものとする立場からすれば、これこそが正しい自然観で、本来の日本的な自然観に見えるかもしれない。

けれども、これもまた境界性の記号であったとすれば、本来の正しいあり方への回帰だとは考えにくい。睦む桜もなんらかの外を示しているはずだが、眺める桜とちがって、こちらの方は「里」に対する「山」のように、外部を直接表象するわけではない。ベルクの言葉を借りれば、「居住域における神々の内在性」や都市の「裂け目」ではあるが、「自然」ではないのだ。睦む桜の面白さはそこにある。異界といっても、そのあり方がちがう。

私もこの桜に深く揺さぶられた。自分の立つ平面がぐねっと曲がってしまう感じがした。たぶん人間は人工／自然の二分法より一段根底的な水準で、自分を自然な、自明に存在しているものだと思い込んでいるのだろう。人工／自然の二分法も、「自然との交感」や「自然への回帰」も、その自明さの上で語られる。眺める桜はその自明さにそのまま根ざしているが、睦む桜はその自明さを奪う。そういう意味で異界になっているのではなかろうか。

そんな裂け目が京都という旧い都市の、町屋のまっただなかで出現する。それは日本の都市における自然観が一通りではないことを示すだけでなく、人工／自然という二分法で主題化されてきた都市というものについて、重要な示唆をあたえてくれる。

自然をいったん人工の外部として立てた上で、さらに人工の方へ引きつけ、人工の内部に引き込む形にする。桜に「自然」を表象させる営みがそういうものだとすれば、それを通じて、「自然でない」という位置価をおびていた都市は、「(本当は）自然である」という位置価もおびることになる。眺める桜や豊作の営みはそういう形で、都市や里を意味論的な閉域にしているのではなかろうか。

眺める桜はいってみれば、外部を示しながらそれを実質的に消去する記号なのである。だからこそ、私たちはどこか安心して桜に「自然」を見ていられるのだろう。

睦む桜はその安心を奪ってしまう。人工と自然をメビウスの輪やクラインの壺のように循環させて閉じるのではなく、人工／自然の区別を宙吊りにしてしまうことで、閉域の外を暗に指し示す。だとすれば、少なくともそれを境界性の記号とする都市にとって、人工／自然という二分図式は根源的なものではない。もちろん、これもまた観念だけの産物ではなく、平安京以来、過去の都市遺構をつぎはぎしながら再利用してきた、この都市ならではの集住の歴史があるのだろう。過去の半ば廃棄された人工物、いや正確にいえば、再利用されることで半ば廃棄されていく人工物は、人工／自然の二分法を働きがたくする。

システム論で表現すれば、システムの作動があり、ある場合はそれが人工／自然の二分法で縮約的に内部了解されるが、他の了解の仕方もある。どんな了解がどの程度の強さでとられるかは、都市の歴史の慣性や時々の状況、あるいは手近に利用できる他のコードがあるかどうかなどで変わってくる、ということだ（佐藤 2007-2008）。究極的には都市も、都市である／でないという二分コードを使って、自らを都市として創り出しているのかもしれない。

先にみたように、近代都市京都は東京に対抗しながら東京をなぞってきたが、その表皮のすぐ下には、別の都市感覚が潜んでいる。それは碁盤目《グリッド・プラン》で空間を均質化しつつ、内／外を同心方状に切り分けていく律令制の都市、古代都市平安京の宇宙論《コスモロジー》ともちがう。おっそろしく乱暴な推測をすれば、これは中世の京都のものであり、千本通り沿いの桜の異界はその痕跡なのではないか。

人工／自然を宙吊りにする桜と、それを境界の記号とする都市。

そう考えると、睦む桜は東京との都市性のちがいをさらにこえて、都市がシステムだとすればいかなるシステムなのか、という問いへもつながってくる。例えば、システム／環境図式はシステムの作動にとって根源的ではない、という河本英夫『メタモルフォーゼ』（河本 2004）の指摘とも重なってくる（⇒第三章、第四章）。だとすれば東京にもその作動の痕が別の形で残っていそうだが、この辺りはまだうまく言葉にならない。

そんなことまで考えさせてくれる八重桜の春であった。

終章　ルーマンと私

1

この本はルーマンのシステム論を問い直し、考え直すものである。

序章で述べたようにその作業は今も途上にあるが、これまでの章でとりあえず、私が今まで考えたことはほぼつきている。その正否の判断は、次のカードの贈り手であるあなた方に委ねられている。

だから最後に、私にとってルーマンとの出会いがどんなものであったか、どのような贈り物であったかを書いて、この本を閉じることにしよう。意味が関係的にしか成立しないとすれば、私とルーマンのテクストとの関係を語ることを通じて、その意味もより理解しやすくなるかもしれない。

私がニクラス・ルーマンという社会学者に出会ったのは、大学の三年生のときである。一九八三年だから、今からもう二十五年も前になる。

大学の教養課程から、社会学科に進学したばかりだった。といっても、社会学をやることに、特に大きな意味を見出していたわけではない。何でもやれそうと思った、いや、何をやっても一番文句をいわれなさそうだと思った。他にも候補はあったのだが、進学振り分けという制度があって、進学希望者の多い学科の場合、教養課程の二年生夏までの成績順で進学者が決まる。私の点数で安全に進学できる先で、一番うるさくなさそうなのが社会学科だったのである。

社会学との出会い方も、今から思えば、少し変わっていた。最初に読んだ社会学者の著作はM・ウェーバーの『古代における農地関係』（邦訳名『古代社会経済史』）だった。西洋史か東洋史に進学するつもりで、ローマ史の弓削達先生の一～二年生向けのゼミに顔を出した。その縁で、弓削先生が訳者の一人だったこの本を読んだ。

意外に面白かったが、次に読んだ『プロテスタンティズムの倫理と資本主義の精神』には正直、首をひねった。論理展開は強引、実証は穴だらけ。話はすごく面白いが、内容があまりに雑。今はもっと肯定的に評価しているが、筋書き《ストーリー》優先の、実証面ではかなり乱暴な作品、という見方には変わりない。

進学先が決まってから、T・パーソンズの『社会体系論』も読んでみた。行為の組み合わせの形式で、「社会」と呼ばれる事象を一般化する（⇒第一章）。その発想には「なるほど」と思ったが、延々つづく類型論はつまらなかった。常識的な見方を抽象語にして分類しただけ。一体どこが面白いのだろう？

そんな経験を通じて、一つわかったことがある。社会学者とは社会の全体をわかったつもりになりたがるものらしい。だから、雑で強引でも「近代」とは何かがわかった気になれたり、分類をならべて体系化したように見せる著作が過大評価される。

もちろん、当時は明確に言語化できたわけではないが、古典とよばれる著作が雑で強引なことや、先端的とされる研究のラディカルな装いと中身の常識くささの落差に、強い違和感をもったのはたしかだ（詳しくは佐藤 1998 参照）。面白くて、雑でなく、常識的でもない社会学に出会ったのは、二年の冬学期に出てみた山本泰先生のサモア社会の話が最初だった。

2

進学しても、社会学にそれほど期待していなかったのは、たぶんそういう理由もあっただろう。嫌いなわけではなく、本を読むのは苦にならなかったから、同級生の多くよりは社会学の本も読んでいたと思うが、それだけに、何が良い作品かの判断がちがうこともよくわかった。だからといって「おれこそが天才！」とも思えず、なので、うるさくなければそれでいい、ぐらいに考えていた。

幸い、予想は良い方向にはずれた。大学院生の研究会に顔を出したおかげで、ルーマンという社会学者を教えてもらったからである。宮台真司さんと奥山敏雄さんが『法社会学』を「すごいすごい」と言いながら読んでいた。

たしかに、それまで読んだ社会学の本とは全くちがっていた。常識的な主題を非常識に考えていて、かつきわめて論理的。第二外国語だったドイツ語が活かせるのも気に入った。それで自分も読んでみることにした。

問題は、どの本を読むか、だった。当時はちょうどルーマンの最初の流行期で、パーソンズに代わる次代のパラダイムという触れ込みが関心を集めていた。「構造‐機能主義ではなく、機能‐構造主義で」という、アレである。けれども、私には、構造‐機能主義自体が空虚な抽象論にしか見えなかったし、宮台さんがばりばり論文に書いていたこともあって、「もういいや」と思った。

非常識だけど論理的という点では、むしろ、奥山さんが専門にしていた組織システム論の方が魅力的だった。奥山さんの再構成は私自身がぼんやりもったルーマンの印象にもあっていたが、それだけに今から取り組むのは気が進まなかった。

このころの挿話は書き出すときりがない。なぜか予備校の答案の採点ばかりしていた立岩真也さんとか、金曜日の言語研にいつも真っ先に来て、にこにこ笑っていた橋爪大三郎さんとか。坂本さんや石川さんなど、年上の話相手にもめぐまれて、「社会学も面白い」と真面目に感じられるようになったのは幸運だった。当時のことは『近代・組織・資本主義』（佐藤 1993）のあとがきでも少し書いたので、ここでくり返すのはやめておこう。

ルーマンの話に戻ると、結局、私が選んだのは『社会構造と意味論 Gesellschaftsstruktur und Semantik』だった。西欧近代の歴史が主題で、おまけに、日本ではまだほとんど知られていない。ちょうどよさそうだった。

読んでみて、あらためて驚いた。自分で少しずつ読んでいたドイツ語系の社会史、概念史の議論がいろんなところに使われていただけでない。一九世紀以前の著作も、ルーマンは直に読んでいるらしい。「うわあ、本物だ」と思った。

内容は『法社会学』以上に難解で、ドイツ語の文章もほとんど歯が立たなかったが、こういうことをやっている人がいると知っただけで、十分ありがたかった。ルーマンの著作群ではもう一つ、政治システムの議論にも興味をひかれたが、『社会構造と意味論』の方がより好みに近く、親しみやすかった。

3

なんとか大学院に入学できてからは、自分の論文も『社会構造と意味論』に近い線でまとめることが多かった。『社会構造と意味論』に刺激されて、「自分ならここはこう考えるなあ」と思いつついたことを、自分で史料を読み直しながら書いていた。

ただ、当時の日本語圏では意味論分析（⇒第二章5・4）はほとんど知られておらず、議論の出発点にはなりにくかったので、M・ウェーバーを借りてくることが多かった。「ウェーバーはこういっているけど、たぶんそれはまちがいで、本当は……」という話の方が、ずっと理解されやすかった。

修士論文の一部をまとめた「『儒教とピューリタニズム』再考」（佐藤 1990）や博士論文をまとめ直した『近代・組織・資本主義』（佐藤 1993）もそうである。後者はウェーバーの「プロテスタンティズムの倫理と資本主義の精神」を、新たな理論と史料を使ってひっくり返したものだが、第三章「近代社会とホッブス問題」などは『社会構造と意味論2』（Luhmann 1981）の最終章、「社会秩序はいかにありうるのか」（佐藤勉編訳 1986）のアイディアをそのまま使った（⇒第二章3・1）。前者も同じで、なんのことはない、ウェーバーの『宗教社会学論集1』（Weber 1920）をルーマンの発想と方法を借りて書き換える作業をやっていたわけだ。

私の知るかぎりでは、この二つは日本語の著作としては、ルーマンの「意味論 Semantik」を実際に使った最初の論考だと思う。元ネタとして参照表示したし、それ以前に、知っている人が読めば丸わかりだが、残念ながらルーマン研究の人には読まれなかったらしい。

今は全く無視されるわけではなくなったが、「ルーマンの意味論の議論は日本ではほとんど知られず」なんて文章を読むと、少しさびしくなる。ただし断っておくが、これはただの自己責任である。私自身が「ルーマン」をはっきり打ち出さなかった以上、当然のことだ。打ち出さなかった理由の一つは、『社会構造と意味論』系の研究がそもそも知られておらず（今は高橋 2002 などがある）、法制史の村上淳一さんが貴重な例外だったくらいだからだが、もっと本質的な理由があった。

近代の成立史、社会契約論などの思想史のあつかい方、意味と制度との関係などをめぐって、ルーマンの著作から学んだことはとても多かった。にもかかわらず、ルーマンが切り札のように持ち出す「システム論」が、私にはうまく理解できなかったのだ。

他のところは論理的で厳密なのに、システム論になると論理的でも厳密でもなくなる。『社会構造と意味論』でも他の著作でも、私にとってルーマンはそういう人だった。ところが、社会学の内でも外でも、ルーマンは「システム論のすごい学者」として有名だった。そこで落ちこぼれてしまった。

他の人はルーマンのシステム論がわかっているらしいのに、自分はよくわからない。それなのに「ルーマン」をあまり持ち出すと、馬鹿を晒しそうで嫌だった。――私の脳内記憶ではもちろんもっと美化されているのだが、たぶんその辺りが本音だったろう。

4

そういう距離感が変わってきたのは、ユダヤ教の本を読むようになってからだ。

ウェーバーの比較宗教社会学でも、ユダヤ教とキリスト教の話は出てくる。その延長上で、日本語圏では「ユダヤ‐キリスト教」みたいな形で、それこそ雑に片づけられているが、実際にはこの二つはかなりちがった宗教である。

特にキリスト教の成立以後に成立してくるラビ的ユダヤ教は、ウィトゲンシュタインの言語ゲーム論にかなり近い発想をとる（⇒第一章）。ウィトゲンシュタイン自身がユダヤ系だから、あたりまえといえばあたりまえなのだが、ラビ的ユダヤ教に触れるまでは、もちろんそれすらわからなかった。

キリスト教とユダヤ教のちがいを教えられ、自分でもユダヤ教について読み始めて、しばらくたったころだ。昔どこかで似た話を読んだのを思い出した。それがルーマンのコミュニケーション論、コミュニケーションシステム論だった。

ユダヤ教でシステム論が読み解けた、というわけではない。ユダヤ教の考え方と対照させることで、ルーマンが何を問題にしたのか、それにどう答えようとしていたのか、わかるように思えたのだ。ユダヤ教とルーマンのシステム論は、同じ問題に全く別の答え方をした、二つのちがう考え方なのではないか。R・K・マートンやルーマン自身の語彙を借りれば、それこそ機能的等価の関係にあるのではなかろうか。

そう考えると、ユダヤ教とシステム論がそれぞれ何をやっているか、見えてくる感じがした。そして、ルーマンのシステム論に対して自分がもっていた違和感や、話が飛躍しているという直感がどこから来るのかも、手触りがつかめるように思えた。

彼のシステム論に飛躍が多いという結論に変わりはない（もちろん、それでも社会学のなかでは圧倒的に論理的で厳密な人だが）。なぜそこで議論を飛躍させたくなるのかを、もっと内在した視点から理解できるように思えたのだ。ユダヤ教とシステム論だけでない。フーコーがこだわり、キトラーがあざとく使う「言説」とはどういうものかも、Ｊ・デリダやＥ・レヴィナスらの「他者」の話も、もっと具体的な息づかいが感じられるようになった（佐藤 2006c、佐藤 2002）。

正しい真理をつかんだわけではない。どこをどう考えてこうなったのか、その論理的な構成が少し反省的に捉えられるようになっただけだが、当時の理論社会学やマルクス主義の神さまめいた断定口調が大嫌いだった私には、なぜ飛躍したくなるのかを、自分なりに経験できるのはとても大きかった。

第一章の原型の原型になった「『社会システム』は何でありうるのか」（佐藤 2000）という論文は、そういう文脈で書かれたものだ。各章の初出一覧や文献リストを見てもらえばわかるように、関連する論文の日付は一九九六、七年ごろからである。ちょうどそのころから、私はもう一度、ルーマンのシステム論を読み直し、考え直すようになっていた。

そのなかで私が具体的に何を考えたかは、それぞれの章を読んでもらうのが一番いいが、そうなってから、よく思い出すようになった出来事がある。

私が大学院の修士一年、奥山さんが博士一年のときだったと思う。本郷通りを夜、二人で歩きながら、ルーマンの「転回」の話をしていた。行為システムと大してちがわないんじゃないか、と私は言った。さっき偉そうなことを書いたが、まあ、要するに、その程度の理解だったわけだ。するとと、奥山さんは足を止め、街路樹に手を当ててこう言ったのである。「もしルーマンが正しければ、おれはこの木とコミュニケーションできるはずだ」。

言われたときは、何を言われたのか、わからなかった。わかったのは十年以上たってからである。自分自身の応答を書けるまで、さらに十年かかった。

いつもいつもこんな経験ばかりで、自分の鈍さに嫌気がさすが、考えることも、コミュニケーションすることも、本当はいつだってそんなものなのだろう。

あとがき

あらかたのことは終章までで書いたので、簡単に二つだけ謝辞を述べておきたい。

本の構成からもわかるように、この本は第一章の原型の原型になった佐藤（2000）が出発点になっている。それ以前に書かれたものもこれにつながっているし、この本に収めるにあたっても手を加えた。佐藤（2000）を書くまでにもいろんな形で教えられ、助けられ、書いた後でも、さまざまな方にお世話になったが、特に論文や著作で批判をよせてくださった方々に感謝したい。

批判である以上、内容的に同意できないことは多々ある。もっとちゃんと読んでくれよ、と感じることも少なくない。けれども、そういう応答をもらえなければ、その後、さらに問い直し考え直す作業を進めることはできなかっただろう。

人間とは理不尽に感情的な動物で、批判されれば頭に来るし、腹も立つ。それでもやっぱり公刊物で応えてもらえたのは嬉しい。正直、佐藤（2000）に対して何も出て来る《エス・ギープト》ことがなければ、「日本語のルーマン読みはつまんない内輪集団」だとして通り過ぎようと思っていた。そんなみっともない真似をせずにすんだことに、心から感謝している。

もう一つは、本書の編集者である徳田慎一郎氏である。出版物としてこの本が出現するきっかけは、徳田氏からいただいたメールにあった、「どんなにむずかしくてもいいので、書きたいことを書いてみませんか」の一言だった。

生来やや（?）ひねくれた性格である私は、それを見て、にやりと笑った。「よし書きたいように書ける」と考えたのではない。「こんなこと書いちゃって、知らねーよウフフ」と思ったのだ。今から思えば、まんまとひっかかった気がするが、あの一言がなければ、やはり本としてまとめることはなかっただろう。

●初出一覧

序章と第四章と終章は書き下ろし。それ以外の章も初出時のものに手を加えている。

第一章：「閉じえぬ言及の環　意味と社会システム」盛山和夫・土場学・野宮大志郎・織田輝哉編著『〈社会〉への知／現代社会学の理論と方法　上』勁草書房, 2005.

第二章：「コミュニケーションそして/あるいはシステム　長岡克行氏の批判に応えて」『国際社会科学　2006』東京大学総合文化研究科国際社会科学専攻, 2007.

間奏１：「20世紀――私の一冊IV　Niklas Luhmann, Soziologische Aufklärung 2　システムの世紀末」『創文』411号,1999.

第三章：「コミュニケーション・システムへの探求　kをめぐる問題」『InterCommunication』57号, 2006.

間奏２：「つながりは世界を断線する」『『コネクティング・ワールド』展カタログ』ＮＴＴ出版, 2006.

第五章：「官僚制と官僚制化　オートポイエーティックシステム論の可能性と限界」舩橋晴俊編『講座社会変動4　官僚制とネットワーク社会』ミネルヴァ書房, 2006.

第六章：「国民国家というシステム　「国民/市民」の二重体」嶋津格編『法の臨界２　社会秩序像の再構築』東京大学出版会, 1999.

間奏３：「公共性の原風景をめぐって」『創文』379号, 1996.

第七章：「近代システムと「歴史の終焉」」『大航海』20号, 1998.

第八章：「眺める桜と睦む桜　都市と異界をめぐる考察」『d/sign』11号, 2005.

索引

ア行

アーレント、ハンナ Arendt, Hanna　21,216,290,316
意味システム Sinnsystem、意味システム論　19,22,37,215,270,374
因果システム、因果システム論　22,359,366,372,374
ウィトゲンシュタイン、ルードヴィヒ Wittgenstein, Ludwig　12,39,42,43,396
ウェーバー、マックス Weber, Max　15,21,40,49,71-73,81,128,150,176,177,179-182,192,206,211,285,286,289-295,299,301,310,315,317,332,362,364,365,369,390,394,395
エーストライヒ、ゲルハルト Oestreich, Gerhard　332,333,368
奥山敏雄　392,397
オートポイエーシス autopoiesis　17,32,33,118,119,122,207,209,213,243,268-270

カ行

「解決できない不定性 unresolvable indeterminacy」　213,231,239,241,248,250,265,266,299
概念史　333,393
河本英夫　119,209,268-270,387
環境開放性 Umweltoffenheit、環境開放的 umweltoffen　17,216,218,231,239,243-245,248,256,262,265
関係的に定義される　15,18,19,71-73,167
官僚制、官僚制組織　20,21,49,216,283,285-297,299-319
官僚制化　20,21,283,285-288,309-315
記述ループ　64,288,309
軌跡 Lebenslauf　5,19,31,32,35,254,255,267
帰責 Zurechnung　106,196,197,201,206,232,297
規定性 Bestimmtheit、規定可能 bestimmbar、規定する bestimmen　35,126-128,135,139,144,159,166,168,169,171,172,200-201,203,240,247,249,254,263,273
規定不能　→「非規定性」の項を参照
ギデンズ、アンソニー Giddens, Anthony　25,185

キトラー、フリードリヒ Kittler, Friedrich　2,3,186,267,271,397
基底的自己参照 basale Selbstreferenz　52,72,105,119,120,131
機能システム Funktionssystem　21,113,118,121,152,162,165,168,172,176,178,207,208,220,248,250-252,255,270,299
機能（的）等価 funktionale Equivalenz、機能的に等価 funktional equivalent　6,204,311,356,396
虚偽問題 false problem　318,363
行為－コミュニケーション　59,60,63,65,94,132,136,140,143,148,151,152,170,171,299
クリプキ、ソール Kripke, Saul A.　59,75,158
公共（性）　216,267,286,306,312-315,349-351,355-357
構造連結 strukturelle Kopplung　35,270,339,343
公理系 system of axioms　2,17,18,72,215,217-219,239,242-244,247-249,256-260,267,343
国民国家　20,21,266,321,323-331,333-348,357,359,364,367-370,373
国民国家のシステム　339,340,342,344-347,373
コード化と言及 Codierung und Referenz　128,170,251,262
コミュニケーションシステム Kommunikationssystem　7,16,60,63,72,89,121,123,125,141,161-163,177,187-190,195,197,199,200,204-208,211,213,215-217,239,244,249,262,265,318
コミュニケーションシステム論　5,7,11,16-18,20,26,27,55,60,64,73,95,130,139,141,149,160,173,187-189,194,197,202-205,208,209,211,213,216,218-220,222,229,242,244,253,256,259,260,262,265,270,295,343,396
コミュニケーションの自己産出　19,95,119,167,217,223,235,255,269,270
「コミュニケーションはいわば後部から可能にされる」　19,201,205,230
コミュニケーション＝「システム」の公理　231,237,238,241,243,244,256,257,261-263,268
コミュニケーション／行為の二重性　200-202,209,232
固有値 Eigenwerte　35,162,169,176
他でもありうること《コンティンゲンス》　→「他でもありうること」の項を参照

サ行

再帰的 rekursiv　36,123,124,125,223,228,249,255,267,288,324,325,337
再参入 re-entry　17-19,107,152,213,220-222,225,229-231,237-239,242-244,247,249,256,266,270,343
サイモン、ハーバート Simon, Herbert A.　292,293

作動、操作 Operation　22,29,35,46,47,49,53,54,57,60-63,77,78,80-82,84,85,87,88,90-92,94,95,98,101,107,111,113-115,122,124-126,129,130,165,168,169,198,200,206,213,216,217,222,224,225,228,229,232,233,237,239,242,243,246-248,253,255,257,264,266-270,280,281,290,304,338,368,387
作動の閉鎖性 operative Geschlossenheit、作動の継起 operative Schließung　17,18,215,217-219,222,225-228,234,235,239,242,243,246,262,280-281
自己観察 Selbstbeobachtung、「システムは自らを観察する」　57,60,63,101,152,216,221,238,243,256-260
自己産出 Autopoiesis　2,7,13-15,19,22,26,32,35,51,52,58,60-65,73,88-90,95,115,118-120,122,167,168,172,173,196,201,207,210,215,217,219,222,223,233,235,245,247,252,254,255,266,269,279,280,297,298,303,304,313,319,327（「コミュニケーションの自己産出」、「システムの自己産出」、「オートポイエーシス」はそれぞれの項を参照）
自己推論 Autologie、自己推論的　156,259
事後成立性　59,65,143,146,151,152,230,259,318
システム／環境差異、「システム／環境差異」　91,221,222,225,237,239,248,260
システム／環境図式　209,210,243,268,387
「システムがある Es gipt Systeme」　3-6,13,19,20,23,26,41,44,54,59,62,63,73,74,90,92,93,95,100,107,108,112,118,120,122,123,129-132,152,153,169,195,197,199,204,213,238,247,264,269,338
システムの自己産出　19,26,88,120,122,168,172,197,217,218,222,269,270
システムの弱公理　238,242,260,263
「システムは自らを観察する」　→「自己観察」の項を参照
「市民」、「市民社会」、市民社会モデル　285,315,321,322,328-340,344-352,356
集権的分権化　293-296,304,328
準手続き　50,152,172,177,300-302,311
進化　53,67,68,106,265
進化論　106,118
ジンメル、ゲオルグ Simmel, Georg　150,177
世界（Welt）　280,281,337,359,372
世界システム、世界システム論　20,22,111,359,360,364-374
全体社会 Gesellschaft、全体社会システム Gesellschaftssystem　14,22,33,35,41,43,44,53,58,59,61-63,68,73,76,82,85,95,106,110-122,125,129,130,133-136,163,166,168,171,185,195,233,234,237,245,256,258-260,263,267-269,374
相互作用 Interaktion、相互作用システム Interaktionssytem　14,33,35,40,41,44-47,49-57,59-61,63,70,73,76-85,87,90,91,94,96-102,104,107-109,113,129,134-

135,143,168,174,207
組織 Organisation　→「『官僚制組織』」、組織システム、「組織の行為」の項を参照
組織システム Organisationssytem、組織システム論　21,50,53,54,57,61-63,87,96-99,103,109,121,125-129,131,134,135,152,170,178,205-208,247,255,260,283,327,328,338
「組織の行為」　48,49,53,54,59,61-63,67,73,76,80-82,85,87,97,98,101,106,110,113,114,116,117,125-130,133-135,152,163,165,168,172,173,176,184,199,206,207,212,227,238,255,260,268,269,285-289,296-312,314-319,338,379

タ行

脱トートロジー化 Enttautologisierung　14,158,162,177
脱パラドクス化 Entparadoxierung　14,22,155,158,162,177,178,219,244,268,305,327,337
秩序問題　159,164,204,205
超同一性、超《ハイパー》同一性　109,166,236-238,242,256,263
デイヴィドソン、ドナルド Davidson, Donald　68,177
伝達 Mitteilung／情報 Information／理解 Verstand　226-228,230-233,237,240,256-257
「閉じているから開いている」　17,215-220,243,244,262

ナ行

内部観察　9,23,59,158,165,287,288,314-316,371
長岡克行　6,68-71,74-84,90,92-98,100-102,106,107,109-113,117,120-127,129,131,133,134,136,138,139,141,143-149,153,155,156,161,163,164,176,212-222,231,237,239,258,268,269
二重の不確定性　(「不確定性」の項も参照)　15,19,71,73,132,136,138,150,153-159,161,162,166,169,171,177,195,198,201,212,246,252,254
二分法 binary code、二分コード binäre Code　3,8,172,210,252-255,384-387

ハ行

超《ハイパー》同一性　→「超同一性」の項を参照
媒質、メディア Medium　21,35,51,130,171,177,215,251-255,270,271
バーナード、チェスター Barnard, Chester　291-292
馬場靖雄　6,117,198-199,212,270
ハーバマス、ユルゲン Habermas, Jürgen　2,3,106,175,264,265,267
ハーバマス対ルーマン論争　2

反射（性）Reflexivität　36, 49, 50, 53, 55, 64, 105, 131, 203, 215, 253
反省 Reflexion　5, 8, 9, 14, 33, 36, 55, 56, 64, 66, 78 - 80, 91, 96, 103, 105, 116, 120, 131, 140, 150, 156, 157, 163, 168, 178, 182, 215, 221, 243, 248, 260, 268, 309, 329, 331, 335, 365, 369, 374, 397
非規定性 Unbestimmtheit、規定不能 unbestimmbar、不定性　18, 32, 35, 95, 133, 136, 138, 141, 143, 150, 154, 159, 169, 198, 201, 213, 231, 239 - 242, 245, 246, 249, 248 - 250, 249, 252, 253, 255, 265, 270, 281, 304
不確定性（「二重の不確定性」の項も参照）　2, 14, 16, 19, 21, 32, 35, 59, 60, 71, 74, 83, 132, 136- 138, 141, 150, 152, 156- 159, 161 - 163, 166, 169 - 172, 177, 195, 197 - 199, 201, 207, 212, 231, 241, 246, 248 - 250, 252, 254 - 256, 260, 267, 296, 301 - 303, 307, 309 - 313
フーコー、ミシェル Foucault, Michel　65, 186, 332, 397
不定性　→非規定性、「『解決できない不定性』」の項を参照
分離 Ausdifferentierung　35, 215, 245, 262, 289, 295, 303, 307, 311, 312, 319
ヘーゲル、ゲオルグ Hegel, Georg W. F.　159, 181, 182, 268, 275, 374
他でもありうること Kontingenz　1 - 2, 14, 16, 18, 32, 35, 132, 133, 136, 138 - 141, 149, 150, 212, 215, 247, 249, 250, 252, 254, 264, 265, 267, 304

マ行

マトゥラーナ、フムベルト Maturana, Humberto　32, 207, 209, 213
村上淳一　27, 31, 395
メディア　→　「媒質」の項を参照

ラ行

ライプニッツ、ゴットフリード Leibniz, Gottfried　193, 211
ラカン、ジャック Lacan, Jacques　161
理解社会学　15, 71-73, 176
リーデル、マンフレッド Riedel, Manfred　333

文献

Albrow, Martin. 1970. *Bureaucracy*, Pall Mall.　君村昌訳. 1974.『官僚制』未来社.

Anderson, Benedict. 1983. *Imagined Communities*, Verso.　白石隆・白石さや訳. 1987.『想像の共同体』リブロポート.

Arendt, Hannah. 1958. *The Human Condition*, University of Chicago Press. 志水速雄訳. 1973.『人間の条件』ちくま学芸文庫.

———. 1964. *Eichmann in Jerusalem*, The Viking.　大久保和郎訳. 1969.『イェルサレムのアイヒマン』みすず書房.

———. 1968. *The Origins of Totalitarianism*, Harcourt.　大久保和郎訳. 1981.『全体主義の起原 2　帝国主義』みすず書房.

馬場靖雄. 2001.『ルーマンの社会理論』勁草書房.

Barnard, Chester. 1938. *The Functions of Executive*, Harvard University Press.　山本安次郎・田杉競・飯野春樹訳.1968.『新訳　経営者の役割』ダイヤモンド社.

Bendix, Reinhard. 1974. *Work and Authority in Industry (2 editon)*, University of California Press.　大東英祐・鈴木良隆訳. 1980.『産業における労働と権限』東洋経済新報社.

Butler, Judith. 1997. *Excitable Speech,* Routledge.　竹村和子訳. 2004.『触発する言葉』岩波書店.

Davidson, Donald. 1980. *Essays on Actions and Events*, Clarendon Press. 服部裕幸・柴田正良訳. 1990.『行為と出来事』勁草書房.

江口厚仁. 2001.「法と暴力」『法社会学』54.

遠藤知巳. 2002.「言語・複数性・境界」『思想』940.

———. 2006.「言説分析とその困難（改訂版）」, 佐藤俊樹・友枝敏雄編『言

説分析の可能性』東信堂に所収.

Foucault, Michel. 1976. *L'Histoire de la Sexualité,1, La volonté de savoir*, Gallimard. 渡辺守章訳 1986『性の歴史１　知への意志』新潮社.

福留恵子. 1997.「組織において「自由なコミュニケーション」がもつ意味」『組織科学』31(1).

福留恵子・佐藤俊樹. 1996.「解釈連鎖としての〈社会〉 ユダヤ教の言説空間をめぐって」未発表.

Habermas, Jürgen & Niklas Luhmann. 1971. *Theorie der Gesellschaft oder Sozialtechnologie - Was leistet die Systemforschung?*, Suhrkamp. 佐藤嘉一・山口節郎・藤沢賢一郎訳. 1987.『批判理論と社会システム理論』木鐸社.

浜田宏. 2007.『格差のメカニズム　数理社会学的アプローチ』勁草書房.

橋爪大三郎. 2004.『言語／性／権力』春秋社.

橋爪大三郎・志田基与師・常松直幸. 1984.「危機に立つ構造―機能理論」『社会学評論』35 (1).

林香里. 2004.「「オールタナティヴ・メディア」は公共的か」『マス・コミュニケーション研究』65.

土方透. 2007.『法という現象　実定法の社会学的解明』ミネルヴァ書房.

Huizinga, Johan. 1917. *Mensch en menigte in Amerika*.　橋本富郎訳. 1989.『アメリカ文化論』世界思想社.

市川裕. 2004.『ユダヤ教の精神構造』東京大学出版会.

井上義彦. 1983.「ライプニッツにおける予定調和と個体的自由について」『長崎大学紀要（人文科学篇）』24 (1).

石戸乗嗣. 2003.『教育現象のシステム論』勁草書房.

Jacoby, Sanford. 1985. *Employing Bureaucracy*, Columbia University Press. 荒又重雄・木下順・平尾武久・森杲訳.1989.『雇用官僚制』北海道大学図書刊行会.

柿本昭人・嶋守さやか. 1998.『社会の実存と存在』世界思想社.

春日淳一. 2003.『貨幣論のルーマン』勁草書房.

河本英夫. 2000.『オートポイエーシス2001』新曜社.

———. 2002.『メタモルフォーゼ』青土社.
———. 2004.『システム現象学』新曜社.
北田暁大. 2003.『責任と正義』勁草書房.
Kittler, Friedrich 1987 → 1995. *Aufschreibesysteme 1800/1900(3 Auflage)*, Wilhelm Fink.（2003年に第四版刊行）
———. 2004. *Unsterbliche*, Wilhelm Fink.
厚東洋輔. 1991.『社会認識と想像力』ハーベスト社.
Kripke, Saul A.. 1982. *Wittgenstein on Rules and Private Language*, Harvard University Press. 黒崎宏訳. 1983.『ウィトゲンシュタインのパラドクス』産業図書.
Luhmann, Niklas. 1964. *Funktionen und Folgen formaler Organisationen*, Duncker & Humblot. 沢谷豊・関口光春・長谷川幸一訳. 1992,1996.『公式組織の機能とその派生的問題　上・下』新曜社.
———. 1972. “Einfache Sozialsysteme,” in Luhmann(1975c). 森元孝訳. 1986.「単純な社会システム」土方昭監訳『社会システムと時間論』新泉社.
———. 1973. *Zweckbegriff und Systemrationalität*, Suhrkamp. 馬場靖雄・上村隆広訳. 1990.『目的概念とシステム合理性』勁草書房.
———. 1974. *Soziologische Aufklärung 1*, Westdeutscher(→ VS).
———. 1975a. “Interaktion, Organisation, Gesellschaft,” in Luhmann(1975c).
———. 1975b. “Komplexität,” in Luhmann(1975c). 西坂仰訳. 1986.「複雑性」土方昭監訳『社会システムと時間論』新泉社.
———. 1975c. *Soziologische Aufklärung 2*, Westdeutscher(→ VS).
———. 1978. “Handlungstheorie und Systemtheorie,” in Luhmann(1981a).
———. 1979. “Schematismen der Interaktion,” in Luhmann(1981a).
———. 1981a. *Soziologische Aufklärung 3*, Westdeutscher(→ VS).
———. 1981b. *Gesellschaftsstruktur und Semantik 2*, Suhrkamp.
———. 1984. *Soziale Systeme*. Suhrkamp. 佐藤勉監訳. 1993,1995.『社会システム理論　上・下』恒星社厚生閣.

———. 1986. *Ökologische Kommunikation*, Westdeutscher(→ VS). 庄司信訳. 2007.『エコロジーのコミュニケーション』新泉社.
———. 1987a. "Die Unterscheidung von Staat und Gesellschaft," in Luhman (1987b).
———. 1987b. *Soziologische Aufklärung 4*, Westdeutscher(→ VS).
———. 1990. *Die Wissenschaft der Gesellschaft*, Suhrkamp.
———. 1992. *Die Beobachtung der Moderne*, Westdeutscher(→ VS). 馬場靖雄訳. 2003.『近代の観察』法政大学出版局.
———. 1995. *Die Kunst der Gesellschaft*, Suhrkamp. 馬場靖雄訳. 2004.『社会の芸術』法政大学出版局.
———. 1996a. *Protest* (hrsg. von Kai-Uwe Hellmann), Suhrkamp.
———. 1996b. *Die Realität der Massenmedien*, Westdeutscher(→ VS). 林香里訳. 2005.『マスメディアのリアリティ』木鐸社.
———. 1997. *Die Gesellschaft der Gesellschaft*, Suhrkamp.
———. 2000. *Die Politik der Gesellschaft* (hrsg. von Andre Kieserling), Suhrkamp.
———. 2002. *Das Erziehungssystem der Gesellschaft* (hrsg. von Dieter Lenzen), Suhrkamp. 村上淳一訳. 2004.『社会の教育システム』東京大学出版会.
———. 2004a. *Einführung in die Systemtheorie (2 Auflage)* (hrsg. von Dirk Baecker), Carl-Auer. 土方透監訳. 2007.『システム理論入門　ニクラス・ルーマン講義録 1』新泉社.
———. 2004b. *Schriften zur Pädagogik* (hrsg. von Dieter Lenzen), Suhrkamp.
三谷武司. 2005.「システムが存立するとはいかなることなのか」『思想』910.
宮台真司. 1986.「社会システム理論の再編にむけて」『ソシオロゴス』10.
———. 1987.「社会学的機能主義の射程」『ソシオロゴス』11.
元森絵里子. 2006.「子どもへの配慮・大人からの自由」『社会学評論』57 (3).
村上淳一. 2000.『システムと自己観察』東京大学出版会.
———編訳. 2007.『ポスト・ヒューマンの人間論［後期ルーマン論集］』東

京大学出版会.
村上泰亮. 1993.『反古典の政治経済学　上』中央公論社.
村中知子. 1996.『ルーマン理論の可能性』恒星社厚生閣.
長岡克行. 1997.「コミュニケーションと行為」佐藤勉編（1997）所収.
――――. 2006.『ルーマン／社会の理論の革命』勁草書房.
中野敏雄. 1998.「官僚制」『岩波哲学・思想辞典』岩波書店.
中岡成文. 1996.『ハーバーマス　コミュニケーション行為』講談社.
沼上幹. 2003.『組織戦略の考え方』ちくま新書.
Oestreich, Gerhart. 1969. *Geist und Gestalt im früh modernen Staates*, Duncker & Humblot.　成瀬治編訳. 1983.「ヨーロッパ絶対主義の構造的諸問題」『伝統社会と近代国家』岩波書店. ／阪口修平・千葉徳夫・山内進編訳. 1993.『近代国家の覚醒　新ストア主義・身分制・ポリツァイ』創文社.
奥山敏雄. 1986.「組織を捉える視角と装置」『ソシオロゴス』10.
――――. 1987.「組織における目的―手段解釈の意味」『ソシオロゴス』11.
――――. 1991.「組織の世界」吉田民人編『社会学の理論でとく現代のしくみ』新曜社.
――――. 1997.「近代産業社会の変容と組織のオートポイエーシス」駒井洋編『社会知のフロンティア』新曜社.
大澤真幸. 1985.「言語行為論をどう評価するか」『ソシオロゴス』9.
折原浩. 1981.『デュルケームとウェーバー　上』三一書房.
Parsons, Talcott. 1951. *The Social System,* Free Press. 佐藤勉訳. 1974.『社会体系論』青木書店.
Raigin, C. C. 1990. *The Comparative Method*, University of California Press. 鹿又伸夫監訳. 1993.『社会科学における比較研究』ミネルヴァ書房.
Riedel, Manfred. 1979. “Gesellschaft, Gemeinschaft,” Brunner, O., Conze, W.,Koselleck, R.(hrsg.) *Geschichtliche Grundbegriffe Bd.2*, Klett-Cotta. 河上倫逸・常俊宗三郎編訳. 1990.「ゲマインシャフト、ゲゼルシャフト」『市民社会の概念史』以文社.
酒井泰斗・小宮友根. 2007.「社会システムの経験的記述とはいかなることか」

『ソシオロゴス』31.
桜井哲夫. 1984.『近代の意味』ＮＨＫブックス.
佐藤勉編訳. 1985.『社会システム理論の視座』木鐸社（Luhmann 1981b の部分訳）.
佐藤勉編. 1997.『コミュニケーションと社会システム』恒星社厚生閣.
佐藤俊樹. 1987.「書評：大澤真幸『行為の代数学』」『理論と方法』3 (1).
———. 1988.「理解社会学の理論モデルについて」『理論と方法』3 (2).
———. 1990.「『儒教とピューリタニズム』再考」『社会学評論』41 (1).
———. 1993.『近代・組織・資本主義』 ミネルヴァ書房.
———. 1995.「環境をめぐる公共的決定の論理」森脇康友編『持続的成長を可能にする社会経済システムの研究』平成六年度科研費報告書.
———. 1996.『ノイマンの夢・近代の欲望』講談社選書メチエ.
———. 1998.「近代を語る視線と文体」高坂健次・厚東洋輔編『講座社会学 1 理論と方法』東京大学出版会.
———. 2000.「『社会システム』は何でありうるか」『理論と方法』15 (1).
———. 2002.「言説、権力、社会、そして言葉」『年報社会学論集』15.
———. 2004a.「開拓者のさだめ：社会学はなぜゆらぐのか」『AERA ムック 新版 社会学がわかる』朝日新聞社.
———. 2004b.「「戯言シリーズ」人殺しの系譜学 サドとカントの末裔たち」『ユリイカ』36.
———. 2005a.「閉じえぬ言及の環：意味と社会システム」（盛山和夫・土場学・野宮大志郎・織田輝哉編著『〈社会〉への知／現代社会学の理論と方法 上 理論知の現在』勁草書房.
———. 2005b.『桜が創った「日本」』岩波新書.
———. 2005c.「世界を開く魔法」『ファウスト』5.
———. 2006a.「コミュニケーション・システムへの探求」『InterCommunikation』57.
———. 2006b.「官僚制と官僚制化」船橋晴俊編『講座社会変動 8 官僚制とネットワーク社会』ミネルヴァ書房.
———. 2006c.「閾のありか 言説分析とは何か」友枝敏雄・佐藤俊樹編

『社会学のアクチュアリティ 8　言説分析の可能性』東信堂.
———. 2007-2008.「生成する都市　東京凸凹紀行」web ちくま http: //www.chikumashobo.co.jp/new chikuma/.
佐藤俊樹・北田暁大・鈴木健. 2006.「座談会：メタコミュニケーションへの欲望　情報社会論と現代社会」『InterCommunicaton』55.
Schluchter, Wolfgang. 1980. *Rationalismus der Weltbeherrschung*, Suhrkamp. 米沢和彦・嘉目克彦訳. 1984.『現世支配の合理主義』未来社.
盛山和夫. 1995.『制度論の構図』創文社.
清水剛. 2001.『合併行動と企業の寿命』有斐閣.
Simon, Herbert A.. 1976. *Administrative Behavior (3 edition)*, Free Press. 松田武彦・高柳暁・二村敏子訳. 1989.『経営行動』ダイヤモンド社.
Smelser, N. J.. 1976. *Comparative Methods in the Social Sciences*, Prentice-Hall.　山中弘訳. 1996.『社会科学における比較の方法』玉川大学出版部.
菅原謙. 2002.「「区別」と「統一体」と「自己準拠」」佐藤慶幸・那須壽・大屋幸恵・菅原謙編『市民社会と批判的公共性』文真堂.
高橋伸夫. 1992.「日本企業におけるやり過ごし」『組織科学』26 (3).
高橋徹. 2002.『意味の歴史社会学』世界思想社.
竹内洋. 1995.『日本のメリトクラシー』東京大学出版会.
田中克彦. 1981.『言語と国家』岩波新書.
徳安彰. 2004.「林論文へのコメント」『マス・コミュニケーション研究』65.
富永健一. 1981.「社会構造の基礎理論」 安田三郎・塩原勉・富永健一・吉田民人編『基礎社会学 4 』東洋経済新報社.
内田隆三. 1980.「〈構造主義〉以後の社会学的課題」『思想』676.
———. 2005.『社会学を学ぶ』ちくま新書.
Wallerstein, Immanuel.1974.*The Modern World - System*,Academic Press. 川北稔訳. 1981a, 1981b.『近代世界システム Ⅰ・Ⅱ』岩波書店.
———. 1989. *The Modern World-System III*,Academic Press.　川北稔訳. 1997.『近代世界システム 1730〜1840s』名古屋大学出版会.
———. 1991. *Unthinking Social Science*, Temple University Press.　本多健吉・高橋章監訳. 1993.『脱＝社会科学』藤原書店.

———. 1995. *Historical Capitalism with Capitalist Civilization*, Verso.　川北稔訳. 1997.『史的システムとしての資本主義』岩波書店.

———. 2004. *World-Systems Analysis : An Introduction*, Duke University Press.　山下範久訳. 2006.『入門・世界システム分析』藤原書店.

渡會知子. 2006.「相互作用過程における「包摂」と「排除」」『社会学評論』57(3).

Weber, Max. 1918. “Parlament und Regierung im neugeordneten Deutschland,” /1984. *Max Weber Gesamtaufgabe 1/15 Zur Politik im Weltkrieg*, J.C.B.Mohr.　中村貞二・山田高生訳. 1973.「新秩序ドイツの議会と政府」『世界の大思想 3　ウェーバー政治・社会論集』河出書房新社.

———. 1920. *Gesammelte Aufsätze zur Religionssoziologie 1*, J.C.B.Mohr.

———. 1973. “Soziologie der Herrschaft,” *Wirtschaft und Gesellschaft(5 Auflage)*,Kapital9, /2005. *Max Weber Gesamtaufgabe 1/22-4 Wirtschaft und Gesellschaft 4 : Herrschaft*, J.C.B.Mohr.　世良晃志郎訳. 1960,1962.『支配の社会学 I ・II』創文社.

Wittgenstein, Ludwig. 1922. *Tractatus Logico-Philosophicus*, Kegan & Paul.　野矢茂樹訳. 2003.『論理哲学論考』岩波文庫.

———. 1953. *Philosophische Untersuchung*, Suhrkamp.　藤本隆志訳. 1976.『哲学探究』大修館書店.

山下正男. 1980.『思想の中の数学的構造』筑摩書房

山本真鳥・山本泰. 1996.『儀礼としての経済』弘文堂.

山名淳. 2004.「教育システムの『構造的欠如』とは何か」田中智志・山名淳編著『教育人間論のルーマン』勁草書房.

山之内靖. 1982.『現代社会の歴史的位相』日本評論社.

保田卓. 2006.「教育システムの構造」稲垣恭子編『子ども・学校・社会』世界思想社.

著者略歴

1963年広島県生まれ．東京大学大学院社会学研究科博士課程中退．東京大学大学院総合文化研究科准教授．博士（社会学）．専攻は比較社会学，日本社会論．『近代・組織・資本主義　日本と西欧における近代の地平』（ミネルヴァ書房，1993年），『ノイマンの夢・近代の欲望　情報化社会を解体する』（講談社，1996年），『不平等社会日本　さよなら総中流』（中央公論新社，2000年），『00年代の格差ゲーム』（中央公論新社，2002年），『桜が創った「日本」　ソメイヨシノ 起源への旅』（岩波書店，2005年）ほか．

意味とシステム　ルーマンをめぐる理論社会学的探究

2008年10月25日　第1版第1刷発行

著者　佐《さ》藤《とう》俊《とし》樹《き》

発行者　井村寿人

発行所　株式会社　勁《けい》草《そう》書房

112-0005　東京都文京区水道2-1-1　振替　00150-2-175253
（編集）電話　03-3815-5277／FAX　03-3814-6968
（営業）電話　03-3814-6861／FAX　03-3814-6854
港北出版印刷・青木製本

ISBN978-4-326-65337-9　　Printed in Japan